软弱围岩隧道预支护结构

力学机理研究及工程应用

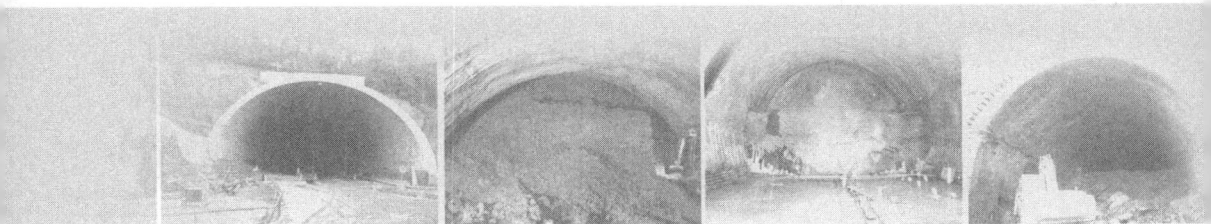

石钰锋　曹成威　闵世超　等著

Mechanism Research and Engineering Application of
Tunnel Pre-supporting Structure in
Weak Surrounding Rock

中南大学出版社
www.csupress.com.cn
·长沙·

图书在版编目（CIP）数据

软弱围岩隧道预支护结构力学机理研究及工程应用 /
石钰锋，曹成威，闵世超等著. —长沙：中南大学出版社，
2023.6

ISBN 978-7-5487-5383-4

Ⅰ. ①软… Ⅱ. ①石… ②曹… ③闵… Ⅲ. ①围岩—
隧道支护—结构力学—研究 Ⅳ. ①U455.7

中国国家版本馆 CIP 数据核字（2023）第 087853 号

软弱围岩隧道预支护结构力学机理研究及工程应用
RUANRUO WEIYAN SUIDAO YUZHIHU JIEGOU LIXUE JILI YANJIU JI GONGCHENG YINGYONG

石钰锋　曹成威　闵世超　等著

□出 版 人	吴湘华	
□责任编辑	刘颖维	
□封面设计	李芳丽	
□责任印制	李月腾	
□出版发行	中南大学出版社	
	社址：长沙市麓山南路	邮编：410083
	发行科电话：0731-88876770	传真：0731-88710482
□印　　装	长沙印通印刷有限公司	

□开　　本	710 mm×1000 mm 1/16	□印张 12.25	□字数 238 千字
□版　　次	2023 年 6 月第 1 版	□印次 2023 年 6 月第 1 次印刷
□书　　号	ISBN 978-7-5487-5383-4		
□定　　价	78.00 元		

图书出现印装问题，请与经销商调换

编写委员会

主 任 委 员：石钰锋　曹成威　闵世超

副主任委员：荆永波　刘建红　陈昭阳

顾　　　问：阳军生　耿大新

编　　　委：胡梦豪　朱江伟　简庆华　陈祥胜　张　涛　周宇航
　　　　　　张　箭　陈焕然　胡俊浩　胡文韬　王　超　雷金山
　　　　　　蔡理平　李　敏　占宇飞　蒋亚龙　杨　峰　傅金阳
　　　　　　王树英　王永林　徐腾飞　吴廷楹　詹　涛　吴　狄
　　　　　　刘爱峰　纪松岩　刘新起　王　松　祁　鹏　冯　龙
　　　　　　邹　华　王陈君　陈　斌　黄玉纯　罗　震　黄鹏斌

主 编 单 位：华东交通大学

　　　　　　长沙国欣房地产开发有限公司

　　　　　　中国铁路西安局集团有限公司

　　　　　　中铁十四局集团隧道工程分公司

参 编 单 位：中南大学

　　　　　　中铁上海设计院集团有限公司

　　　　　　合肥蜀山高科园区发展有限公司

　　　　　　华东交通大学江西建筑设计院有限公司

　　　　　　中国冶金地质总局一局

　　　　　　中国铁路广州局集团公司江门工程建设指挥部

内容提要 ◀◀◀ Introduction

本书以软弱围岩隧道预支护的关键技术为背景，系统介绍了注浆管棚和水平旋喷拱棚两类隧道预支护结构的力学机理及工程应用，以期为我国软弱围岩隧道预支护技术的发展提供参考。全书共分为7章，包括绪论、隧道超前预支护力学模型研究、基于改进梁模型注浆管棚预支护效果分析、隧道水平旋喷拱棚力学机制和工程应用、管棚缺陷对其预支护效果影响及克服、富水砂层下水平旋喷预支护效果分析、结论与展望。

本书理论与实践并重，研究体系科学全面，可供隧道与地下工程领域从事管理、设计、施工、科研相关工作的技术人员使用，亦可作为高等院校相关专业师生的参考用书。

序 ◀◀ Preface

　　随着时代发展和社会进步，人们对美好生活的向往更加强烈，交通运输网和工程建设规模正不断扩大，当前，我国在隧道及地下工程方面取得了令世界瞩目的成就，已成为世界上隧道数量最多、建设规模最大、发展速度最快的国家，隧道建设难度和技术创新也达到了空前的高度，各种新材料、新工艺不断涌现。"新奥法""挪威法""新意法""浅埋暗挖法"等隧道建造方法有力促进了我国隧道设计理论及方法的发展，其中保护和充分利用围岩的自承能力是隧道建造的重要理念之一。在隧道建设过程中，支护对控制隧道变形、确保隧道施工安全至关重要，完整的隧道支护体系是由围岩和支护两部分构成，其中围岩是主体，支护是辅助。从力学角度来看，隧道支护的本质是将围岩由二维应力状态转变为三维应力状态，从而抑制围岩松弛发展、提升围岩自稳性，特别是在软弱围岩隧道施工时，其自稳性差，应在围岩松弛前及时设置支护，进行主动保护、加固、改良，形成组合拱作用，改善围岩连续性。

　　注浆管棚与水平旋喷拱棚作为有效控制围岩变形与掌子面稳定的辅助工法，被广泛应用于隧道工程，其在隧道轮廊线外形成具有一定整体性的加固区域，用以承受开挖临空面上部荷载，从而达到控制围岩变形、实现隧道安全施工的目的。然而，当隧道穿越软弱地层时，它所受荷载复杂多变，加之隧道掘进及支护施作，致使预支护力学响应复杂、变形机理难以明确，而现有力学模型难以反映预支护结构的真实受力特性，地层、隧道支护之间的相互作用机理仍需深入探究，此外，隧道预支护应用也未达到最优化的设计目标，施工中仍面临许多不可预知的风险。

该书系统地总结了隧道常用的预支护方法，依托多个软弱围岩隧道工程，采用理论推导、数值计算、试验及测试等手段，重点针对注浆管棚、水平旋喷预支护的作用机理和工程应用进行探讨、总结。书中内容翔实、论证充分，理论与实践并重，是作者团队对软弱围岩隧道预支护结构力学机理及工程应用的深入探索，书中研究方法与成果对我国隧道建造技术发展具有重要意义。该书非常值得从事隧道及地下工程领域的科研人员、工程技术人员以及高等院校师生参考和品读，具有较大的出版价值，衷心希望本书的出版能够推动我国隧道预支护技术的进步，培养更多高层次人才，为隧道强国建设贡献力量！

2023 年 4 月

前 言 ◀◀ Foreword

随着我国经济的进一步发展，交通向经济欠发达地区拓展，这意味着隧道在公路、铁路等交通线上的占比越来越高。截至 2021 年底，我国公路隧道共有 23268 处，总长 2469.89 万延米，其中，特长隧道共 1599 处，总长 717.08 万延米，在建及规划的公、铁隧道体量非常大，在软弱地层中修建隧道难以避免，为保障隧道的建设及运营安全，必须提前采取预支护或预加固措施。管棚及水平旋喷作为隧道预支护的常用手段，可有效控制围岩变形与保持掌子面稳定，被广泛应用于隧道的进口段、浅埋暗挖段，以及其他穿越复杂地质和环境地段的地下工程中。隧道施工中Ⅳ级以下围岩被定义为软弱围岩，其自稳能力差、强度低、灵敏度高，同时随着人们环保意识的提高，为保证邻近建(构)筑物的正常使用与安全、减小其对周边环境(地层变形与水环境)的影响，对软弱围岩隧道进行预支护成为必然。

本书是作者团队在软弱围岩隧道预支护领域多年研究成果的总结，在国家自然科学基金项目(51768020)、江西省自然科学基金项目(20161BAB206159)、江西省青年科学基金项目(20161BAB216139)等课题的支持下，系统深入地研究了软弱围岩隧道注浆管棚及水平旋喷拱棚结构的力学模

1

型及受力机理；并针对当前隧道预支护领域的迫切需要，将注浆管棚及水平旋喷拱棚结构的力学模型、支护效果、缺陷影响等方面的研究成果进一步归纳总结，形成体系，以期推动我国软弱围岩隧道预支护工程的理论发展与技术进步。

全书共分为7章，第1章介绍现有隧道预支护方法；第2章指出现有预支护力学模型的不足，提出了管棚预支护改进梁模型及水平旋喷预支护拱棚壳模型；第3、4章采用现场实测及数值模拟等手段验证了上述力学模型的可行性及合理性，并进一步依托实际工程探究隧道预支护力学机理；第5章研究注浆缺陷对管棚及加强管棚承载性能的影响；第6章介绍富水砂层下水平旋喷拱棚的预支护效果；第7章对上述内容进行总结归纳，并对文中不足之处进行探讨与展望。本书理论与实践并重，可供隧道与地下工程领域从事管理、设计、施工、科研相关工作的技术人员使用，亦可作为高等院校相关专业师生的参考用书。

本书由石钰锋、曹成威、闵世超主编，胡梦豪、朱江伟、周宇航等参与编写部分内容。本书的研究工作得到了中南大学阳军生教授和华东交通大学耿大新教授等专家的支持，依托工程的现场测试工作得到了南宁铁路局、中交四公局、广州铁路(集团)公司、中铁三局等单位的大力支持，在此表示感谢。

软弱围岩隧道预支护研究涉及的专业知识面广且技术手段多，作者对一些理论与实际问题的认识和处理方法难免不全面、不准确，不当之处恳请读者批评指正。

作者

2023 年 3 月

目 录 ◀◀ Contents

第 1 章 绪 论

1.1 隧道预支护的意义及前景

在交通强国、交通兴国的大背景下，隧道与地下工程掀起了空前的发展高潮，需要在复杂地质及环境条件下修建大量隧道。然而，随着人们环境保护意识的提高，为保证邻近建(构)筑物的安全与正常使用、减小隧道与地下工程对周边环境的影响(包括地层变形与水环境)，衡量隧道稳定性的内涵有了较大的变化。目前，虽然暂未有规范明确规定城市隧道的控制标准值，但行内多选用 30 mm 作为控制标准，在下穿或紧邻变形敏感的高速铁路时，甚至提出了"零沉降"(变形控制在±5 mm 以内)的要求。同时，人口老龄化及城镇化等引起劳动力成本大增，对隧道工程建设提出了更高程度的机械化要求，目前大量的新技术、新工艺以及相关的大型机械的引进、研制及推广，已为隧道工程更高程度的机械化提供了一定基础。因此，在现有理论及技术环境下，急需寻求一种安全、合理、经济及对环境影响小的设计施工方法，而除了盾构、TBM 等方法外，在合适的预支护基础上，采用大型机械开挖的新意法不失为一种好的选择。

隧道在穿越复杂软弱地层或富水地段时，若初支不及时或围岩强度不足，掌子面随时可能失稳，严重时可导致塌方冒顶事故，尤其在城市中修建隧道，常面临下穿或邻近重要建(构)筑物，为减小隧道施工对地层的影响，对该类隧道进行预支护(加固)是必不可少的。目前，隧道领域从业者研究出了许多预支护(加固)技术，国内习惯称为辅助工法，用于辅助隧道稳定及控制地层变形，并获得了大量的成功范例。但总体来讲，隧道建设对周边环境影响相对较大，远不能满足日益提高的环境要求。而出现这些问题的很大一部分原因是来自工作者们未能选

1

择合理有效的隧道预支护(加固)技术。隧道预支护(加固)技术尽管已经应用得较为广泛,理论研究也有了一定的发展,但是相对其普遍严重滞后的工程实践,目前依旧无法满足指导设计和施工的需要,对隧道预支护(加固)的作用机理以及建立在科学根据上的简化理论和方法也还没有取得显著进展,更无法满足工程师们的最优选择及灵活应用需求[1, 2]。

针对上述问题,依托实际工程,本书主要对管棚与水平旋喷预支护结构的力学机理及工程应用展开研究,采用理论分析、现场测试、数值仿真及室内模型试验的研究手段分析其预支护的作用机理,并进一步探讨了工程缺陷对其预支护效果的影响。本书研究工作对隧道预支护理论、设计及施工有重要意义。

1.2　隧道预支护的主要手段比较

目前,隧道预支护的手段主要有注浆、超前小导管、注浆管棚、水平旋喷等,掌子面加固的手段多为锚杆(有时结合注浆),包括金属、木、竹、玻璃纤维锚杆等[3],其余诸如机械预切槽、预衬砌、冻结法等应用较少,且应用前景相对不好的技术本书不做介绍。

注浆:注浆是隧道预加固应用最广、最基本的手段。当围岩只有短期自稳能力甚至没有自稳能力时,为了保证工作面稳定并控制变形,往往对地层进行超前预注浆。注浆机理主要有渗透注浆、劈裂注浆、压密注浆、高压喷灌注浆四种,注浆材料包括普通水泥单液浆、超细水泥浆、改性水玻璃浆、水泥-水玻璃双液浆等。

按照成孔方式和注浆长度可将注浆分为短孔注浆和超前深孔注浆。短孔注浆通常与超前小导管相结合;而当短孔注浆难以满足围岩加固范围和止水效果时,同时为避免短孔注浆循环次数多、费时等缺陷,在有压地下水及地下水丰富的软弱破碎地层中,可采用超前深孔注浆,也称帷幕注浆。

工程中注浆位置主要有地表、洞内、平导等。当隧道埋深较浅时,地表又存在作业条件,优先考虑地表注浆;对于设有辅助平行导坑的深埋长大隧道,可利用平导进行超前注浆,可以减少对隧道开挖的干扰,加快施工速度。

锚杆:锚杆作为矿山法隧道施工初期支护组成之一,也是隧道预加固方法之一。它具有操作简单、灵活、见效快等特点,是岩石隧道预支护(加固)中应用最为广泛的一种。锚杆具有支撑、加固围岩、提高围岩层间摩阻力,起到"组合梁""悬吊"等作用,且其种类繁多。按锚固形式分有端头锚固式、全长黏结式、摩擦式、混合式等,这四大类又包含着各种亚类,如全长黏结式包含了水泥浆全黏式、水泥砂浆全黏式及树脂全黏式等；按材料分有金属锚杆、木(竹)锚杆、玻璃钢纤维锚杆等；按结构可分为中空、实心等。不同形式及组合的锚杆加固和支护作用迥异。

根据锚杆施作与工作面开挖的先后顺序，可将锚杆分为预加固锚杆和预支护锚杆(或称为系统锚杆)。此处所指锚杆侧重于预加固锚杆，其布置形式有地表垂向、工作面的水平向及拱部的斜向等。

在软弱地层预加固中，常采用工作面水平向布置的预加固锚杆结合其他诸如管棚、水平旋喷等大刚度预支护结构共同控制地层变形。

超前小导管：小导管一般由 $\phi32 \sim \phi60$ mm 的钢管制成，由锥体管头、花管、管体三部分构成，纵向长度多为 $3 \sim 6$ m，横向布置在隧道拱部开挖轮廓线外一定范围内，向工作面上方倾斜一定角度，尾端常与工作面后方钢拱架连成整体，以提高整体刚度。为进一步提高预支护(加固)的效果，一般对超前小导管进行注浆，如果间距适宜，相邻导管注浆半径咬合，注浆体饱满，可在隧道开挖轮廓外提前形成一定厚度的结构体，加固围岩的同时可承担一定的上覆荷载。

注浆管棚：管棚布置与超前小导管类似，但钢管直径较大($\phi79 \sim \phi600$ mm)，长度较长，一般为 $20 \sim 40$ m[4]，对地层稳定及变形控制的效果较好。其多应用于软弱破碎地层，邻近有敏感建(构)筑物的隧道预支护等。

水平旋喷：广义上，旋喷属于注浆加固的一种，是在一般导管注浆基础上发展起来的，以高压旋喷的方式切削土体，一定程度上置换地层，形成浆液与地层的混合加固体。最初的旋喷注浆多为垂直旋喷，之后在此基础上逐渐发展出倾斜及水平旋喷技术。目前，旋喷技术已经比较成熟，国内外均有众多成功应用。

采用水平旋喷技术在隧道开挖轮廓线外形成拱形加固区，以起到地层预加固与预支护的作用，在富水情况下还可以起到止水效果，因此尤其适合富水软弱地层隧道工程的预支护。

根据加固结构与围岩的相互作用可将上述手段分为预支护与预加固两类。预加固侧重于对地层物性指标的提高，保证围岩在应力释放过程中不发生失稳或变形过大，比如常规注浆，锚杆等；预支护侧重于预加固结构的支护功能，即加固区物性指标提高至一定程度后，具有良好的支护功能，因此加固结构的刚度一般远大于周边围岩，比如长大管棚、水平旋喷等。表 1-1 对上述几种典型隧道预支护(加固)技术进行对比，分析各自优缺点及适用条件。

表 1-1 典型预支护(预加固)技术对比

加固手段		优点	缺点	适用条件
预加固	注浆	灵活、简便、可选方法多	均匀性难以保证,加固刚度较小,易造成浆液浪费,部分地层注浆难度大	地下水流动性小,孔隙较大的砂土或破碎地层
	锚杆	灵活、简便、不需专门设备	柔性大,整体刚度小,正面金属锚杆影响开挖	地下水较少的破碎、软弱围岩中
预支护	超前小导管	施工速度快,施工机械简单,工序转换方便	加固范围有限,注浆效果难以保证,基本不具备止水功能,循环次数多	有一定自稳能力的地层,且无重大风险源
	注浆管棚	整体刚度大,支护效果好,防塌功能显著;一次性施作长度大	施工精度控制要求较高,注浆效果难以保证,止水功能弱	围岩压力较大,对围岩变形及地表沉降有较严格要求的软弱、破碎围岩隧道工程中
	水平旋喷	效率高,无须成孔,钻孔旋喷一体;质量优,桩体强度高,有较好的防塌、防渗功能	抗弯、抗剪能力差;施工控制难度大;浆液回流损失率高;遇障碍物难以处理	适用于黏性土、砂类土、淤泥等软土地层,尤其适合富水无自稳能力地层中

综上可知,各预支护(加固)方法均有各自的优缺点和适用性,实际工程中应根据具体情况选择合适的预支护(加固)方法,或者结合两种甚至多种预支护(加固)手段,以达到工程的安全、快速、合理、经济等要求。

1.3 管棚及水平旋喷的研究现状

1.3.1 管棚的研究现状

针对环境复杂的软弱围岩隧道工程变形大、稳定性差的问题,业内对软弱围岩变形机理及控制技术进行了大量较为系统的研究[5-14]。对隧道围岩预支护(加固)后,采用大型机械进行全断面开挖,快速实现支护封闭,有望满足变形控制的高标准、高机械化要求。结合本书研究重点对管棚、水平旋喷等大刚度预支护技术进行文献调研。

管棚作为隧道及地下工程施工中一种重要的预支护(加固)手段,以其荷载传递作用明显、工艺简单、施工便捷、造价低等优点,在国内外工程界得到广泛应用，其目的主要是防止围岩坍塌、控制地层位移，在其广泛应用的同时，业内对管棚的预支护机理及效果展开了诸多研究。

注浆管棚法进行超前预支护时，加固圈将起到"承载拱"的作用，承担一定比例的拱上部岩层重量，使拱内围岩与支护系统处于一定程度的免压状态，拱内部围岩与支护系统受到的力仅是由隧道拱向变形引起的形变压力。管棚有以下作用：①防坍塌；②阻隔沉降；③均匀地层沉降；④提高围岩力学参数。目前，国内外学者在分析和计算管棚超前支护作用问题的理论和方法方面取得了一定成果。

解析研究方面，程小彬[15]、武建伟[16]等结合一般管棚预支护作用下隧道的开挖过程，将隧道上部土体单纯视作荷载，将管棚作为弹性地基梁考虑，根据经典的 Winkler 模型，全面分析开挖过程中管棚各段的受力情况，提出了开挖过程中管棚全段的计算方程，并结合具体工程采用有限元计算对管棚的加固效果和掌子面的稳定性进行分析。王海波[17]等提出了均一化的横观各向同性弹性模型，研究了超前支护的平均弹性性质，在此基础上提出简化模型，并对模型的有效性进行验证。贾金青[18]等对管棚的 Winkler 弹性地基模型提出改进，基于 Pasternak 弹性地基梁理论，通过考虑初期支护的延滞效应，推导出管棚的挠度方程和内力计算公式，并提出求解方法。王海涛[19]等基于 Pasternak 弹性地基梁理论，对管棚预支护中不同钢管直径、搭接长度、管棚长度条件下管棚的加固效果进行了分析，并与实测数据进行对比，结果表明管棚长度及管棚钢管直径均存在最佳值。

莫林辉[20]等将理论分析与实际工程相结合，采用弹性地基梁理论从结构力学角度出发，建立隧道支护管棚作用的力学模型，以龙永高速响米坳隧道为例，得到管棚的挠度曲线。李喆[21]、刘凡[22]等依托实际工程，将理论分析与数值模拟相结合，对管棚预支护力学模型、预支护效果及其影响因素进行了较为系统和深入的研究，并对管棚预支护的设计进行了优化。王道远[23]等针对隧道开挖对洞口管棚的影响特点，建立基于 Pasternak 弹性地基梁理论并考虑施工特性的洞口管棚变形量预测模型。结果表明：Pasternak 力学模型能够很好地预测洞口管棚的变形，其中管棚的变形量与地层反力系数和管棚直径非线性负相关。

数值研究方面，张明聚[24]等为了给出厦门翔安隧道洞口段管棚超前支护的设计参数，采用数值手段分析了管棚超前预支护的效果，指出施工中遇到的问题及解决办法。张印涛[25]以北京地铁某新建线路的区间隧道下穿越既有线区间隧道工程为背景，在对应力释放率进行合理确定并充分考虑既有线沉降缝和管棚加固区影响的基础上，采用 FLAC 3D 计算方法，对施工开挖过程进行模拟。高健[26]等同时考虑地下水水位和注浆管棚长度的变化，采用流固耦合数值模拟得到作用在隧道开挖面的极限支护压力。郭衍敬[27]以北京地铁十号线黄庄站126 m 超前大管棚一次性施作作为研究背景，提出了采用桩单元模拟管棚的思路，有效反映了管棚与围岩间脱开和挤压的情况，对车站导洞施工过程中管棚变形的动态过程以及管棚注浆和管棚直径对地表沉降的控制效果进行了分析研究。

Kotake[28]利用三维边界元研究了注浆管棚(伞形法)的作用机理和加固效果。研究表明，注浆管棚所形成的预支护结构在隧道纵向可看作梁，而在横断面上可看成拱，梁、拱主要承受压力。Tan 和 Ranjith[29]通过运用二维有限差分软件对拱顶管棚加固围岩后地层位移进行了分析，分析表明：管棚的布置形式对地表变形有影响，其中门形布置比马蹄形布置对控制地表变形效果好。Aksoy[30]以 Izmir 地铁为依托，采用数值手段分析了拱顶管棚掌子面锚杆加固对控制底边沉降与边墙收敛的效果，指出采取预加固手段后地表沉降与边墙收敛分别减小了69%与57%。

现场测试研究方面，目前对管棚在隧道开挖过程中的变形监测还比较少，董敏[31]、陈浩[32]等采用测斜管法分别对大管棚变形进行了量测。苟德明等采用混凝土应变计对常德–吉首高速公路土江冲隧道管棚预支护结构变形进行量测，在现场测试结果的基础上建立管棚的弹性固定端双参数弹性地基梁模型，并对该模型进行推导求解，较好地研究了管棚预支护作用机制。李健[35]依托郑西客运专线阒乡隧道，对隧道进入下穿高速公路前的管棚纵向变形进行监测，开展浅埋大跨黄土隧道长大管棚受力机制的研究。

模型试验方面，Hisatake[36]针对隧道开挖时地表沉降及掌子面变形问题，采用机器人开挖的模型试验手段，研究了开挖方法(全断面及预留核心土环形开挖)及管棚支护对地层变形的影响。研究表明，核心土(哪怕很小)、管棚超前预加固能有效控制地层变形。Jong[37]采用大比例模型试验，考虑不加固、管棚加固拱顶、管棚加固掌子面、管棚同时加固拱顶与掌子面四种工况，对颗粒土层下隧道管棚预支护加固效果进行研究，认为管棚加固可有效减小地表沉降，提高竖向应力及围岩稳定性；可有效传递纵向荷载，减小横向应力集中。有学者采用数值手段对管棚长度效应进行补充研究，认为，管棚越长，加固效果越明显，但是超过 1.5D 时效果不再增加，掌子面加固可有效提高掌子面稳定性，但可比拱顶加固长度小，可在满足经济合理的情况下保证隧道稳定性。Juneja[38]为研究管棚长度与不支护长度对黏土地层中掌子面稳定性的影响，采用离心机模型试验对其进行研究得出：管棚可有效减小掌子面前方底边沉降槽的纵向范围，但是对减小沉降槽的横向宽度效果不明显；隧道稳定性同时受管棚长度和不支护长度的影响。

周顺华[39]针对南京地铁鼓楼–玄武门区间隧道穿过软流塑地层的特点，采用土工离心机对地表有相对硬壳层和地表无相对硬壳层中隧道开挖之后地层的变形机理进行模拟。针对目前国内技术界对软弱地层中隧道施工选用大管棚还是小管棚的争议，有学者以杭州解放路隧道原位观测和室内土工离心模拟试验为基础，分析了管棚工作机理，提出了隧道拱部形成"棚"和"架"的条件，指出管棚主要起加固围岩并扩散围岩压力的作用,同时减少开挖释放应力[40]。

由此可知,虽然管棚的实践研究取得了一定进展,但相关的理论研究仍不够完善。从既有成果来看,管棚力学机理的分析模型主要有两类。第一类为基于结构力学的荷载-梁模型,主要有三种,分别为:梁模型[18],近似地将管棚看作一端嵌入未扰动围岩而另一端支承在初期支护(自由)的简支梁(悬臂梁);地基梁模型,该模型将未开挖段作为无限长 Winkler 地基梁或双参数 Pasternak 地基梁,已支护段作为发生已知位移的刚性端或 Winkler 地基梁;空间棚架体系分析模型,该模型以弹性地基梁模型为基础,可考虑开挖效应、管棚与支护结构相互作用及混凝土早期特性等因素的影响[33]。第二类为基于数值模拟的加固围岩(土)模型,此模型有两种实现途径:①采用等效方法,将管棚的弹性模量折算给被加固地层以提高土体参数来近似模拟管棚的加固作用,此法计算简单,但随意性大,且无法反映管棚在施工中的受力变形过程;②类似于锚杆的处理,用土体与管棚分离的方法,以梁(杆)单元模拟管棚,以实体单元模拟土体,两者共同受力。该法可考虑多种因素,但计算规模大,且实际管棚与围岩并非共同变形,管棚与围岩存在着脱开和挤压的情况,采用梁(杆)单元模拟管棚无法考虑这种相互作用,因此,郭衍敬提出了在数值计算中采用桩单元模拟管棚的思路[27]。

综上可知,许多学者采用多种方法对管棚超前预支护效果进行了较为深入的研究,但现有研究多局限于管棚对控制围岩变形和开挖面稳定的整体效果研究,而对管棚的作用机理、参数优化研究相对较少。且由于模型边界条件的复杂性,虽有学者对管棚的力学模型进行简化,提出简单梁模型、弹性地基梁模型、空间棚架体系分析模型等,但是各模型均基于一定的假设且有较大的局限性,不能全面反映管棚的力学作用机理;也有些学者采用数值及模型试验手段,对管棚布置范围、管棚直径、施作工艺等参数进行过探讨及优化,但均未形成系统,目前管棚的设计仍较大限度地依赖于经验和工程类比,定性程度较大。

1.3.2　水平旋喷拱棚研究现状

在 20 世纪 70 年代初期,日本研发出了水平旋喷技术,在工程领域中,其研发过程经历了单管法、二重管法、三重管法,随着旋喷注浆技术的发展,根据工程实际情况,逐渐形成了 CCP-H 工法、RJFP 工法、MJS 工法[41]。意大利也是较早使用水平旋喷加固技术的国家,其施工技术也相对较为成熟,由于国土山地面积占比大,公路、铁路多数需要穿越高山而建造,这直接促进了该国水平旋喷加固技术的发展[42]。为了更好地应对我国工程建设中不断出现的复杂岩土体加固问题,我国结合日本及欧美等发达国家在这一领域的成果,相继开发出适于本国国情的旋喷新技术,于 20 世纪 80 年代中期开始了水平旋喷注浆加固技术的研究和应用。随着水平旋喷预支护技术的成功应用，国内外学者对此进行大量的工程研究与探索。

孙星亮[43]等对水平旋喷固结体力学性能开展了较早的试验分析，先后在硬砂质黏土地层和松散细砂地层做过 4 次水平及倾斜旋喷工艺试验及一系列测试，取得一定成果；在水平旋喷固结体物理力学性能方面，在通常旋喷参数条件下形成的水平旋喷固结体进行了多种试验，包括无侧限抗压试验、劈裂抗拉试验、点荷载试验等，得到无侧限抗压强度、抗拉强度、抗压强度软化系数、变形模量、黏聚力和内摩擦角等水平旋喷固结体的物理力学指标，并讨论了变形模量、抗拉强度和无侧限抗压强度之间的关系。周振强、吴波[44, 45]等依托流塑状砂质黏性土层隧道工程，对旋喷加固效果及桩体物理力学性能进行了研究，总结出黏性土旋喷固结体抗压强度是原状土的 66 倍，可达 5.8 MPa；全风化花岗岩地层抗压强度可达 9.8 MPa，提高 200 倍；弹性模量分别达 2.67 GPa、10.44 GPa，提高数百倍。侯刚[46]对干燥粉细砂地层水平旋喷桩开展了相关试验研究，得出干燥粉细砂地层水平旋喷固结体的重度变异性大，强度相对变异性小。赣龙铁路新考塘隧道在全风化花岗岩试桩检测得出 19 d 单轴抗压强度达 5.7 MPa。Christian[47, 48]提出了考虑旋喷浆液的强度、刚度增长规律(化学硬化及弹性老化)、化学收缩、桩体及喷射混凝土徐变等因素的复杂材料模型，并采用该模型对水平旋喷相关问题展开了研究。Coulter[49, 50]采用试验手段研究旋喷桩在 24 h 内强度及刚度的增长规律，并发现强度及刚度受温度影响较大。Nikbakhtan[51]依托相关工程，通过一系列试验对旋喷桩力学性质进行研究。随着注浆压力的增大，旋喷桩单轴抗压强度呈对数增长，急剧增长的还有黏聚力和摩擦角，并通过试验对旋喷桩相关参数进行统计分析[52]。

由此可知，相较旋喷技术的广泛应用，其几何、力学参数研究相对较少，且受地层类型及条件、施工工艺影响而呈现离散性大的特点，针对富水砂层中旋喷桩的几何、力学参数研究未系统展开，更没有对其拱棚结构的整体力学性能进行研究。

水平旋喷桩预支护力学机理研究方面，目前已有一些学者通过数值分析、模型试验及理论计算等手段从其预支护效果、拱棚的承载特性及设计优化等方面进行了探索。预支护效果方面，Mahdi Heidari[53]基于旋喷桩硬化特性研究，探讨了水平旋喷预支护后地层响应特点。吴波、石钰锋[54, 55]等等采用数值计算手段对将水平旋喷拱棚等效为一定厚度的均匀完整壳体进行计算，并结合工程应用对预支护效果加以验证。周鑫[56]依托梁山隧道深埋富水软弱带展开研究，对水平旋喷拱棚结构厚度及开挖进尺提出建议值。赖金星[57]采用数值方法对水平旋喷内插管棚预支护结构的力学行为开展研究，并采用弹性地基梁模型对搭接效应进行探讨。肖广智[58]通过水平旋喷技术的应用总结，针对该技术设备进口价格高的困难提出有关部门应尽快制定相关定额，加快专用设备研发的建议。周前[59]通过数值及现场测试手段对有、无水平旋喷预支护工况下围岩、支护的变形及应力的变化规律开展研究,论证该支护手段的效果。拱棚结构承载特性方面,黎中银、李永东在水平旋喷工艺研究的基础上,通过现场足尺试验进行研究,并从高压喷射注浆加固机理、分类构造、固结体物理力学性质入手,运用理论分析、现场试验等方法,对水平旋喷的部分影响因素进行了研究[60, 61]。张慧乐、柳建国[62-64]等对水平旋喷拱棚进行原位荷载破坏试验,对水平旋喷拱棚承载特性进行研究,认为可将裂缝的产生与扩展作为水平旋喷拱棚结构破坏前的预警。

设计优化方面,Christian[65]考虑地层性质的影响,采用 Thermochemical Mechanics 材料,对比分析不同旋喷桩布置方案对不同地层条件的加固效果,给出均一、上软下硬等地层的旋喷桩优化布置方案。Lignola[66, 67]提出采用二维解析法对水平旋喷预加固参数进行设计,在考虑桩体可能存在的缺陷的基础上,给出最优的预支护的形状及最小厚度,并且采用迭代程序证明结构的稳定性。

综上可知,我国水平旋喷加固技术的研究现状为:①我国水平旋喷施工技术的研究和应用起步较晚,大多数还处于试验、摸索阶段;②国内对于水平旋喷加固效果的认识还处于试验定性描述阶段,定量分析还较少;③国内现有的水平旋喷加固工法、计算模型针对以矿山法修建的隧道比较多,针对软土及软弱流塑性地区土质的研究较少,在今后的实践中,需要通过实地测试以检验加固效果,进一步总结规律。

目前,水平旋喷技术已广泛应用于不同软弱地层隧道预支护中,但在力学简化模型方面研究相对滞后,在工程中受制于工艺水平、地层和支护类型等因素,也难以获取纵向力学行为,相关实际工程监测数据和合理简化模型未见报道。相比于水平旋喷预支护而言,管棚更早应用于隧道预支护中,管棚力学简化模型研究相对深入,主要力学简化模型有梁模型[68, 69]、Winkler 地基梁模型[70, 71]、双参数地基梁模型[72, 73]、Pasternak 地基梁模型[74]、三参数地基梁模型[75, 76]、拱壳力学模型[77, 78],相关成果可为研究水平旋喷拱棚预支护提供理论参考。以下进行简要原理介绍。

1. Winkler 地基梁模型

在 Winkler 地基梁模型中,将开挖支护段端部简化为具有一定沉降的刚性固定端,开挖未支护段简化为弹性地基梁,其同时承受上部围压和下部地基反力作用。其不足之处在于地基梁为单参数地基模型,在理论上存在地基不连续缺陷,导致土-结构相互作用,难以表征真实受力变形特点;且把开挖支护段看成固定端,不发生任何转角,这是与真实情况不相符合的[71]。

2. 双参数地基梁模型

为了更加真实模拟实际受力，学者提出了双参数地基梁模型，在 Winkler 地基梁模型基础上，考虑土体的连续性影响，使得计算结果接近结构-土作用特性，在简化时，把岩土体等效为弹簧体，在弹簧体中间存在剪切作用，引入地基剪切模量，在受力时可以产生横向剪切作用，而不被压缩。双参数地基梁模型主要有 Pasternak 模型、Filonenko-Borodich 模型、Vlasov 模型等。

在隧道预支护工程应用中，苟德明[71]学者将管棚在纵向分为开挖支护段、开挖未支护段、掌子面前方段，将已支护段简化为具有一定的初始位移（初始挠度和转角）的约束端，在开挖未支护段只承受上部围岩荷载，将掌子面前端的管棚看成 Pasternak 地基梁，同时受到上部围岩荷载和地基反力作用，并考虑了地基连续性影响，相比 Winkler 地基梁模型精度得到了进一步提高。在后续的研究中，石钰锋[55]、郑俊杰[34]、丁祖德[74]等对 Pasternak 模型进一步改进，考虑了开挖空间效应，即掌子面前方变基床系数通常并不是常数，会随着前方松动区影响力学参数发生改变，在简化时考虑变基床系数的影响，使得计算结果更加符合真实受力状态。

3. 拱壳力学模型

拱壳力学模型是将注浆后与围岩形成的加固拱棚圈看作一个拱壳结构，然后通过经典壳体力学理论进行计算分析的方法。虽然经典壳体力学模型在简化时计算精度与基本假定条件的合理性与边界条件的选取有直接关系，计算过程复杂，但随着数学处理软件的发展，学者对此也展开了相关研究。

雷小朋[78]基于水平旋喷拱棚成壳特性，使用经典壳体力学模型进行了研究，在计算时，假设水平旋喷拱棚材料满足线弹性且均匀各向同性，以开挖未支护段为研究对象，建立内力和应力之间关系，通过静力平衡方程，简化边界得到弹性解析解，通过计算实例分析，得到水平旋喷拱棚在不同开挖进尺下，拱棚结构的最大内力值，并探究了拱棚厚度与主应力之间的关系。

宋战平[79]基于超前管棚预支护，为模拟注浆管棚真实受力状态，根据注浆加固区的力学特性，考虑整体性加固效应，提出考虑注浆加固区影响的管棚的壳体力学模型，在简化时，取拱顶处所在纵向微元条分析，考虑相邻管棚之间的横向作用力，根据 Winkler 地基梁模型，建立了考虑整体性影响的管棚力学模型，并推导了管棚挠度和受力的解析解，在表达式中，得到了可以表征注浆加固区整体性的特征参数（与围岩参数和注浆参数相关），并与前人相关理论和实际工程中监测数据进行对比分析，验证了力学模型的适用性和可行性。

1.3.3 对研究现状的认识

根据调研结果可知,随着复杂条件下隧道工程的增多,管棚和水平旋喷拱棚预支护技术应用研究也逐渐增多,但存在以下几方面的相关问题:

①管棚预支护力学研究方面。对支护机制的力学模型研究多有过于简化之嫌,对管棚支护机制影响较大的某些因素没有考虑到,比如掌子面扰动后支护力的减弱,掌子面后方支护段的支护延滞效应等大多未充分考虑,管棚外荷载的时空效应也未考虑;采用数值仿真手段研究时多注重预支护(加固)的效果研究,对管棚及其注浆后的参数选取上也多有随意性,针对管棚与围岩之间因刚度比过大而出现的"接触现象"也少见考虑;对于最能直观反映管棚力学机制的现场测试手段,因实现难度大,相关测试较少,且数据离散性较大。

②管棚预支护工程应用方面。对管棚注浆缺陷的研究较少涉及,实际工程中,管棚注浆受浆液结石率、施工环境、施工工艺等影响难以饱满,给其预支护效果带来不确定性;针对部分极端地层常采用管内配筋或套管等方法以提高管棚刚度,但其对管棚承载特性的提高尚未有准确评定;同时业内对管棚承载特性研究还存在诸如力学性质不明确、与地层相互作用关系认识不深入等问题。

③水平旋喷预支护力学研究方面。在分析水平旋喷拱棚预支护受力状态时,若使用传统壳体理论,未考虑结构-土作用,结果可能偏于不安全,弹性地基梁模型因忽略了整体性加固效果,不能真实反映预支护拱棚真实受力特点,同时,开挖面与旋喷拱棚所处相对位置不同,其受力工况不断变化,在力学模型简化时,解析解的求解难度与合理的边界条件选取有着密切关联。为此,寻求一种综合考虑上覆荷载、拱棚几何参数、结构-土作用特性、支护参数等因素的三维简化拱壳力学模型,可进一步揭示水平旋喷拱棚预支护力学机制。

④针对富水砂层下水平旋喷预支护受力特性的探讨目前较少,且不成系统,研究手段单一,对其结构整体受力特性进行研究的文献鲜有报道。受目前的施工工艺、地层特性及支护类型、参数的影响,未能综合考虑地层渗透系数、地下水位、桩间咬合厚度等因素对水平旋喷预支护力学特性的影响机理。

⑤水平旋喷预支护工程应用方面。尽管业内许多工作者针对水平旋喷施工控制难度较大、成桩效果难以控制、抗拉、剪能力差的缺陷提出了很多工艺上的改进,也获得了较好的应用效果,但是对其与地层、隧道支护之间的相互作用机理仍没有统一的深入认识,甚至对其本身的物理力学性质也没有探明,尤其是作为预支护壳体的整体性质,因此远未达到最优化的设计目标,在设计、施工中仍存在许多不可预知的风险。

相对预支护(加固)手段的广泛应用而言,其加固机理及参数设计方面严重滞后，需要隧道工作者开展更为深入、广泛的研究，以获得各预支护(加固)手段的作用机理，进行建立在科学基础上且安全、经济的设计与施工。

1.4 本书的主要内容

本书主要是针对管棚和水平旋喷拱棚两类隧道预支护结构的力学机理及工程应用开展了一系列的研究，旨在构建科学、全面的软弱围岩隧道预支护研究体系，以期指导软弱围岩隧道预支护结构的设计与施工。

本书在充分调研了国内外学者的研究成果的基础上，通过理论求解得到了基于 Pasternak、Winkler 弹性地基梁理论，并综合考虑初支综合延滞效应、掌子面前方岩土体变基床系数、围岩应力释放时空效应等因素的长大管棚预支护结构改进力学模型，进一步利用数值分析与现场实测等研究手段探索了管棚的力学机理。同时研究了长大管棚动态施工的力学响应规律，并针对管棚自身注浆缺陷及管内加筋(钢管和钢筋束)对其承载力的影响机理进行了深入研究。

针对水平旋喷拱棚预支护。通过理论求解，考虑岩土体的连续性和注浆加固区整体性影响，将水平旋喷拱棚简化成壳体结构，建立了 Pasternak 弹性地基上的水平旋喷拱棚壳体力学模型。以实际隧道工程为背景，研究水平旋喷拱棚在隧道施工中的力学机理，进一步分析设计参数对水平旋喷桩力学影响规律。同时针对富水砂层下隧道水平旋喷拱棚随掌子面开挖的力学响应规律进行了流固耦合分析。

全书共分为 7 章，第 1 章介绍现有隧道预支护方法；第 2 章指出现有预支护力学模型的不足，提出注浆管棚改进梁模型及水平旋喷拱棚壳模型；第 3、4 章利用现场实测及数值模拟等手段验证上述力学模型的可行性及合理性；第 5 章讲述注浆缺陷对管棚及加强管棚承载性能的影响；第 6 章介绍富水砂层隧道水平旋喷拱棚的预支护效果；第 7 章对上述内容进行总结归纳，对不足之处进行探讨并展望。

本书理论与实践并重，研究体系科学全面，可供隧道与地下工程领域从事管理、设计、施工、科研相关工作的技术人员参考。

第 2 章　隧道超前预支护力学模型研究

　　注浆管棚及水平旋喷技术已广泛应用于不同软弱地层隧道预支护中，但在力学简化模型方面的研究相对滞后，多有过于简化之嫌。本章基于现有的弹性地基梁理论，提出考虑初支综合延滞效应、掌子面前方岩土体变基床系数、围岩应力释放时空效应等因素的长大管棚改进梁模型及考虑岩土体的连续性和注浆加固区整体性影响的水平旋喷拱棚壳体模型。

2.1　管棚预支护改进梁模型研究

　　管棚预支护受力影响因素繁多，除地层条件及管棚自身参数外，施工过程对其影响也不容忽视，诸如支护初期强度、施作时机、封闭程度、掌子面的扰动程度与范围等均会对管棚预支护结构受力产生较大影响。既有研究表明，因停工而造成的初支不能及时封闭，易使管棚预支护结构受力长时间维持在较高水平，且在长管棚预支护条件下，掌子面前方一定深度范围内的土体可能进入塑性状态，影响管棚的受力。因此，有必要对各类因素进行进一步的研究。

　　本节在既有弹性地基梁模型（一种基于结构力学的结构荷载法模型）的基础上，针对其相对不足，提出改进的管棚超前预支护弹性地基梁模型，尝试更全面的考虑管棚超前预支护的影响因素。改进模型拟考虑支护结构的综合延滞效应、掌子面前方岩土体变基床系数及围岩荷载释放时空效应等三方面因素，有望更加全面地理解隧道管棚超前预支护的力学机制。

2.1.1　管棚预支护结构力学模型既有研究分析

　　管棚作为软弱地层隧道预支护手段，起到隔断地层变形、传递和承担荷载的作用，有一次性支护距离长、刚度大的优点，在自稳性较差的地层，或者周边环境较复杂的大断面隧道中有很好的适用性。狭义上讲，管棚即为沿隧道开挖轮廓周边一定范围内、间隔一定的环向距离、沿洞轴方向以一定的外插状分布的钢管，但通常会将钢管作为注浆管进行注浆以进一步提高管棚的刚度，以期达到更好的预支护(加固)效果。

工程界在为实现隧道工程的设计由定性向定量转变时，对管棚的作用机理进行了多方面的研究和探索。管棚力学机理的分析模型主要有基于结构力学的荷载-梁模型及基于数值模拟的加固围岩(土)模型两类。常用荷载-梁模型，主要包括梁、弹性地基梁、空间棚架三类简化模型。其中，梁模型最简单，在解析求解上有较强的优势，但是因其过于简化，不能满足预支护机理深入研究的需求；空间棚架模型，可较好地分析预支护的力学机理，但是解析上求解几乎不可能，要想求解必须引入大量假定，这给求解带来极大困难；而弹性地基梁模型有较好的理论基础，且增加一定假设即可在数学上求解，因此目前业内多采用弹性地基梁模型分析管棚等预支护的力学机理。

总结既有理论研究成果，管棚预支护机理可理解为：钢管和经注浆加固后的周边围岩一起在纵向上以掌子面后方支护为支点形成梁结构，通过横向的圆拱布置形成拱效应，将上部传至隧道掌子面的比较集中的荷载，通过管棚分散到掌子面后方的支护结构及前方的围岩中，使得掌子面处于相对"免压"状态，提高掌子面的稳定性，对上覆地层变形起到一定的阻隔效应，减小地中及地表位移，满足部分工程地表建(构)筑物保护的要求。当采用大直径管棚且注浆效果好时，其也可以起到相当的承担上覆围岩荷载的作用。

尽管许多学者从不同角度对管棚的弹性地基梁模型进行了有益探索，尤其是对支护结构的延滞效应、掌子面前方岩土体变基床系数的考虑，进一步完善了管棚的弹性地基梁模型。但在梁的边界条件、外荷载形式等方面仍存在一些缺陷：①通过双参数弹性固定端或将固定端往掌子面后方移动一榀拱架的距离虽在一定程度上考虑了初支的延滞效应，但是弹性固定端的初始垂直位移和转角的选取存在一定的经验性，缺乏科学性及可操作性。②初支未封闭段不能及时、有效为管棚提供支撑力，在初支与围岩不密贴、锁脚锚杆锁力不足、拱脚处地基承载力不足等情况下，该现象将尤为显著，与上述初支延滞效应相互叠加，将改变地基梁的边界条件。③掌子面前方岩土体变基床系数不足以真实反映所有情况下掌子面前方岩土体对管棚的支撑条件，尤其是软弱破碎地层，该地层条件下掌子面一定范围内可能进入塑性而丧失支护能力，超出弹性地基的范畴。④围岩应力释放存在时空效应，分布于开挖段、初支暂未封闭段、初支封闭段上的管棚上覆荷载不同，需区别考虑。

因此，本节尝试针对上述问题提出管棚弹性地基梁模型的改进，以分析长管棚等超前预支护的作用特征。

2.1.2　改进的管棚地基梁模型

1. 改进模型考虑的因素

改进模型需要考虑的因素主要包括以下三个方面。

（1）初支综合延滞效应

所谓延滞效应，指原因发生后经历一段时间才出现结果的因果现象，初支的延滞效应即架立钢架、喷射混凝土后，初支并不能立即发挥其力学效应。产生延滞效应的原因有两个：①喷射混凝土材料本身强度增长有一个时间过程；②分部开挖隧道的钢架闭合有一个时间过程。

对管棚弹性地基梁模型支护条件的影响因素中，除了支护的延滞效应外还存在一些诸如围岩与支护不密贴、锁脚质量较差、拱架底部地基承载力不足、管棚与支护之间夹层土（岩）过厚等因素，这些因素严格来讲与初支延滞效应无关，但在管棚地基梁模型中会对支护段的弹性基床系数产生显著影响，且是一个相当复杂的随机变量。因此本书综合考虑初支延滞效应及施工因素影响，并将其统称为初支综合延滞效应。对初支综合延滞效应的量化，是一个相当困难的工作，将于下文以初支延滞效应为主对其进行简化处理。

（2）掌子面前方岩土体变基床系数

掌子面前方岩土体因开挖而出现一定的扰动区，其范围及扰动程度受到地层条件、隧道几何尺寸与埋深、施工条件等多方面因素影响。地层扰动后其基床系数必定产生变化，而本书需要指出的是，诸多工程实践表明，在软弱破碎地层中，尽管采用管棚预支护可使得掌子面前方岩土体处于一定程度的免压状态，但是仍难以避免较小深度范围内岩土体进入塑性状态（受拉塑性区为主），较大范围内岩土体因应力释放而产生挤出位移而扰动，为此，本书所指的掌子面前方岩土体变基床系数包括塑性区及非塑性区的基床系数。

（3）围岩应力释放时空效应

一般来讲，软弱地层浅埋隧道预支护管棚的上覆荷载可等效为围岩压力，且目前已有较成熟的简化理论确定围岩压力，但是均没有考虑围岩压力的时空效应。尽管公路隧道设计中明确指出Ⅳ级以上围岩隧道中围岩压力主要是形变压力，按照释放荷载计算其值，且说明其呈现塑性和流变特性，围岩与支护间形变压力的传递是一个随时间推进而逐渐发展的过程。而软弱地层中的浅埋隧道施工期间围岩释放也存在时空效应，因为以松动压力为主的围岩压力的产生受开挖空间大小的影响，且随时间变化而增大，与Ⅳ级以上围岩隧道围岩压力不同之处在于其应力释放时空效应不甚显著，在正常施工期间难以察觉，所以长期以来没有得到应有的重视，或者一般情况下该时空效应不对隧道施工及运营安全构成大的威胁而被人们所忽略。为此，改进的管棚预支护作用弹性地基梁模型拟考虑围岩应力释放时空效应。

2. 改进模型的提出

苟德明[71]等提出将初支与管棚连接处简化为固定端的弹性地基梁，并提出解析求解方法，模型如图2-1所示，同时应用于相应隧道管棚机理分析，虽然有效回避了初支延滞效应问题，但是弹性固定端的初始垂直位移和转角的选取存在一定的经验性，缺乏科学性及可操作性。

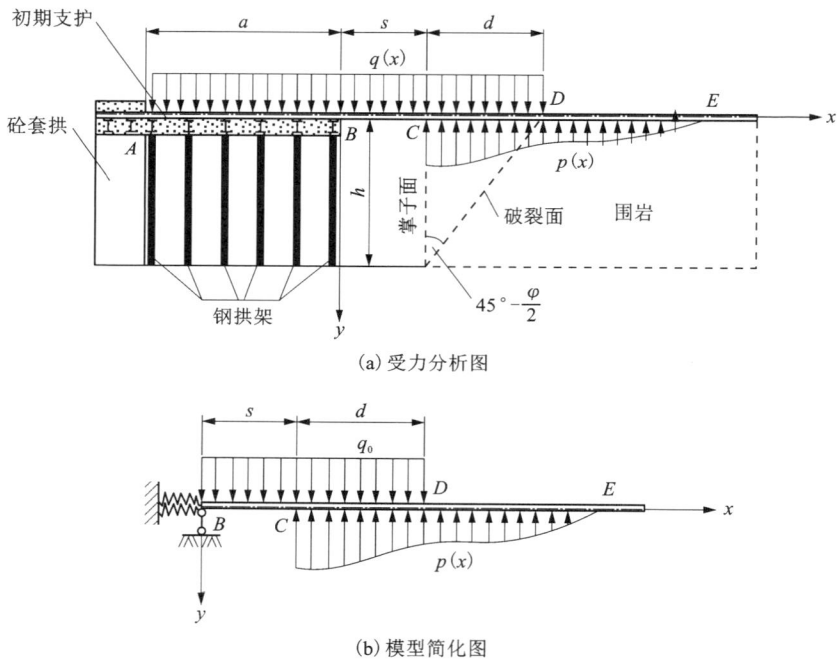

(a) 受力分析图

(b) 模型简化图

φ—内摩擦角；h—隧道开挖高度。

图2-1　双参数弹性地基梁模型

实际工程中，初支封闭成环滞后掌子面较远，而在初支不能提供有效（足够刚性）支护段内管棚往往分担较高比例荷载，因此笔者认为，上述模型简化割裂了预支护与支护结构之间的关系，相比之下棚架理论更能反映管棚的真实机理，预支护与支护结构应作为一个系统来考虑，为此提出如图 2-2 所示的力学简化模型。该模型考虑了初支综合延滞效应、掌子面前方岩土体变基床系数、围岩应力释放时空效应三个因素。

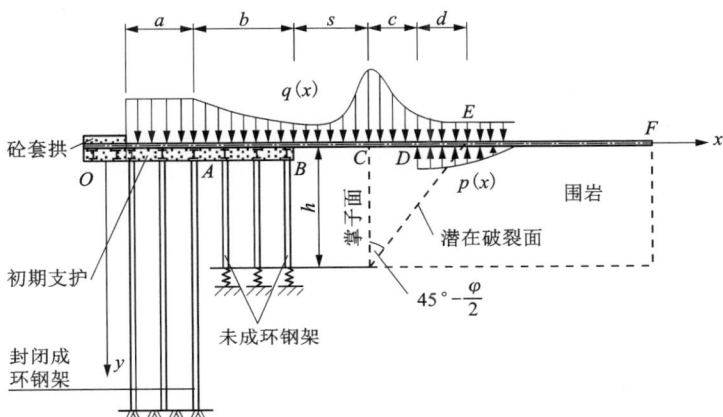

(a) 受力分析图

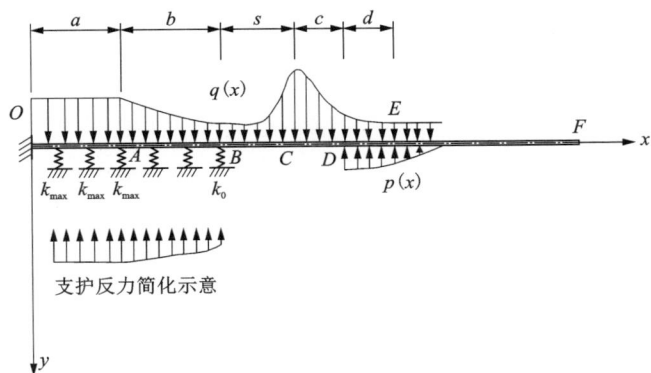

(b) 模型简化图

k_{max}—支护封闭段围岩基床系数；k_0—支护未封闭段围岩基床系数。

图 2-2　隧道开挖过程中管棚 A 受力模型

该模型将套拱视为弹性固定端，未开挖段视为嵌入地层的弹性地基梁；将支护封闭成环段，视为提供稳定支护反力的弹簧支撑；初支未封闭段视为变弹性系数的弹性支撑；未支护段及受掌子面开挖扰动而进入塑性区段视为无支护的梁，承受上覆围岩该阶段所释放的围岩压力；受掌子面扰动仍处于弹性状态的区域，管棚受到松动压力，同时受到围岩的弹性抗力。

因此，当隧道开挖面距管棚前端较远，开挖影响范围未达到管棚前端时可将管棚作为半无限长弹性地基梁，以管棚套拱的中心作为原点建立如图 2-2 所示的模型 A，其中支护封闭段 OA 长为 a，支护未封闭段 AB 段长为 b，未支护段 BC 长为 s，掌子面前扰动范围视扰动程度分为塑性区 CD 段和弹性区 DE 段，长度分别为 c 和 d，上台阶开挖高度 h。OA 段管棚受上方围岩压力和封闭初支提供的支反力，AB 段承受上覆围岩压力和未封闭段初支提供的支反力，BC、CD 段管棚仅承受上方围岩压力 $q(x)$；DE 既承受围岩压力 $q(x)$，也承受弹性抗力 $p(x)$；EF 段承受稳定围岩压力及管棚与围岩发生变形引起的地基反力 $p(x)$。在隧道开挖过程中，相当于该模型随掌子面逐步推进而不断向前移动。需要指出，管棚上覆荷载 $q(x)$ 受围岩应力释放时空效应影响，分布规律与以往的均布假定不同，初支封闭 OA 段距离掌子面较远，可以假定围岩应力完全释放，可根据围岩压力计算方法确定，而支护未封闭、未支护段因围岩应力释放时空效应，假定其至掌子面处，上覆荷载逐步减小，而掌子面前方因受开挖的空间拱效应影响出现应力增加，呈凸起状，而较远处则恢复至原地层压力，因此，管棚上覆荷载呈现图 2-2 所示的曲线分布。

当隧道开挖接近管棚前端时，管棚可作为有限长度的弹性地基梁，以管棚套拱为坐标建立如图 2-3 所示的模型 B。其中开挖支护封闭段 OA 段长度为 a，开挖支护未封闭段 AB 段长度为 b，已开挖未支护 BC 段长度为 s，掌子面前扰动范围视扰动程度而分为塑性区 CD 段和弹性区 DE 段，长度分别为 c 和 d，隧道开挖高度为 h。BC 段管棚仅承受上方围岩压力 $q(x)$ 并将其传递给后方初期支护和前方围岩；CD 既承受围岩压力 $q(x)$，也承受弹性抗力 $p(x)$。需要指出，在未进行掌子面预加固的软弱地层中，当其接近管棚前端时，塑性区段的长度会较模型 A 情况长，甚至引起管棚出现悬臂梁模型。

当初支未封闭段 AB 很长，且当围岩自稳性较差，掌子面前方出现较深的塑性区时（即 $b+s+c$ 长度很大），工程中需要选择较长的预支护措施，在较大纵向范围内作用较大荷载时，不可避免地引起大挠度甚至预支护结构受拉，不利于预支护结构本身的稳定及地层变形的控制，从而危及隧道稳定及安全。由此可见，该力学模型对预支护结构纵梁机理分析全面、科学，可为预支护设计提供有效参考及应对措施：①针对掌子面扰动引起预支护结构受力不利的问题，对应提出掌子面预加固的处理措施；②针对支护结构的延滞效应引起的支护力不足问题，可对应提出快速封闭初支的措施，甚至采用全断面开挖方法，初支一次性封闭；③针对预支护结构可能出现的大挠度问题，为预支护结构的刚度选择提供标准；④预支护结构内出现拉应力问题时，可以通过选择预支护方法来克服，如果选用脆性不耐拉的预支护方法，可以采取组合结构的方法来应对。

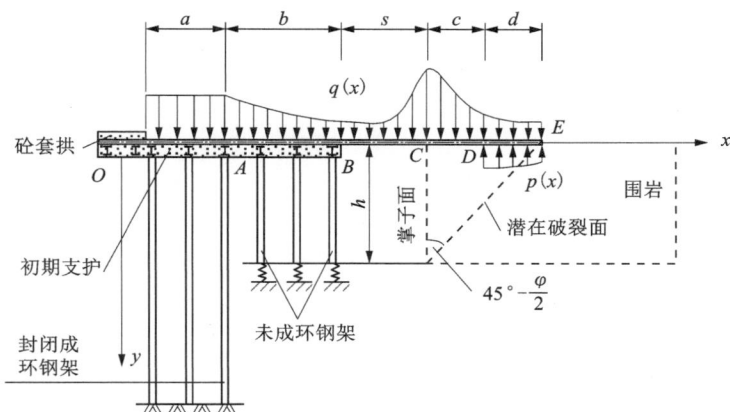

(a) 受力分析图

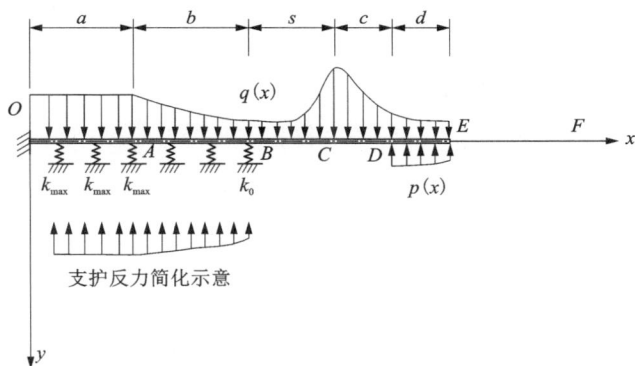

(b) 模型简化图

图 2-3　隧道开挖过程中管棚 B 受力模型

2.1.3　改进的管棚弹性地基梁模型简化求解

1. 相关理论及基本假定

（1）围岩介质的相关假定

隧道开挖过程中管棚作用本质是围岩与结构的相互作用，因此，有必要对围岩性质进行探讨。围岩是一种复杂、多相的离散体，其力学性质影响因素众多，包括：①颗粒的形状、尺寸及力学性质；②围岩的组成结构；③围岩的应力与应变历史；④围岩的含水量、饱和度及渗透性；⑤岩体的节理裂隙发育程度等。不难看出，围岩的本构关系多呈非线性和随时间变化的特征，且具有明显的各向异性和非均匀性，难以在围岩与管棚研究中考虑所有的影响因素，为此，仅考虑围岩主要特性并将其理想化为线弹性地基梁，方可在一定程度上解决管棚的作用机理。

（2）弹性地基梁的基本理论

目前，常用的主要线弹性地基梁模型有 Winkler 地基梁模型、弹性半空间模型、双参数地基梁模型。其中 Winkler 地基梁模型是最简单的线弹性地基梁模型，其特征是把土体视为一系列无侧面摩擦的土柱或者彼此独立的竖向弹簧，在荷载作用区域内产生与压力成正比的沉降，按照这一假设，地基变形只发生在基底范围内，且各单元之间不相互影响；弹性半空间模型假定地基为一个均匀、各向同性的半无限连续弹性体，土的力学性质由变形模量 E_s 和泊松比 μ_s 来表征，它考虑了压力的扩散作用，比 Winkler 地基梁模型在理论上合理，但当荷载作用范围 Ω 或荷载分布不均匀时，直接用该模型积分求解地基表面位移 ω 非常困难，并且该模型常高估地基的压力扩散能力，计算所得的位移量与地表位移范围比实测结果大；双参数地基梁模型是对 Winkler 地基模型的改进，通过在独立弹簧之间引入力的相互作用，用两个独立的参数来表征地基土的特性，既从理论上改进 Winkler 地基梁模型中地基不连续的缺陷，又避免了弹性半空间模型数学处理上的困难。常用的双参数地基梁模型有 Pasternak 模型、Filonenko-Borodich 模型、Vlazov 模型和 Hetenyi 模型。

Pasternak 模型是假设在 Winkler 地基梁模型中各弹簧单元之间存在着剪切作用，这种剪切作用通过只考虑横向剪切变形而不考虑压缩的剪切层相联结来体现，如图 2-4 所示。

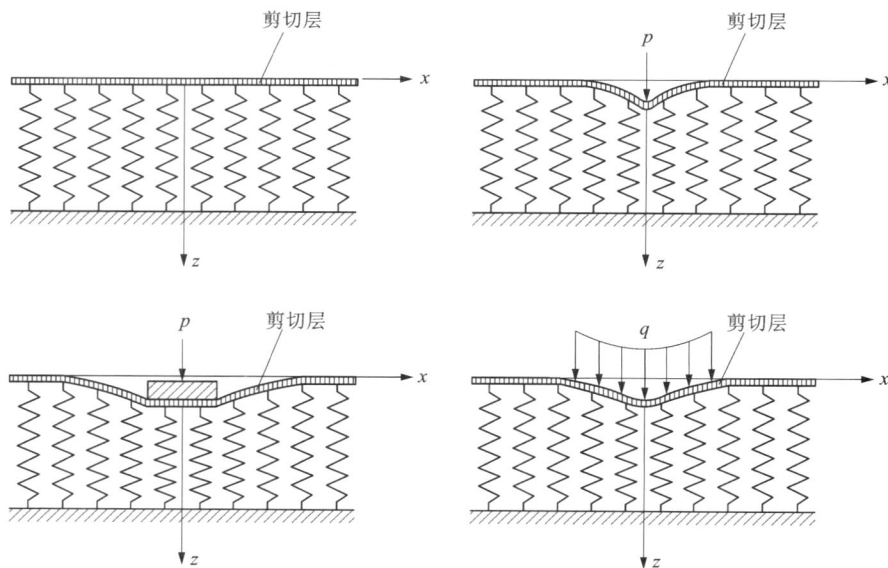

图 2-4　Pasternak 模型

若剪切层在 x、y 平面内各向同性，其剪切模量为 $G_x = G_y = G_p$，则外荷载与位移之间关系为：

$$P(x, y) = k\omega(x, y) - G_p \nabla^2 \omega(x, y) \tag{2-1}$$

式中：P 为地基反力（kPa）；ω 为地基位移（m）；k 为地基基床系数（kN/m³）；G_p 为地基剪切模量，只与地基的剪切变形有关，也称为剪切基床系数（kN/m²）；$\nabla^2 = \dfrac{\partial^2}{\partial x^2} + \dfrac{\partial^2}{\partial y^2}$ 为拉普拉斯（Laplace）算子。

2. 初支综合延滞效应的简化

初支综合延滞效应的简化主要考虑喷射混凝土材料本身强度及支护封闭的时间过程。

（1）喷射混凝土强度规律简化

当前，地下工程工作者一直致力于由定性设计向定量设计转换的努力，而定量设计的前提是对材料本身特性的研究及力学机理的深入把握。地下工程的设计和相关计算研究中，对喷射混凝土的处理上，一般将其作为弹性材料，且弹性模量和强度是不变的，这样就存在以下问题：①喷射混凝土强度低时，作为支护结构承担较大荷载，可能出现不安全的情况；②工程分析时，若不考虑喷射混凝土早期特性，所得应力、位移和实际状态不相符，所得支护与围岩应力偏大而位移偏小；③当采用水平旋喷或管棚之类的预支护结构时，喷射混凝土的特性会影响其与预支护结构之间的荷载分担及荷载传递机理；④支护结构纵向刚度变化会影响最终衬砌的内力分布。

因此，国内外相关人员针对喷射混凝土早期特性展开了一系列研究，主要包括抗压强度和弹性模量两个参数，相对而言抗压强度更为设计和施工人员所重视，相关试验数据也较多，如图 2-5 所示。而喷射混凝土早期弹性模量的资料比较少，董新平对其进行过实验研究。而常燕庭给出的二者关系如图 2-6 所示，弹性模量的增长速率要比抗压强度的增长速率高[80]。

根据相关试验结果，可将喷射混凝土的弹性模量增长规律简化为指数模型，可表述为下式：

$$E_{\text{shot}, t} = E_{\text{shot}, 0}(1 - e^{-\alpha t}) \tag{2-2}$$

$$\sigma_{\text{shot}, t} = \sigma_{\text{shot}, 0}(1 - e^{-\beta t}) \tag{2-3}$$

式中：$E_{\text{shot}, t}$ 为 t 时刻喷射混凝土的弹性模型；$E_{\text{shot}, 0}$ 为喷射混凝土在 $t = \infty$ 的弹性模型；$\sigma_{\text{shot}, t}$ 为 t 时刻喷射混凝土的单轴抗压强度；$\sigma_{\text{shot}, 0}$ 为喷射混凝土在 $t = \infty$ 的单轴抗压强度；α、β 为时间常数，有研究者认为两者为线性关系。

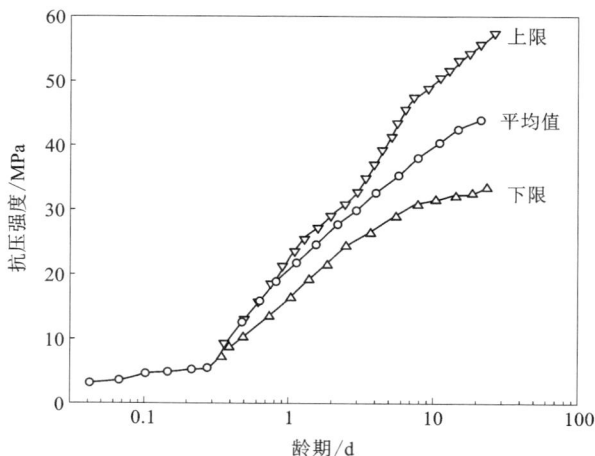

图 2-5　喷射混凝土抗压强度增长情况

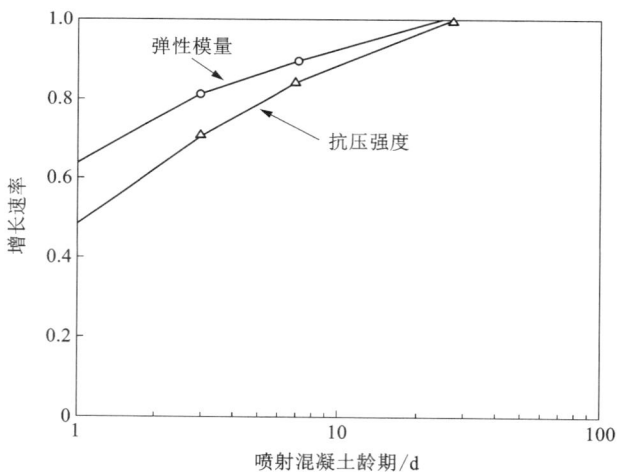

图 2-6　喷射混凝土的抗压强度与弹性模量比较

严格来讲，喷射混凝土的本构关系更适合与时间相关的弹塑性软化模型[81]，但为简化分析，本书采用与时间相关的非线性弹性模型，弹性模量变化按指数形式选取，α、β 取值根据文献[81]的试验结果进行反推，确定 $\alpha = -0.202h^{-1}$、$\beta = -0.202h^{-1}$。

需要指出，对喷射混凝土早期强度模型还有其他更复杂的指数表达式及对数表达式，本书仅选用上述简化的指数表达。

（2）初支综合延滞效应简化

目前，浅覆软弱围岩隧道多采用分部开挖（盾构法开挖除外），分部开挖中支护分阶段施作，不可能做到围岩开挖后立即形成封闭的支护环，未封闭成环时的支护能力取决于支护结构的锁脚锚管能提供的黏结强度及支护坐落地层的地基承载力，而与支护本身刚度关系相对较小；初支封闭后提供的支护力则主要取决于支护本身刚度。

结合上文对喷射混凝土早期强度规律，并对未封闭段支护能力需要进行一定的折减，将未封闭段基床系数简化为如图 2-7 所示。其中支护分界点处基床系数 k_{cmin} 可按理论值 0 进行选取；而初支封闭后的基床系数为一个稳定的常数 k_c，可以根据给定的外部条件通过计算研究确定；初支封闭分界点处基床系数可取为最大值 k_c 与折减系数 η 之积，η 的

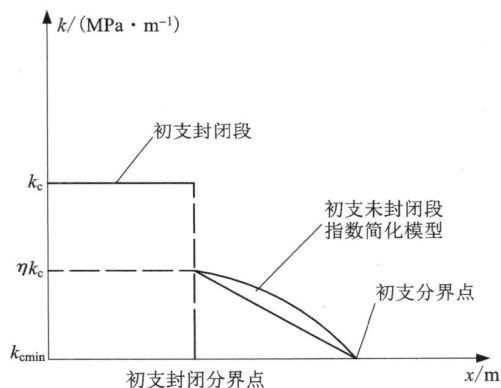

图 2-7　初支段基床系数简化模型

选取由施工条件决定，不同的施工条件取值差异会很大，本章不对其展开研究。

需要指出，图中初支未封闭段支护基床系数的指数模型在简化计算中可按照线性选取，可避免指数函数中参数的选取困难，同时初支基床系数的简化模型可从定性角度反映其基床系数的分布规律，但应用于定量分析还有待于更多的研究支撑。

3. 掌子面前方岩土体变基床系数简化

根据弹性地基梁模型，掌子面前方岩土体对管棚的支撑反力取决于其上覆荷载，表现为管棚的挠度（沉降值）与地层基床系数之积，通过梁的挠曲微分方程可以建立梁的挠度与外荷载之间的关系。本节对掌子面前方岩土体基床系数规律进行研究，并尝试提出可供求解的简化规律。

岩土体基床系数 k 的大小除与土体的类别、物理力学性质、结构物基础性状有关外，还与土体的应力水平、状态有关。为此，考虑管棚与土体相互作用，建立考虑掌子面挤出变形影响的基床系数分析模型，研究该条件下掌子面前方岩土

体基床系数 k 的分布规律。

（1）模型建立

土力学上已经通过大量的试验获得了一般土层基床系数 k 的建议值，但隧道工程中地层因受开挖影响而扰动，地层基床系数会有不同程度改变，甚至进入塑性而超出弹性范围，因此隧道工程中受掌子面施工影响的地层基床系数不能直接通过已有经验方法确定，为此借助二维有限差分法分析掌子面扰动时地层基床系数的纵向分布规律。为简化计算，暂不考虑预支护、掌子面加固及施工方法，为真实反映掌子面破坏可能，模型服从莫尔-库仑弹塑性准则，参数选取见表2-1。

表2-1　二维模型参数选取

密度/(kg·m⁻³)	弹性模量/MPa	黏聚力/kPa	摩擦角/(°)	泊松比
1800	30	60	30	0.35

模型大小为 60 m×20 m，纵向长度为 60 m，高为 20 m，如图2-8所示。根据经验假定上台阶开挖高度为 6 m，管棚传递给掌子面前方岩土体荷载简化为均布荷载。分别考虑隧道埋深 3 m、5 m、8 m、10 m 四种工况，上覆围岩等效为对应高度土柱压力考虑，四种工况对应压力分别为 54 kPa、90 kPa、144 kPa、180 kPa。自重应力平衡时，侧面边界为位移约束，通过释放边界处 6 m 高度范围内约束来模拟掌子面的开挖，通过上覆荷载与上边界处沉降可求出地层基床系数。

（2）计算结果

图2-9为上述不同工况下基床系数纵向分布规律图，当上覆荷载为 54 kPa（等效土柱高度 3 m）时，基床系数受影响的范围（沿隧道纵向）约为 12 m（$2H$，H 指隧道开挖高度），而 12 m 以外地层的基床系数基本不变，在 15.9 MPa/m 左右。而掌子面处基床系数最小，约为 9.6 MPa/m，最小基床系数与最大值之比为 0.60。

当上覆荷载为 90 kPa（等效土柱高度 5 m）时，基床系数变化规律与 3 m 等效土柱变化规律一致，大小相当。对掌子面前方土体挤出变形及塑性区进行分析发现，这两种工况下掌子面最大挤出变形分别为 5.7 mm、7.3 mm，相差不大，掌子面前方塑性区基本类似，表现为局部进入塑性状态，计算可收敛，说明未发生塑性流动而引起掌子面失稳，如图2-10(a)、图2-10(b)所示。

当上覆荷载增至 144 kPa（等效土柱高度 8 m）时，掌子面前方 3 m（$0.5H$，H 指隧道开挖高度）范围内进入塑性状态，如图2-10(c)所示，并发生流动，计算不

(a) 模型图

(b) 网格划分图

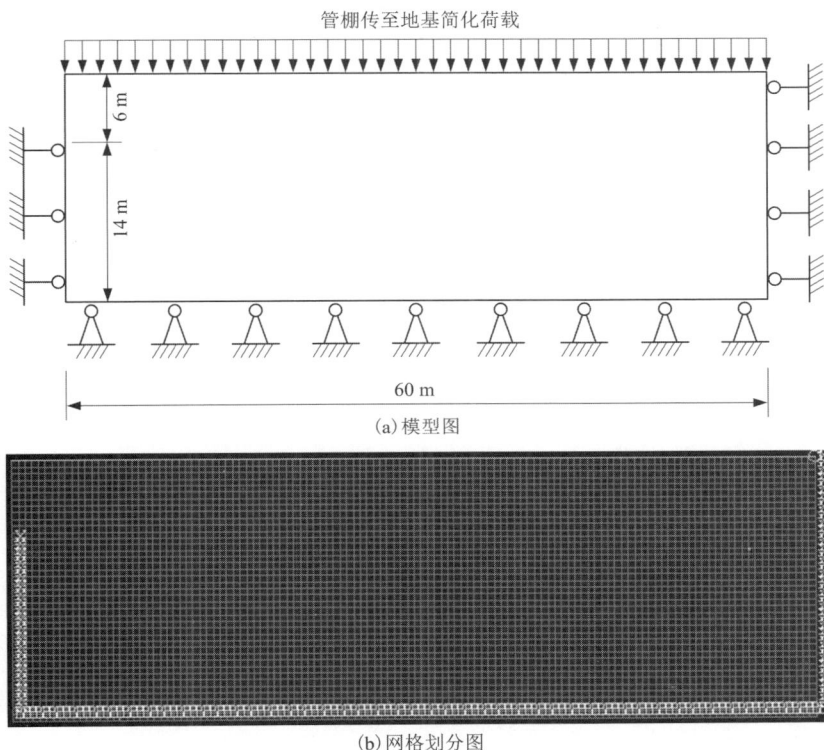

图 2-8　基床系数规律计算模型

能收敛，此时根据有限差分的显式求解结果计算所得掌子面前方 3 m 范围基床系数急剧减小，因该范围土体已经塑性破坏，严格来讲基床系数为 0，故数据不具备实际物理意义，不再对其进行分析，而掌子面前方 3 m 之外地层的基床系数规律和前两种工况一致，稳定基床系数也一致。当上覆荷载为 180 kPa(等效土柱高度 10 m)时，塑性流动区范围达 4 m，该范围内地层失去支撑能力。

　　综合可知，掌子面前方岩土体承载存在一个临界值，当荷载小于临界值时，地层发生较小的挤出变形，仍处于弹性状态，此时一定范围内的地层基床系数会受地层扰动影响而降低，该范围约为 $2H$；当荷载超出临界值时，掌子面前方一定范围内地层将发生塑性流动，失去支撑能力，该范围约为 $(0.5\sim1.0)H$，其余区域地层基床系数和前者类似。关于临界值的大小应取决于具体工程参数，此处不做深入讨论。

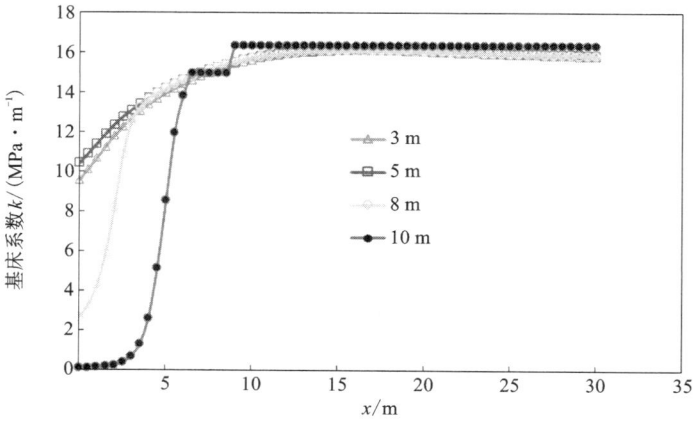

图 2-9　基床系数纵向分布规律

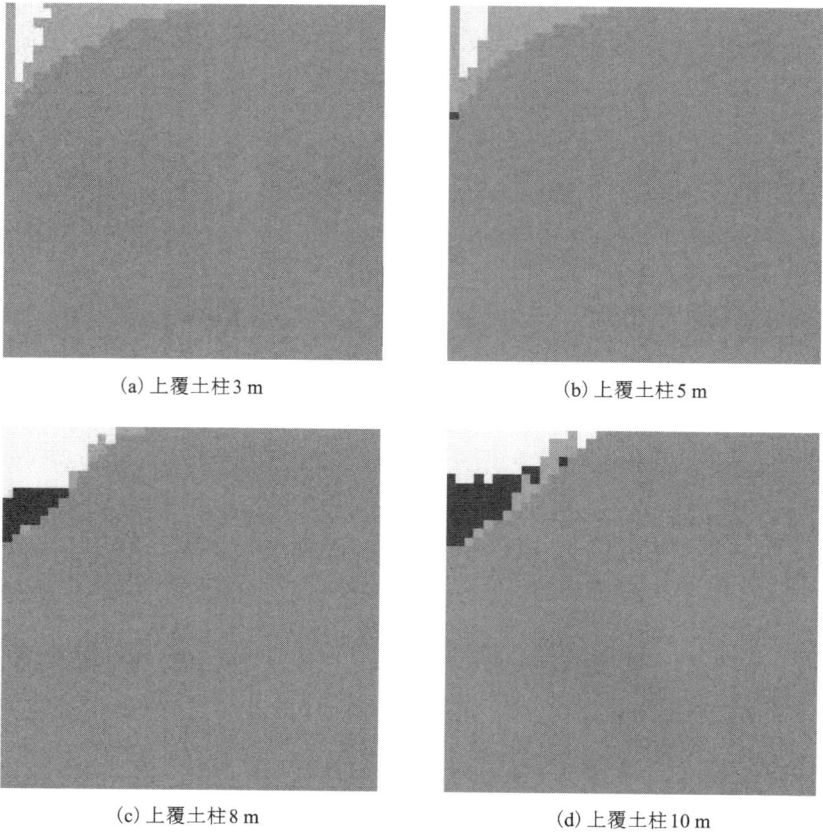

(a) 上覆土柱 3 m

(b) 上覆土柱 5 m

(c) 上覆土柱 8 m

(d) 上覆土柱 10 m

图 2-10　掌子面前方岩土体塑性区

（3）基床系数简化

根据上文数值算例的分析结果，基床系数简化模型可以总结为以下两种：掌子面处于临时稳定状态，掌子面处于失稳状态，如图 2-11 所示。

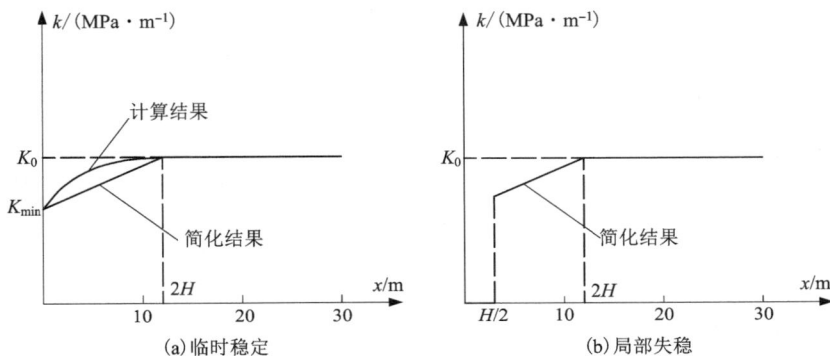

图 2-11　基床系数简化模型

地层基床系数变化规律为：当掌子面临时稳定时，掌子面处有最小地层基床系数 K_{min}，影响范围之外恢复既有地层基床系数 K_0，其间地层基床系数为抛物线状增长，简化计算时可取为线性增长；当掌子面局部失稳时，失稳范围内（约 $0.5H$），地层不属于弹性范畴，可认为基床系数为 0，其余范围内基床系数规律与临时稳定情况类似。

4. 管棚作用荷载的确定

（1）上覆荷载大小

管棚作为隧道预支护手段，其上覆荷载来自围岩压力，而围岩压力按照发生形态分为松动压力、形变压力、膨胀压力、冲击压力等。影响围岩压力的因素众多，通常可分为两大类，一类是地质因素，包括初始应力场、围岩力学性质、岩体结构面等；另一类是工程因素，包括施工方法、支护刚度、支护设置时间等。由于围岩地质条件千变万化，所用计算参数难以确切取值，因此目前还没有一种能适用于各种客观实际的统一理论，想准确获得围岩压力是相当困难的，工程界对围岩压力的计算主要考虑围岩的松动压力。对于不同围岩级别、不同埋深、不同形式的隧道，相关规范均给出了围岩压力（隧道荷载）相应的经验及理论确定方法，铁路上根据1000多个坍方点的资料进行统计分析而拟定出围岩垂直松动压力 q 的公式，单线铁路隧道按照概率极限状态设计时的垂直压力公式为：

$$q = 0.41 \times 1.79^{S} \cdot \gamma \tag{2-4}$$

单线、双线及多线铁路隧道按破坏阶段设计时垂直压力公式则为：

$$q = 0.45 \times 2^{S-1} \cdot \gamma \cdot \omega \tag{2-5}$$

式中：q 为垂直均布压力（kN/m^2）；S 为围岩级别；γ 为围岩重度；ω 为宽度影响系数，即 $\omega = 1 + i(B-5)$，其中 B 为隧道宽度（m），i 为隧道宽度 B 每增减 1 m 时的围岩压力增减率，以 $B = 5$ m 的围岩垂直均布压力为准，当 $B < 5$ m 时，取 $i = 0.2$，$B = 5 \sim 15$ m 时，取 $i = 0.1$。该式的适用条件是隧道开挖高度 h 与隧道开挖宽度 B 的比值 $h/B < 1.7$。

由 $h_q = q/\gamma$ 计算荷载等效高度 h_q，再按荷载等效高度的判定公式 $H_p = (2 \sim 2.5)h_q$ 确定隧道深、浅埋的分界深度 H_p，最后给出隧道埋深 H 分别处于 $H \leqslant h_q$、$h_q < H < H_p$、$H \geqslant H_p$ 三种不同埋深情况下垂直均布压力的计算方法。

（2）围岩应力释放时空效应简化

为尽可能准确分析预支护结构受力机制，改进弹性地基梁模型简化求解时，可按照管棚的不同支护情况选择适当比例进行围岩压力的释放。由于国内外基本找不到此类围岩应力释放时空效应的相关研究，故笔者根据相关工程经验提出围岩应力分阶段释放的假定（图 2-12），q_0（围岩压力）按照上文方法计算，掌子面处，因围岩暴露时间短，假定短期内的释放应力为 $0.5q_0$[71]，掌子面前方一定距离内竖向压力会增大，取掌子面前方一定距离（$0.5H$，开挖高度的一半）处竖向应力增为 $1.1q_0$[82]，作为对围岩应力释放时空效应的一种初步探讨。

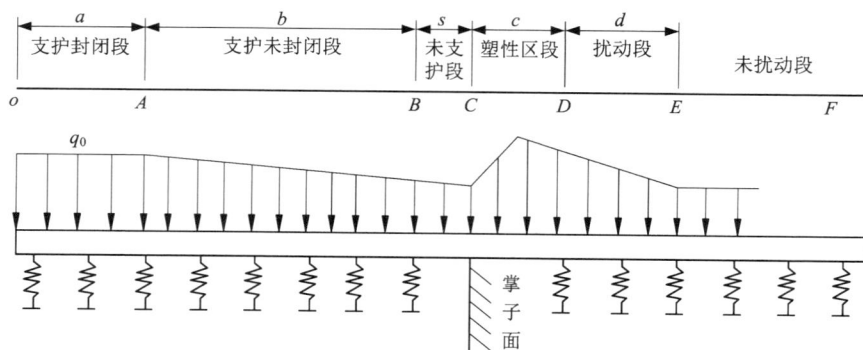

图 2-12　管棚上覆荷载简化示意图

（3）纵向作用范围

为将预支护结构与支护结构作为整体进行受力研究，视管棚纵向受力范围起点为套拱位置；而根据开挖过程中隧道围岩及管棚的变形特征可知，掌子面前方 1.5~2.0 倍开挖高度范围内的围岩将产生变形，因此把掌子面前方围岩的最大松弛范围（破裂面以内的范围）作为管棚纵向荷载作用范围[83,84]。

（4）横向作用范围

管棚横向一般按固定间距均匀排列，常在隧道拱部轮廓线周边呈圆弧形布置，如图 2-13 所示。假设管棚支护半径为 R，第 i 根管棚处隧道埋深为 H_i，管棚间距为 δ，相邻两根管之间夹角为 θ，可根据几何条件得出第 i 根管棚支承的岩体宽度：

$$\left.\begin{aligned} b_i &= \delta \cdot \cos \alpha \\ t_i &= \delta \cdot \sin \alpha \end{aligned}\right\} \tag{2-6}$$

式中：$\alpha = (i-1)\theta$，$\delta = 2R\sin(\theta/2)$。

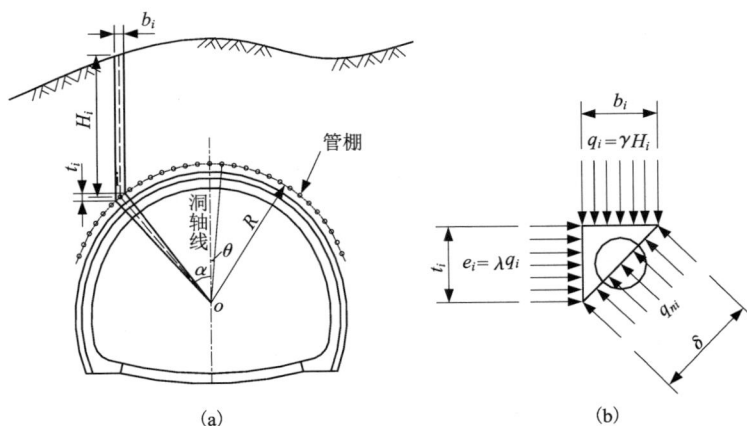

b_i—第 i 根管棚支承的岩体宽度；t_i—第 i 根管棚支承的岩体高度；γ—岩体重度；λ—侧压力系数。

图 2-13　管棚横向受力分析示意图

根据上文方法可得围岩的竖向压力和水平压力，分别用 q_i 和 e_i 表示第 i 根棚的垂直压力和水平压力，将管棚纵向围岩压力 $q(x)$ 分阶段视为均匀分布，则第 i 根管棚支护范围内的径向均布荷载为：

$$q_{ni} = \frac{\sqrt{(t_i e_i)^2 + (b_i q_i)^2}}{\delta} \tag{2-7}$$

则作用在第 i 根管棚上的荷载为：

$$q_{0i} = q_{ni} \cdot \delta \tag{2-8}$$

5. 改进后 Pasternak 弹性地基梁模型方程推导

双参数地基梁模型考虑了地基梁模型的连续性，且无弹性半空间模型数学处理上的困难，较 Winkler 地基梁模型及弹性半空间模型有较大优势，为此尝试采用 Pasternak 模型，求解考虑支护综合延滞效应、掌子面前方岩土体变基床系数、围岩荷载释放时空效应等因素的管棚预支护模型。

根据管棚的作用荷载及模型分析可知，假定管棚长度范围内隧道埋深变化不大，可将作用在管棚上的围岩压力 $q(x)$ 简化为均布荷载 q_0，隧道开挖时视其暴露时间不同，对不同分段选择不同的变化规律，如图 2-12 所示。而支护未封闭段及掌子面围岩扰动区的基床系数为 x 坐标的一次函数，函数表达式中具体参数取决于具体工程。

根据 Pasternak 模型，对于二维问题可知：

$$p(x) = k(x)\omega(x) - G_{\mathrm{p}}\frac{\mathrm{d}\omega^2(x)}{\mathrm{d}x^2} \qquad (2-9)$$

式中：$k(x)$ 为基床系数；$\omega(x)$ 为管棚的挠度；G_{p} 为地基剪切模量，与地基的剪切变形有关。

根据梁的挠曲线近似微分方程：

$$\omega''(x) = -\frac{M(x)}{EI} \qquad (2-10)$$

式中：$M(x)$ 为梁的弯矩；E 为管棚的弹性模量；I 为管棚的惯性矩。

根据量的静力平衡可知：

$$\frac{\mathrm{d}M^2(x)}{\mathrm{d}x^2} = t\left[p(x) - q(x)\right] \qquad (2-11)$$

式中：t 为弹性地基梁宽度。

联立式（2-10）及式（2-11）不难得到梁的挠曲微分方程：

$$EI\frac{\mathrm{d}\omega^4(x)}{\mathrm{d}x^4} = t\left[q(x) - p(x)\right] \qquad (2-12)$$

将式（2-12）代入式（2-9）可得管棚的控制微分方程：

$$EI\frac{\mathrm{d}\omega^4(x)}{\mathrm{d}x^4} - G_{\mathrm{p}}t^*\frac{\mathrm{d}\omega^2(x)}{\mathrm{d}x^2} + k(x)t^*\omega(x) = tq(x) \qquad (2-13)$$

式中：t^* 为考虑双参数地基连续性情况下梁的等效宽度，即 $t^* = t\left[1 + (G_{\mathrm{p}}/k)^{1/2}/t\right]$。

根据图 2-12 的简化模型，假定空间上于初支封闭处，时间上于初支成环时，围岩应力应变调整完成，围岩压力释放 100%。为此，管棚纵向围岩压力可以分为三段：第一段 OA，围岩变形基本稳定，应力释放基本完全，因此围岩压力

$q(x)$ 可以看作均布荷载 q_0；第二段 AC，该区间内围岩仍处于持续变形中，围岩压力也在不断调整，围岩压力相对复杂，为简化计算，假定 A 点上覆荷载为 q_0，而 C 点上覆荷载为 $0.5q_0$，其间按照线性递减，整个区间呈梯形分布；第三段 CE，受应力时空效应影响，呈抛物线状分布，可简化为三角形分布，荷载最大为 $1.1q_0$，位于掌子面前方 $0.5H$ 处。根据不同管棚的模型分析可得各段管棚的控制微分方程。

（1）掌子面距离管棚前端较远

①在 OA 段，围岩压力 $q(x) = q_0$，支护反力 $p(x) = k_c \omega(x) - G_{cp} \dfrac{d\omega^2(x)}{dx^2}$，其控制方程为：

$$EI \frac{d\omega^4(x)}{dx^4} - G_{cp} t^* \frac{d\omega^2(x)}{dx^2} + k_c t^* \omega(x) = q_0 \tag{2-14}$$

式中：k_c 为支护结构的基床系数；G_{cp} 为支护结构的剪切模量。

②在 AB 段，围岩压力 $q(x)$，支护反力 $p(x) = k_1(x)\omega(x) - G_{cp} \dfrac{d\omega^2(x)}{dx^2}$，其中 k_1 为支护结构的基床系数，$k_1(x) = -\dfrac{k_c}{b}x + \dfrac{a+b}{b}k_c$，$a$、$b$ 为 OA、AB 段长度，可知该区段控制方程为：

$$EI \frac{d\omega^4(x)}{dx^4} - G_{cp} t^* \frac{d\omega^2(x)}{dx^2} + k_1(x) t^* \omega(x) = tq(x) \tag{2-15}$$

③在 BD 段，围岩压力 $q(x)$，地基反力 $p(x) = 0$，该段控制方程为：

$$EI \frac{d\omega^4(x)}{dx^4} = tq(x) \tag{2-16}$$

④在 DE 段，围岩压力 $q(x)$，地基反力 $p(x) = k_2(x)\omega(x) - G_p \dfrac{d\omega^2(x)}{dx^2}$，其中 $k_2(x) = Ax + B$，G_p 为地层的剪切模量，$A = \dfrac{k_0 - k_{0.5H}}{1.5H}$ 为常数，$B = \dfrac{a+b+s+2H}{1.5H}k_{0.5H} - \dfrac{a+b+s+0.5H}{1.5H}k_0$，$s$ 为 BD 段长度，k_0 为地层的基床系数，$k_{0.5H}$ 为弹性范围扰动区最小基床系数，取值如图 2-11 所示，该段控制方程为：

$$EI \frac{d\omega^4(x)}{dx^4} - G_p t^* \frac{d\omega^2(x)}{dx^2} + k_2(x) t^* \omega(x) = tq(x) \tag{2-17}$$

⑤在 EF 段，围岩压力 $q(x) = 0$，地基反力 $p(x) = k_0 \omega(x) - G_p \dfrac{d\omega^2(x)}{dx^2}$，其控制

方程为：

$$EI\frac{\mathrm{d}\omega^4(x)}{\mathrm{d}x^4}-G_\mathrm{p}t^*\frac{\mathrm{d}\omega^2(x)}{\mathrm{d}x^2}+k_0t^*\omega(x)=0 \tag{2-18}$$

其中，除 OA、EF 段外，其余各段上覆荷载 $q(x)$ 简化为 x 的一次函数。

（2）掌子面距离管棚端头 $2H\sim0.5H$

当掌子面距离距管棚端头 $2H\sim0.5H$ 时，DE 段上覆围岩荷载 $q(x)$，地基反力 $p(x)=k_2(x)\omega(x)-G_\mathrm{p}\dfrac{\mathrm{d}\omega^2(x)}{\mathrm{d}x^2}$，$DE$ 段的控制方程和式（2-17）相同，同理，其余各段也和类型 A 对应段相同。

（3）掌子面距离管棚端头小于 $0.5H$

当掌子面距离管棚端头小于 $0.5H$ 时，对应的 DE 段不存在，各段对应的控制方程和 A 相同。

上文方程推导可知，AB、DE 段的基床系数是变量，分段建立地基的挠曲微分方程后，四阶的变系数微分方程无法求解，不能获得解析结果，为此需要寻找另一种简化方法求解。

6. 改进后 Winkler 地基梁模型求解

（1）Winkler 地基梁简化及方程推导

将管棚简化为 Winkler 地基梁，模型如图 2-14 所示。管棚全段可以分为 6 段，即支护封闭段 OA，长度为 a；支护未封闭段 AB，长度为 b；开挖未支护段 BC，长度为 s；塑性区段 CD，长度为 c；扰动段 DE，长度为 d；未扰动段 EF。

将管棚纵梁等分为长 l 的 n 个子段，按照 Winkler 地基梁进行简化，则有：

$$p_i=k_i\omega_i \tag{2-19}$$

式中：p_i 第 i 段梁基底面积上的应力，当子段单元数足够多时，其可近似看成均匀分布；k_i 为第 i 段梁的基床系数；ω_i 为第 i 段梁的挠度。

按照 Winkler 地基梁简化后，管棚被看成支撑在 n 个不同刚度弹簧支座上的梁，连续的基底反力被离散为 n 个集中反力。特别说明，AB、DE 段的基床系数为 x 的函数，函数关系见上文简化，并采用有限差分原理进行求解。

梁挠度 ω 的微分方程为：

$$EI\frac{\mathrm{d}^2\omega(x)}{\mathrm{d}x^2}=-M \tag{2-20}$$

式中：E 为梁的弹性模量；I 为梁的惯性矩；M 为梁的截面弯矩。

用中心差分代替二阶导数，则可近似地表示为：

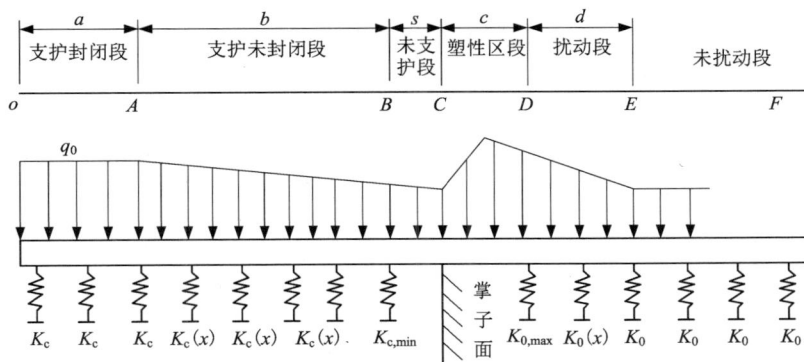

K_c—支护封闭段岩土体基床系数；$K_c(x)$—支护未封闭段岩土体基床系数；
$K_{c,min}$—支护未封闭段岩土体基床系数最小值；$K_{0,max}$—扰动段岩土体基床系数最大值；
$K_0(x)$—扰动段岩土基床系数；K_0—未扰动段岩土基床系数。

图 2-14　改进管棚弹性地基梁

$$\left(\frac{\mathrm{d}^2\omega(x)}{\mathrm{d}x^2}\right)_i \approx \frac{\omega_{i+1}-2\omega_i+\omega_{i-1}}{l^2} \tag{2-21}$$

将式（2-21）代入式（2-20）可得：

$$\frac{(EI)_i}{l^2}(\omega_{i+1}-2\omega_i+\omega_{i-1})=-M_i \tag{2-22}$$

式中：M_i 为 i 点处的弯矩；$(EI)_i/l^2$ 为常数，取决于管棚的材料，可以将其记为 C_i。将梁在 i 处断开，对左侧端点 O 取矩，根据静力平衡条件有：

$$M_i = l\sum_{j=1}^{i-1}(i-j+1)ld_0k_j\omega_j - M_{p,i} \tag{2-23}$$

式中：$M_{p,i}$ 为梁左侧隔离体外荷载对 O 点的弯矩；d_0 为管棚直径，梁的等效宽度。

$$C_i(\omega_{i+1}-2\omega_i+\omega_{i-1})+l\sum_{j=1}^{i-1}(i-j+1)ld_0k_j\omega_j = M_{p,i} \tag{2-24}$$

对式（2-24）分别取值 $i=2,3,4,\cdots,n-1$，可得相应的 $3,4,5,\cdots,n$ 等 $n-2$ 个子段的差分方程。

根据全梁的静力平衡条件另外可以补充两个方程：

$$M_{p,n} = l\sum_{j=1}^{n-1}(n-j)ld_0k_j\omega_j \tag{2-25}$$

$$\sum_{j=1}^{n} l d_0 k_j \omega_j = \int q(x) \, \mathrm{d}x \qquad (2-26)$$

式中：$\int q(x)\,\mathrm{d}x$ 为外荷载的合力。

由此可得到 n 个线性方程，用矩阵形式表示为：

$$[\boldsymbol{A}]\{\boldsymbol{\omega}\} = [\boldsymbol{P}] \qquad (2-27)$$

式中：$[\boldsymbol{A}]$ 为 $n \times n$ 方阵，由一个 $[\boldsymbol{C}]$ 矩阵和一个 $[\boldsymbol{K}]$ 矩阵线性叠加而成：

$$[\boldsymbol{A}] = \begin{bmatrix} C_2 & -2C_2 & C_2 & & \\ C_3 & -2C_3 & C_3 & 0 & 0 \\ \cdots & \cdots & \cdots & & \\ & C_{n-1} & -2C_{n-1} & C_{n-1} \\ 0 & & 0 & 0 & 0 \\ & & & & 0 \end{bmatrix}$$

$$+ l^2 d_0 \begin{bmatrix} k_1 & & & & \\ 2k_1 & k_2 & & & \\ \cdots & \cdots & \cdots & & \\ (n-2)k_1 & (n-3)k_2 & \cdots & k_{n-2} & \\ (n-1)k_1 & (n-2)k_2 & \cdots & 2k_{n-2} & k_{n-1} \\ k_1/l & k_2/l & \cdots & k_{n-2}/l & k_{n-1}/l & k_n/l \end{bmatrix} \qquad (2-28)$$

挠度列向量 $\{\boldsymbol{\omega}\}$ 及荷载列向量 $[\boldsymbol{P}]$ 分别为：

$$\{\boldsymbol{\omega}\} = \{\boldsymbol{\omega}_1 \quad \boldsymbol{\omega}_2 \quad \cdots \quad \boldsymbol{\omega}_n\}^T \qquad (2-29)$$

$$\{\boldsymbol{P}\} = \left\{ M_{p,2} \quad M_{p,3} \quad \cdots \quad M_{p,n} \quad \int p(x)\,\mathrm{d}x \right\}^T \qquad (2-30)$$

给出各子段的基床系数 k_i，即可求得 $\{\boldsymbol{\omega}\}$ 及 $[\boldsymbol{P}]$，被离散为多个子段的梁的基床系数为常数，因此可以得出简化后各子段梁的挠度。

（2）Winkler 地基梁模型求解实例

以湘桂铁路扩能改造工程下穿衡昆高速的石头岗隧道中超长大管棚预支护为例，采用本书提出的改进后 Winkler 地基梁模型进行求解。该隧道下穿高速公路段采用 85 m 长 A159 大管棚进行超前支护，隧道埋深约 8 m，上覆地层为膨胀土。计算相关参数：管棚弹性模量按照抗弯刚度等效简化取 $E = 76.5$ GPa，梁的宽度按照管棚直径取值为 $t = d_0 = 159$ mm，管棚间距 $\delta = 40$ cm，计算中将管棚等分离散为 170 段，即每段长度 $l = 0.5$ m，结合土力学相关经验及上文的算例取上覆围岩的稳定基床系数 $k_0 = 16$ MPa/m，剪切模量为 $G_p = 1$ MPa，$k_{0,\min} = 0.6\,k_0 = 9.6$ MPa/m，泊松比 $\mu = 0.4$，土体重度 $\gamma = 20$ kN/m³，摩擦角 $\varphi = 23°$，隧道埋深

$H = 8$ m，每环进尺 1 m，开挖高度 5 m，套拱基床系数、初期支护封闭段基床系数取值分别为 $k_t = 254.9$ MPa/m、$k_c = 90.1$ MPa/m，管棚上作用荷载 $q_0 = \gamma H \delta = 20 \times 8 \times 0.4 = 64$ kN/m，各段内均匀分布，各段按照图 2-12 荷载分布形式及比例选用。

采用 MATLAB 编程，用上文介绍方法，计算掌子面开挖至管棚中心时，管棚的挠度曲线情况。此时，根据该工程现场施工情况，取支护封闭段 $a = 20$ m，支护未封闭段 $b = 21$ m，未支护段 $s = 1$ m，塑性区段长 $c = 3$ m（参考上文数值计算结果），扰动段长 $d = 7$ m，取 $k_{c,\,min} = 0$ MPa/m，未支护段基床系数折减系数 $\eta = 0.6$。

对上述的初支综合延滞效应、掌子面前方岩土体变基床系数、围岩应力释放时空效应三个因素进行编号，分别为①、②、③，拟定以下 6 种工况进行计算：工况 1 不考虑上述任一因素，工况 2 考虑因素①，工况 3 考虑因素②，工况 4 考虑因素③，工况 5 同时考虑因素①、②，工况 6 同时考虑因素①、②、③。

图 2-15 为计算所得各工况下管棚的挠度曲线，可直观反映各因素对管棚变形的影响。计算可知：工况 1 下（不考虑任一因素），管棚最大挠度 12.1 mm，位于掌子面处，影响范围为掌子面前方 10 m 至后方 4 m；工况 2（考虑初支综合延滞效应）时，管棚最大挠度增至 29.1 mm，较工况 1 增长比例高达 140.5%，且最大挠度位置滞后掌子面约 4 m，影响范围为掌子面前方 10 m 至后方 20 m，如图 2-15（a）所示；工况 3（考虑掌子面前方岩土体变基床系数）时，最大挠度为 19.1 mm，较工况 1 增长比例达 57.9%，位置在掌子面前方约 2 m，影响范围和工况 1 基本相同，如图 2-15（b）所示；而工况 4（考虑围岩应力释放时空效应）时，最大挠度规律和工况 1 类似，挠度有所减小，最大值为 10 mm，为工况 1 时的 82.6%，如图 2-15（c）所示；工况 5（同时考虑因素①、②）时，管棚挠度呈倍数增长，最大挠度达 55.2 mm，为工况 1 时的 4.6 倍，影响范围为工况 2、3 的叠加，如图 2-15（d、e）所示，管棚挠度最大值超出单独考虑因素①、②时管棚挠度之和，可知因素①、②对管棚变形影响不是简单的线性叠加；工况 6（同时考虑三个因素影响）时，管棚挠度较工况 5 时有所减小，最大挠度 46 mm，为工况 5 时的 83.3%，如图 2-15（f）所示。

图 2-16 为各工况下管棚弯矩图，管棚受力与其挠度呈对应关系，不考虑上述因素时，管棚弯矩主要集中在掌子面前 5 m 至后方 5 m，即掌子面附近，最大正、负弯矩分别为 21.6 kN·m、-12.4 kN·m，掌子面后方以负弯矩为主，前方以正弯矩为主（管棚上部受拉为正弯矩）。考虑因素①、②、③后管棚弯矩变化明显，其中工况 2 时正、负最大弯矩分别增至 23.4.8 kN·m、-21.3 kN·m，较工况 1 增长比例分别为 8.3%、71.8%，说明初支综合延滞效应使管棚内力增长近一倍；工况 3 正、负最大弯矩分别为 27.9 kN·m、-21.2 kN·m，较工况 1 增长比例分别为 29.4%、68.5%，说明掌子面前方岩土体的变基床系数同样大大提高管

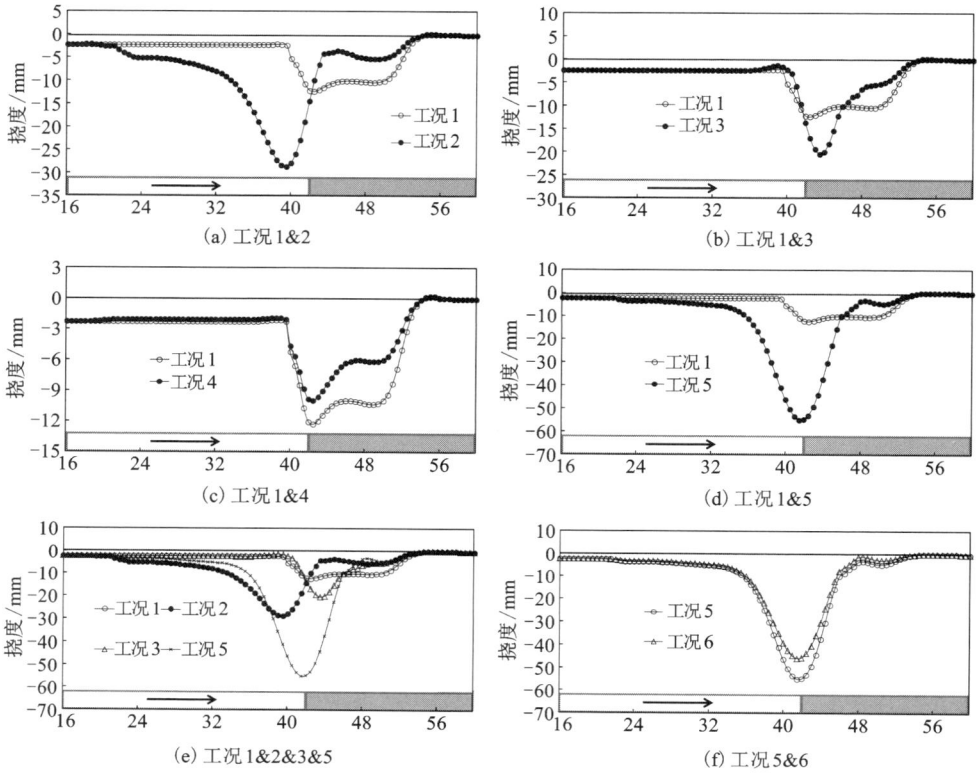

图 2-15　各工况管棚挠度曲线

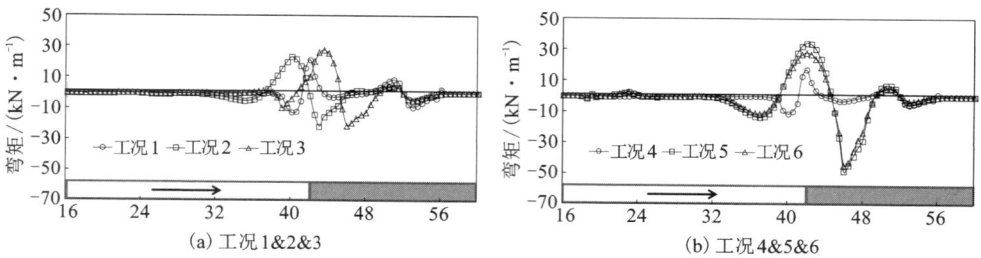

图 2-16　各工况管棚弯矩曲线

棚内力；工况 4 正、负最大弯矩分别为 17.6 kN·m、-11 kN·m，较工况 1 减小比例为 18.3%、11.3%，说明围岩应力释放的时空效应可一定程度减小管棚受力；同时考虑因素①、②时（工况 5），管棚弯矩极大提高，增至 33.2 kN·m、

−48.3 kN·m，最大值为工况 1 时的 3.9 倍；工况 6 因考虑因素③，弯矩较工况 5 有所减小，减小比例约为 7.8%。

通过多种工况计算对比可知，初支综合延滞效应与掌子面变基床系数可大大加剧管棚变形与受力，而围岩应力释放时空效应对管棚变形与受力有一定的抑制作用，但前两个因素对管棚的影响程度远大于后者，综合而言，各因素对长管棚预支护的变形与受力影响较大，改进的 Winkler 地基梁对其加以考虑是必要的。

根据改进的考虑初支延滞效应等因素的 Winkler 地基梁模型算得长管棚的最大竖向沉降为 46 mm，现场未对管棚进行直接的变形测试，可通过初支的拱顶沉降间接反映管棚沉降，初支拱顶沉降在 40 mm 左右，可推测管棚沉降应稍大于 40 mm，因为现场实测数据无法获得围岩的超前沉降，因此从管棚沉降角度看，改进模型求解结果与现场实测吻合较好。现场对管棚受力(通过应变实测间接获得)测试显示，管棚受力最大值滞后掌子面一定距离，约 10 m，数值计算结果也显示出该特征，滞后距离为 5~10 m，而改进的 Winkler 地基梁模型的求解结果也显示出该特征，即管棚最大受力与变形位置滞后掌子面一定距离，只是距离较小。由于实测结果无法计算出管棚弯矩，不能与解析模型进行直接比较，但是数值计算结果显示管棚最大弯矩为 42 kN·m，与改进模型的计算结果基本相当。因此，从管棚受力特征角度看，改进模型的求解结果与实测、数值计算也有较好的一致性。通过石头岗隧道工程中本模型与现场实测、数值计算结果的比较可知，改进的弹性地基梁模型可以正确反映长管棚预支护变形与受力特征。

对于分部开挖的浅覆软弱围岩隧道，初支综合延滞效应影响不可避免，且一般范围较大；同时掌子面前方岩土体受开挖影响，扰动也是必然的，在极端软弱或者富水情况下，极可能出现较大范围的塑性区(受拉)，因此，对于软弱围岩隧道管棚预支护结构的力学机制，考虑初支综合延滞效应及掌子面变基床系数的共同影响是非常必要的。反向观之，在软弱围岩地层中，若需控制管棚变形，提高其预支护效果，应减小初支综合延滞效应及提高掌子面前方扰动区的基床系数。设计上可将管棚预支护与其他掌子面预加固等手段相结合以减弱掌子面前方岩土体变基床系数降低而引起的管棚预支护效果减弱的影响。在有效预支护(加固)的前提下，施工中选择全断面开挖以达到一次性及时封闭支护，减小甚至消除初支综合延滞效应对预支护效果的不利影响。

需要指出，本节以管棚为例，通过对其力学模型的改进及简化求解，对长管棚预支护结构力学机制有了进一步的认识，但是在模型简化、求解难度、参数选取等方面存在一定程度的缺陷。比如，模型是基于结构力学的假定，而荷载梁模型难以准确反映管棚与围岩的作用关系；管棚上覆荷载确定也较困难，将管棚间隔上的全土柱作为管棚外荷载，理论上是偏大的；改进后的双参数地基梁模型的解析求解存在困难，只能对不考虑地基切向联系的 Winkler 地基梁进行简化求解，存在空间上不连续的缺陷；对初支综合延滞效应、掌子面前方岩土体变基床系数等因素的考虑进行了大量简化处理，计算精度不高，难以满足日益显著的定量设计需求，有待进一步研究。

2.2　水平旋喷预支护拱棚壳模型研究

2.2.1　壳体力学的基本理论

根据相关文献，对于超前预支护研究手段以数值模拟和理论分析为主，其中对管棚理论研究较多，而针对水平旋喷拱棚预支护研究偏少。在简化理论模型方面，研究相对滞后，相比水平旋喷技术，管棚预支护力学机制研究相对深入，学者对管棚的力学模型进行简化，提出了弹性地基梁模型[34,71,74]、空间棚架体系分析模型[40]、考虑壳体加固圈简化模型[79]，可为水平旋喷拱棚预支护力学机制研究提供借鉴。

为此，针对隧道水平旋喷拱棚预支护，建立简化的三维弹性地基壳体模型，通过对控制方程的求解，获得壳体中面位移、内力等计算公式，从而揭示水平旋喷拱棚预支护力学机制，以期为设计、施工提供优化设计参数依据，具有理论及实践意义。

1. 壳体力学的基本假设

在弹性力学中，当两个曲面限定的构件，两曲面距离远小于其他方向尺寸，则该类构件称之为壳体，两曲面也称为壳面，与两曲面距离相等的点构成的壳面称为壳体中面，与中面上任意一点垂直的法线称为中面法线，两壳面的距离称为壳体厚度，当构件为等厚度均匀体，且壳体厚度 t 远小于曲率半径 R，则称为薄壳[85]。

计算时，基本假定如下：

①忽略与壳体中面垂直方向的正应变。

②在受力变形过程中，中面法线仍保持直线，即在两方向上的切应变视为零。

③在壳体中面横截面上，与之平行的正应力远小于垂直于中面的正应力，所以忽略其对应变的影响。

④作用于壳体上的体力和面力都可以简化为中面荷载。

2. 壳体的正交曲线坐标

壳体理论中，通常不以壳体某点的应力、位移、应变作为研究对象，而是以壳体中面为研究对象。因此要建立直角坐标与正交曲面坐标的关系，如图 2-17(a) 所示，空间正交曲线坐标系 $\alpha\beta\gamma$ 与空间直角坐标系 xyz 满足下述关系：

$$x=f_1(\alpha,\ \beta,\ \gamma) \qquad y=f_2(\alpha,\ \beta,\ \gamma) \qquad z=f_3(\alpha,\ \beta,\ \gamma)$$

同时，可得到沿着 α、β、γ 轴方向的拉梅(Lamé)系数 H_1、H_2、H_3，公式如下：

$$\left.\begin{aligned} H_1&=\left[\left(\frac{\partial x}{\partial \alpha}\right)^2+\left(\frac{\partial y}{\partial \alpha}\right)^2+\left(\frac{\partial z}{\partial \alpha}\right)^2\right]^{\frac{1}{2}} \\ H_2&=\left[\left(\frac{\partial x}{\partial \beta}\right)^2+\left(\frac{\partial y}{\partial \beta}\right)^2+\left(\frac{\partial z}{\partial \beta}\right)^2\right]^{\frac{1}{2}} \\ H_3&=\left[\left(\frac{\partial x}{\partial \gamma}\right)^2+\left(\frac{\partial y}{\partial \gamma}\right)^2+\left(\frac{\partial z}{\partial \gamma}\right)^2\right]^{\frac{1}{2}} \end{aligned}\right\} \qquad (2-31)$$

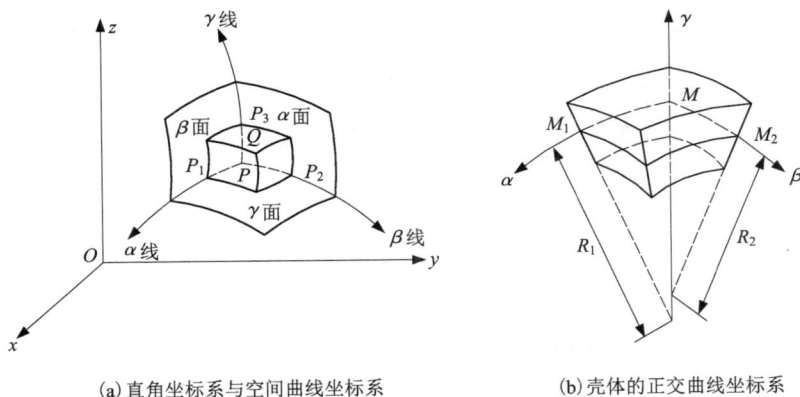

(a)直角坐标系与空间曲线坐标系　　(b)壳体的正交曲线坐标系

图 2-17　曲线坐标与正交曲线坐标关系

如图 2-17(b) 所示，在正交曲线坐标系 $\alpha\beta\gamma$ 中，α、β 为主曲率线，其曲率半径分别为 R_1、R_2，壳体中面法线为 γ，对于壳体中面任意一点 M，可以通过 A 和 B 分别表示该点在 α 和 β 方向的拉梅系数，关系式为：

$$A=H_1\big|_{\gamma=0} \qquad B=H_2\big|_{\gamma=0}$$

满足数学几何关系：

$$\left.\begin{array}{l} H_1 = A(1+k_1\gamma) \\ H_2 = B(1+k_2\gamma) \\ H_3 = 1 \end{array}\right\} \quad (2\text{-}32)$$

所以，对于壳体内任意一点 $P(\alpha, \beta, \gamma)$ 的拉梅系数可通过中面内点 $M(\alpha, \beta, 0)$ 的拉梅系数来表示。

3. 壳体几何方程

根据基本假设条件①、②可知，在 γ 方向正应变 $e_3 = 0$，两个切应变 $e_{31} = e_{23} = 0$，可通过几何关系推导出 e_1、e_2、e_{12} 与中面位移 u、v、w 之间的关系。又因为假设为薄壳结构，即厚度 t 远小于主曲率半径 R（满足 $t \ll R$ 条件），所以 $t/R_1 = k_1 t$ 和 $t/R_2 = k_2 t$ 小于 1。由于中面所在位置处于壳层中间，即 γ 最大值只能取到 $t/2$，故 $k_1\gamma$、$k_2\gamma$ 的最大取值分别为 $k_1 t/2$、$k_2 t/2$，相比数值 1 更小。故 $1+k_1\gamma$ 及 $1+k_2\gamma$ 用 1 来代替，得到壳体应变与位移关系：

$$\left.\begin{array}{l} e_1 = \dfrac{1}{A}\dfrac{\partial u}{\partial \alpha} + \dfrac{\partial A}{\partial \beta}\dfrac{v}{AB} + k_1 w + \gamma\left[-\dfrac{1}{A}\dfrac{\partial}{\partial \alpha}\left(\dfrac{1}{A}\dfrac{\partial w}{\partial \alpha}\right) - \dfrac{1}{AB^2}\dfrac{\partial A}{\partial \beta}\dfrac{\partial w}{\partial \beta}\right] \\[3mm] e_2 = \dfrac{1}{B}\dfrac{\partial v}{\partial \beta} + \dfrac{\partial B}{\partial \alpha}\dfrac{u}{AB} + k_2 w + \gamma\left[-\dfrac{1}{B}\dfrac{\partial}{\partial \beta}\left(\dfrac{1}{B}\dfrac{\partial w}{\partial \beta}\right) - \dfrac{1}{A^2 B}\dfrac{\partial B}{\partial \alpha}\dfrac{\partial w}{\partial \alpha}\right] \\[3mm] e_{12} = \dfrac{B}{A}\dfrac{\partial}{\partial \alpha}\left(\dfrac{v}{B}\right) + \dfrac{A}{B}\dfrac{\partial}{\partial \beta}\left(\dfrac{u}{A}\right) + 2\gamma\left[-\dfrac{1}{AB}\dfrac{\partial^2 w}{\partial \alpha \partial \beta} + \dfrac{1}{A^2 B}\dfrac{\partial A}{\partial \beta}\dfrac{\partial w}{\partial \alpha} + \dfrac{1}{AB^2}\dfrac{\partial B}{\partial \alpha}\dfrac{\partial w}{\partial \beta}\right] \end{array}\right\} \quad (2\text{-}33)$$

将各点应变用中面的位移来表示，可简写为：

$$\left.\begin{array}{l} e_1 = \varepsilon_1 + \chi_1\gamma \\ e_2 = \varepsilon_2 + \chi_2\gamma \\ e_{12} = \varepsilon_{12} + 2\chi_{12}\gamma \end{array}\right\} \quad (2\text{-}34)$$

式中：

$$\left.\begin{array}{ll} \varepsilon_1 = \dfrac{1}{A}\dfrac{\partial u}{\partial \alpha} + \dfrac{v}{AB}\dfrac{\partial A}{\partial \beta} + k_1 w & \varepsilon_2 = \dfrac{1}{B}\dfrac{\partial v}{\partial \beta} + \dfrac{u}{AB}\dfrac{\partial B}{\partial \alpha} + k_2 w \\[3mm] \varepsilon_{12} = \dfrac{A}{B}\dfrac{\partial}{\partial \beta}\left(\dfrac{u}{A}\right) + \dfrac{B}{A}\dfrac{\partial}{\partial \alpha}\left(\dfrac{v}{B}\right) & \chi_1 = -\dfrac{1}{A}\dfrac{\partial}{\partial \alpha}\left(\dfrac{1}{A}\dfrac{\partial w}{\partial \alpha}\right) - \dfrac{1}{AB^2}\dfrac{\partial A}{\partial \beta}\dfrac{\partial w}{\partial \beta} \\[3mm] \chi_2 = -\dfrac{1}{B}\dfrac{\partial}{\partial \beta}\left(\dfrac{1}{B}\dfrac{\partial w}{\partial \beta}\right) - \dfrac{1}{A^2 B}\dfrac{\partial B}{\partial \alpha}\dfrac{\partial w}{\partial \alpha} & \chi_{12} = -\dfrac{1}{AB}\left(\dfrac{\partial^2 w}{\partial \alpha \partial \beta} - \dfrac{1}{A}\dfrac{\partial A}{\partial \beta}\dfrac{\partial w}{\partial \alpha} - \dfrac{1}{B}\dfrac{\partial B}{\partial \alpha}\dfrac{\partial w}{\partial \beta}\right) \end{array}\right\}$$

$$(2\text{-}35)$$

在式（2-35）中，χ_1、χ_2 分别表示为主曲率 k_1、k_2 的改变，χ_{12} 表示为中面内各点沿着 α 及 β 方向扭率改变，所以可以通过六个中面应变 ε_1、ε_2、ε_{12}、χ_1、χ_2、

χ_{12} 来确定壳体的应变状态，此时式 (2-35) 称之为薄壳的几何方程。

4. 壳体物理方程

为得到壳体中内力与变形关系，以壳体中单位宽度微元面为研究对象，如图 2-18(a) 所示，以中间微元面为例，在 α 面方向，受到拉应力 N_1 和平错力 S_{12} 作用，在 β 面方向，受到拉应力 N_2 和平错力 S_{21} 作用，N_1、N_2、S_{12}、S_{21} 称为中面内力。如图 2-18(b) 所示，在 α 面方向，同时受到弯矩 M_1、扭矩 M_{12}、横向剪力 Q_1 作用，在 β 面方向，同时受到弯矩 M_2、扭矩 M_{21}、横向剪力 Q_2 作用，这 6 个内力称为弯曲内力 (小挠度弯曲变形具有的)。

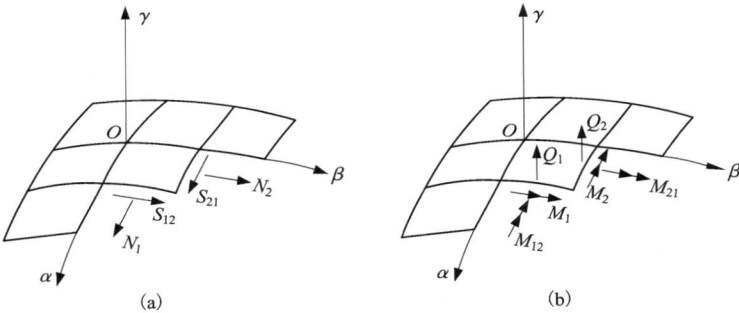

图 2-18 中面内力示意图

上述内力实际为各横截面的应力向内力转化而来，通过应力分量和内力之间关系，单元宽度的中面内力可以使用应力的积分表达式，结合式 (2-32)，可得到：

$$\left.\begin{aligned}
N_1 &= \int_{-t/2}^{t/2} \sigma_1(1+k_2\gamma)\,\mathrm{d}\gamma & N_2 &= \int_{-t/2}^{t/2} \sigma_2(1+k_1\gamma)\,\mathrm{d}\gamma \\
S_{12} &= \int_{-t/2}^{t/2} \tau_{12}(1+k_2\gamma)\,\mathrm{d}\gamma & S_{21} &= \int_{-t/2}^{t/2} \tau_{21}(1+k_1\gamma)\,\mathrm{d}\gamma \\
M_1 &= \int_{-t/2}^{t/2} \sigma_1(1+k_2\gamma)\gamma\,\mathrm{d}\gamma & M_2 &= \int_{-t/2}^{t/2} \sigma_2(1+k_1\gamma)\gamma\,\mathrm{d}\gamma \\
M_{12} &= \int_{-t/2}^{t/2} \tau_{12}(1+k_2\gamma)\gamma\,\mathrm{d}\gamma & M_{21} &= \int_{-t/2}^{t/2} \tau_{21}(1+k_1\gamma)\gamma\,\mathrm{d}\gamma \\
Q_1 &= \int_{-t/2}^{t/2} \tau_{13}(1+k_2\gamma)\,\mathrm{d}\gamma & Q_2 &= \int_{-t/2}^{t/2} \tau_{23}(1+k_1\gamma)\,\mathrm{d}\gamma
\end{aligned}\right\} \quad (2-36)$$

$$\left.\begin{array}{l}\sigma_1 = \dfrac{E}{1-\mu^2}(e_1+\mu e_2) \\[3mm] \sigma_2 = \dfrac{E}{1-\mu^2}(e_2+\mu e_1) \\[3mm] \tau_{12} = Ge_{12} = \dfrac{E}{2(1+\mu)}e_{12}\end{array}\right\} \qquad (2-37)$$

式中：E 为壳体结构弹性模量；μ 为壳体结构泊松比；G 为壳体剪切模量，且 $G = \dfrac{E}{2(1+\mu)}$。

弹性力学中，应力与应变满足式（2-37）物理方程。

将式（2-34）代入式（2-37）得：

$$\left.\begin{array}{l}\sigma_1 = \dfrac{E}{1-\mu^2}\left[(\varepsilon_1+\mu\varepsilon_2)+(\chi_1+\mu\chi_2)\gamma\right] \\[3mm] \sigma_2 = \dfrac{E}{1-\mu^2}\left[(\varepsilon_2+\mu\varepsilon_1)+(\chi_2+\mu\chi_1)\gamma\right] \\[3mm] \tau_{12} = \dfrac{E}{2(1+\mu)}(\varepsilon_{12}+2\chi_{12}\gamma)\end{array}\right\} \qquad (2-38)$$

将式（2-38）代入式（2-36），对表达式进行积分，同时由上文分析，将 $1+k_1\gamma$ 及 $1+k_2\gamma$ 用 1 来代替，可得到壳体的物理方程：

$$\left.\begin{array}{ll}N_1 = K(\varepsilon_1+\mu\varepsilon_2) & N_2 = K(\varepsilon_2+\mu\varepsilon_1) \\[2mm] S_{12}=S_{21}=S=\dfrac{(1-\mu)}{2}K\varepsilon_{12} & M_1 = D(\chi_1+\mu\chi_2) \\[2mm] M_2 = D(\chi_2+\mu\chi_1) & M_{12}=M_{21}=(1-\mu)D\chi_{12}\end{array}\right\} \qquad (2-39)$$

式中：$K = \dfrac{Et}{1-\mu^2}$ 为薄壳的抗拉刚度；$D = \dfrac{Et^3}{12(1-\mu^2)}$ 为薄壳的抗弯刚度。

5. 壳体平衡方程

为得到壳体的内力与所受外荷载之间关系，如图 2-19 所示，在壳体 P 点位置取单元宽度微元面为分析对象，已知作用在中面外荷载分量 q_x、q_y、q_z，通过构建内力和外力平衡关系，有微元面平衡条件 $\sum F_\alpha = 0$、$\sum F_\beta = 0$、$\sum F_\gamma = 0$、$\sum M_\alpha = 0$、$\sum M_\beta = 0$、$\sum M_\gamma = 0$，所以，内力与外荷载关系表达式为：

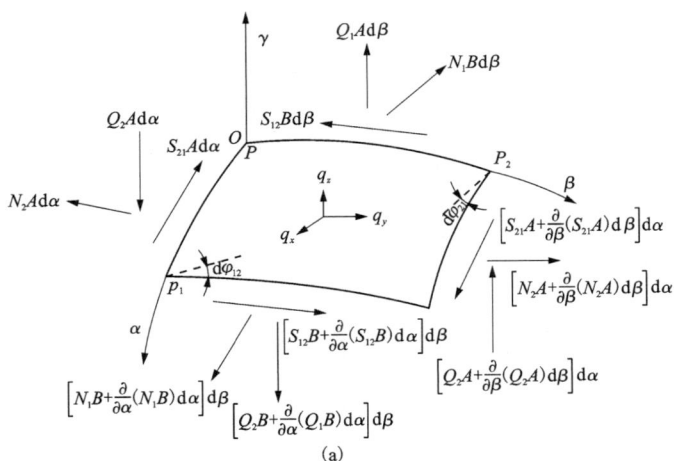

(a)

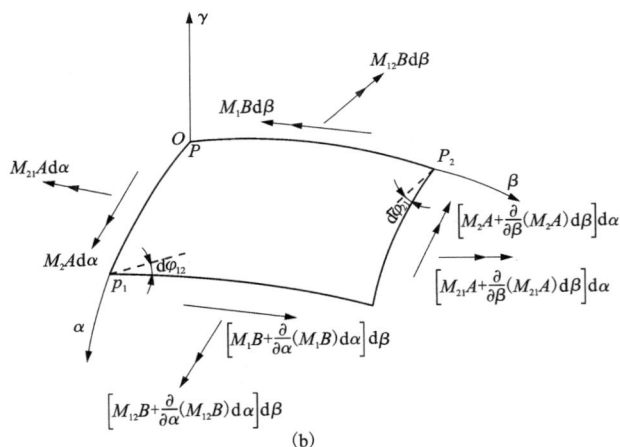

(b)

图 2-19　中面内力示意图

$$
\left.
\begin{aligned}
&\frac{\partial}{\partial\alpha}(BN_1) - \frac{\partial B}{\partial\alpha}N_2 + \frac{\partial A}{\partial\beta}S_{12} + \frac{\partial}{\partial\beta}(AS_{21}) + ABk_1Q_1 + ABq_x = 0\\[2mm]
&\frac{\partial}{\partial\beta}(AN_2) - \frac{\partial A}{\partial\beta}N_1 + \frac{\partial B}{\partial\alpha}S_{21} + \frac{\partial}{\partial\alpha}(BS_{12}) + ABk_2Q_2 + ABq_y = 0\\[2mm]
&-AB(k_1N_1 + k_2N_2) + \frac{\partial}{\partial\alpha}(BQ_1) + \frac{\partial}{\partial\beta}(AQ_2) + ABq_z = 0\\[2mm]
&\frac{\partial}{\partial\alpha}(BM_{12}) + \frac{\partial B}{\partial\alpha}M_{21} - \frac{\partial A}{\partial\beta}M_1 + \frac{\partial}{\partial\beta}(AM_2) - ABQ_2 = 0\\[2mm]
&\frac{\partial}{\partial\beta}(AM_{21}) + \frac{\partial A}{\partial\beta}M_{12} + \frac{\partial B}{\partial\alpha}M_2 + \frac{\partial}{\partial\alpha}(BM_1) - ABQ_1 = 0
\end{aligned}
\right\}
\quad (2-40)
$$

$$S_{12}-S_{21}+k_1M_{12}-k_2M_{21}=0 \tag{2-41}$$

对于式（2-41），在数学中属于非微分表达式结构，相关参数代入总能满足，因此，在分析时可不列入平衡方程。对于薄壳结构，可用 S 来代替 S_{12}、S_{21}，用 M_{12} 代替 M_{21}，将各参数代入式（2-40），方程组可得到简化，即薄壳的平衡方程为：

$$\left. \begin{array}{l} \dfrac{\partial}{\partial\alpha}(BN_1)-\dfrac{\partial B}{\partial\alpha}N_2+\dfrac{\partial A}{\partial\beta}S+\dfrac{\partial}{\partial\beta}(AS)+ABk_1Q_1+ABq_x=0 \\[3mm] \dfrac{\partial}{\partial\beta}(AN_2)-\dfrac{\partial A}{\partial\beta}N_1+\dfrac{\partial B}{\partial\alpha}S+\dfrac{\partial}{\partial\alpha}(BS)+ABk_2Q_2+ABq_y=0 \\[3mm] -AB(k_1N_1+k_2N_2)+\dfrac{\partial}{\partial\alpha}(BQ_1)+\dfrac{\partial}{\partial\beta}(AQ_2)+ABq_z=0 \\[3mm] \dfrac{\partial}{\partial\alpha}(BM_{12})+\dfrac{\partial B}{\partial\alpha}M_{12}-\dfrac{\partial A}{\partial\beta}M_1+\dfrac{\partial}{\partial\beta}(AM_2)-ABQ_2=0 \\[3mm] \dfrac{\partial}{\partial\beta}(AM_{12})+\dfrac{\partial A}{\partial\beta}M_{12}+\dfrac{\partial B}{\partial\alpha}M_2+\dfrac{\partial}{\partial\alpha}(BM_1)-ABQ_1=0 \end{array} \right\} \tag{2-42}$$

6. 壳体边界条件

通过建立薄壳几何方程（6个）、物理方程（6个）、平衡方程（5个），总共包含 17 个基本方程和 17 个基本未知量。对于几何方程而言，即式（2-35），存在 6 个中面应变 ε_1、ε_2、ε_{12}、χ_1、χ_2、χ_{12}；对于物理方程而言，即式（2-36），存在 8 个内力 N_1、N_2、S、M_1、M_2、M_{12}、Q_1、Q_2；还有 3 个中面位移 u、v、w。要得到薄壳结构的受力变形，只要给出合适的边界条件，基本方程可解。对于壳体边界可分为壳边和壳面。对于壳面，一般不受任何约束，没有位移约束条件，在计算中，通常只需要考虑壳边的边界条件，计算时通常可简化为简支边、固定边、自由边。

2.2.2 水平旋喷拱棚弹性地基柱壳模型的建立

1. 弹性地基壳体模型简化

在隧道工程中，当处于破裂、松散、浅埋地段等不良地层时，或者下穿既有重要建（构）筑物时，为保证安全施工，在隧道拱顶区域施作水平旋喷超前预支护，桩体相互环向咬合，在隧道外轮廓线周边以一定桩间距排列，形成水平旋喷拱棚结构。

如图 2-20 所示，水平旋喷桩在纵向上，前端固定于深部围岩处，后端固定于后方初期支护段，在力学简化时，初支段（AB 段）由旋喷拱棚和初支共同承担上部围岩荷载，且可看成具有一定的初始位移(ω_0)和转初始角(θ_0)，因为拱棚是预先施工结构，可把拱棚初始位移等效成初支的既定位移(工程中可量测，可视为拱顶下沉值)；对于开挖未支护段(BC 段)，由于下方完全处于临空面，即上部围岩荷载由旋喷拱棚承担；对于开挖面前方松动区(CD 段)，水平旋喷拱棚同时受到围岩荷载和地基反力作用；对于未松动区(DE 段)，由于该段围岩未发生明显松弛，为计算简便，可认为围岩压力为零。

在隧道开挖过程中，拱棚的受力状态受施工情况的影响会发生变化，当隧道开挖面位于水平旋喷拱棚起始或中间区段时，拱棚可看作后端简支于初期支护段，前端固定于围岩内的半无限长圆柱壳，建立如图 2-20 所示的 A 类型弹性地基壳体模型。

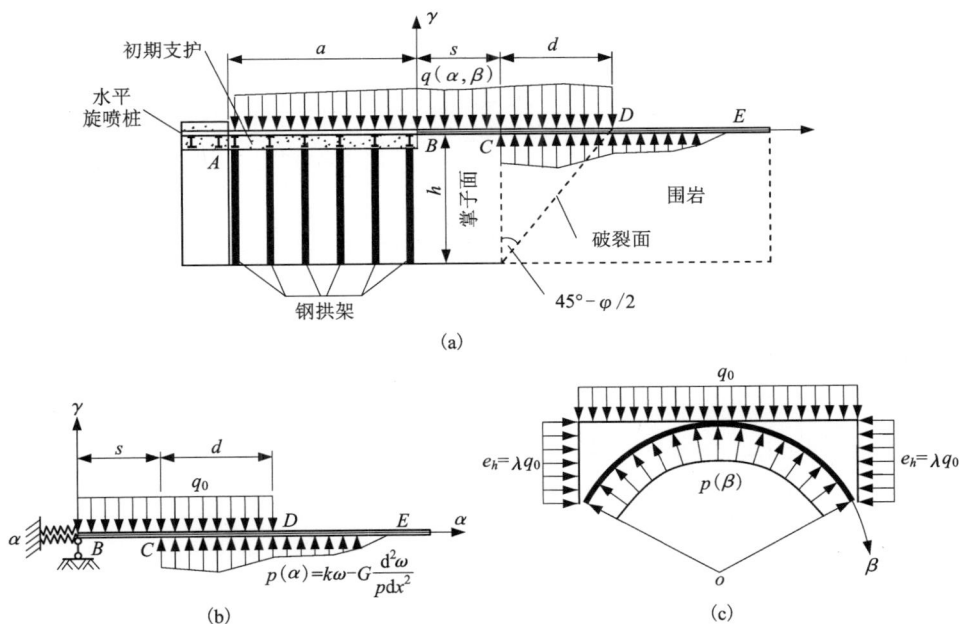

图 2-20　A 类型弹性地基壳体模型

当隧道开挖面接近水平旋喷拱棚前端区域时，初支段(AB 段)由旋喷拱棚和初支共同承担上部围岩荷载，等效为具有一定初始位移的端点 B，开挖未支护段(BC 段)由旋喷拱棚承受围岩荷载，前端同时受到围岩压力和地基反力作用，端点 D 可视为自由端，模型简化时，可视为有限长圆柱壳，建立如图 2-21 所示的 B 类型弹性地基壳体模型。

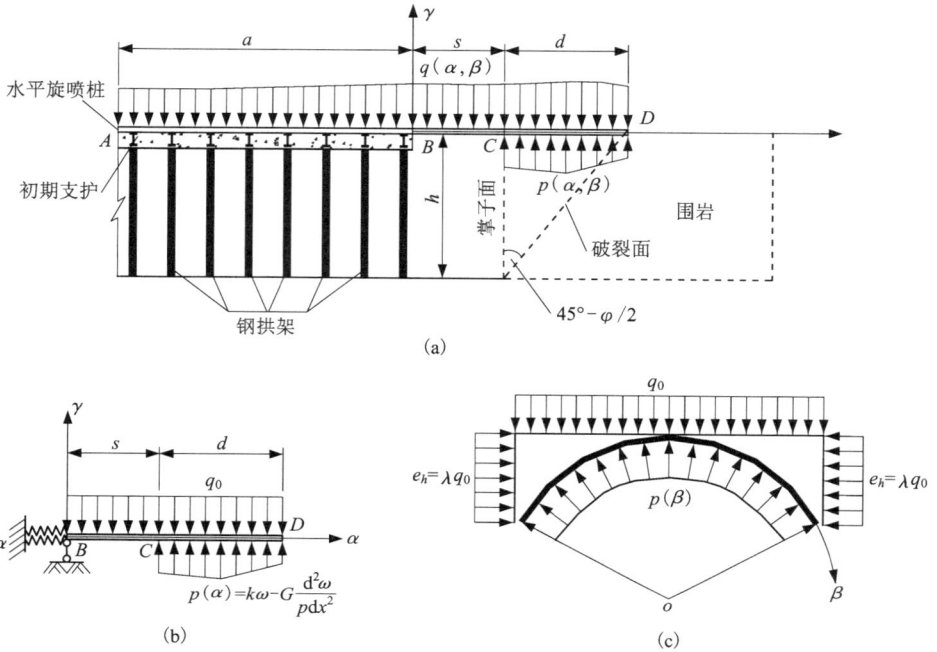

图 2-21　B 类型弹性地基壳体模型

2. 拱棚弹性地基壳体模型的基本方程

为求解水平旋喷拱棚受力变形，将相互咬合的水平旋喷拱棚结构简化为半径为 R 的柱壳结构，以柱壳纵向母线方向为 α 轴，以横向导线方向为 β 轴，以垂直于壳面的法线方向为 γ 轴，建立如图 2-22 所示的正交曲线系。

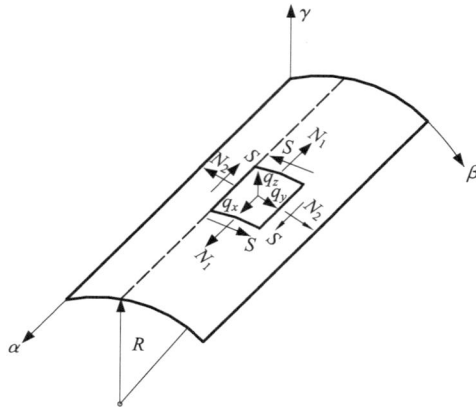

图 2-22　建立柱壳正交曲线坐标系

由图 2-22 可知，在正交曲线坐标系 $\alpha\beta\gamma$ 中，α 方向的主曲率半径为 $R_1 = \infty$，即对应的曲率 $k_1 = 1/R_1 = 0$，β 方向的主曲率半径为 R，即对应的曲率 $k_2 = 1/R$，同时，对于旋喷拱棚结构，在横向导线方向的半径 R 仅为 β 的函数，与 α 所在坐标无关。在柱壳面上，在 α 和 β 坐标上都取为长度的量纲，则对应的拉梅(Lamé)系数 $A = B = 1$，将系数代入式(2-42)，且忽略横向剪力 Q_2 环向平衡影响，得到旋喷拱棚柱壳的平衡微分方程表达式：

$$\left.\begin{aligned}
&\frac{\partial N_1}{\partial \alpha} + \frac{\partial S}{\partial \beta} + q_x = 0 \qquad\qquad \frac{\partial N_2}{\partial \beta} + \frac{\partial S}{\partial \alpha} + q_y = 0 \\
&-\frac{N_2}{R} + \frac{\partial Q_1}{\partial \alpha} + \frac{\partial Q_2}{\partial \beta} + q_z = 0 \\
&\frac{\partial M_{12}}{\partial \alpha} + \frac{\partial M_2}{\partial \beta} - Q_2 = 0 \qquad\quad \frac{\partial M_{12}}{\partial \beta} + \frac{\partial M_1}{\partial \alpha} - Q_1 = 0
\end{aligned}\right\} \qquad (2\text{-}43)$$

式中：N_1，N_2 为中面单元拉应力；S 为平错力；M_1，M_2 为中面弯矩；M_{12} 为中面扭矩；Q_1，Q_2 为横向剪力；q_x 为 α 方向围岩压力分量；q_y 为 β 方向围岩压力分量；q_z 为 γ 方向围岩压力分量；R 为柱壳曲率半径。

同时，进一步将 $A = B = 1$，$k_1 = 0$，$k_2 = 1/R$ 等条件代入式(2-35)，可得到旋喷拱棚柱壳的几何方程为：

$$\left.\begin{aligned}
&\varepsilon_1 = \frac{\partial u}{\partial \alpha} \qquad \varepsilon_2 = \frac{\partial v}{\partial \beta} + \frac{w}{R} \qquad \varepsilon_{12} = \frac{\partial u}{\partial \beta} + \frac{\partial v}{\partial \alpha} \\
&\chi_1 = -\frac{\partial^2 w}{\partial \alpha^2} \quad \chi_2 = -\frac{\partial^2 w}{\partial \beta^2} \quad \chi_{12} = -\frac{\partial^2 w}{\partial \alpha \partial \beta}
\end{aligned}\right\} \qquad (2\text{-}44)$$

式中：ε_1、ε_2 为沿 α、β 方向的正应变；ε_{12} 为切应变；x_1、x_2 为主曲率 k_1、k_2 的改变；x_{12} 为沿 α、β 方向的扭矩改变；u，v，w 代表在 α、β、γ 方向的中面位移。

将旋喷拱棚柱壳的平衡微分方程式(2-44)代入式(2-40)中，通过化简，最后得到柱壳的物理方程为：

$$\left.\begin{aligned}
&N_1 = K\left[\frac{\partial u}{\partial \alpha} + \mu\left(\frac{\partial v}{\partial \beta} + \frac{w}{R}\right)\right] \qquad N_2 = K\left[\left(\frac{\partial v}{\partial \beta} + \frac{w}{R}\right) + \mu\frac{\partial u}{\partial \alpha}\right] \\
&S = \frac{(1-\mu)}{2}K\left(\frac{\partial u}{\partial \beta} + \frac{\partial v}{\partial \alpha}\right) \qquad M_1 = -D\left(\frac{\partial^2 w}{\partial \alpha^2} + \mu\frac{\partial^2 w}{\partial \beta^2}\right) \\
&M_2 = -D\left(\frac{\partial^2 w}{\partial \beta^2} + \mu\frac{\partial^2 w}{\partial \alpha^2}\right) \qquad M_{12} = -(1-\mu)D\frac{\partial^2 w}{\partial \alpha \partial \beta}
\end{aligned}\right\} \qquad (2\text{-}45)$$

此时，将式(2-45)中的 M_1、M_2、M_{12} 代入式(2-43)的后两式，化简可得：

$$Q_1 = -D\frac{\partial}{\partial \alpha}\nabla^2 w \qquad Q_2 = -D\frac{\partial}{\partial \beta}\nabla^2 w \qquad (2\text{-}46)$$

式中：$\nabla^2 = \dfrac{\partial^2}{\partial \alpha^2} + \dfrac{\partial^2}{\partial \beta^2}$ 为拉普拉斯（Laplace）算子；D 为拱棚抗弯刚度。

最后，将式（2-45）和式（2-46）代入柱壳的平衡微分方程式（2-43）中的前三式，并把 $K = \dfrac{Et}{1-\mu^2}$、$D = \dfrac{Et^3}{12(1-\mu^2)}$ 代入，得：

$$\left.\begin{aligned}
&\left(\frac{\partial^2}{\partial \alpha^2} + \frac{1-\mu}{2}\frac{\partial^2}{\partial \beta^2}\right)u + \frac{1+\mu}{2}\frac{\partial^2 v}{\partial \alpha \partial \beta} + \frac{\mu}{R}\frac{\partial w}{\partial \alpha} = -\frac{1-\mu^2}{Et}q_x \\
&\frac{1+\mu}{2}\frac{\partial^2 u}{\partial \alpha \partial \beta} + \left(\frac{\partial^2}{\partial \beta^2} + \frac{1-\mu}{2}\frac{\partial^2}{\partial \alpha^2}\right)v + \frac{1}{R}\frac{\partial w}{\partial \beta} + \frac{1}{R^2}\frac{\partial R}{\partial \beta}w = -\frac{1-\mu^2}{Et}q_y \\
&\frac{\mu}{R}\frac{\partial u}{\partial \alpha} + \frac{1}{R}\frac{\partial v}{\partial \beta} + \frac{w}{R^2} + \frac{t^2}{12}\nabla^4 w = \frac{1-\mu^2}{Et}q_z
\end{aligned}\right\} \quad (2\text{-}47)$$

式中：E 为拱棚等效弹性模量；t 为拱棚等效厚度；μ 为材料泊松比。

式（2-47）中含有 $\partial R/\partial \beta$ 和 R，一般而言，两者是关于 β 的函数，使得方程为变系数微分方程，求解非常困难。由于水平旋喷桩大致沿着隧道外轮廓圆弧线均匀布置，在计算时，可视作厚度为 t 的圆柱壳，R 为常量，不随 β 发生改变，所以有 $\partial R/\partial \beta = 0$，式（2-47）就可退化为常系数微分方程，进一步分析，水平旋喷拱棚所受荷载简化为法向围岩压力 q_n 和地基反力 p_n，即 $q_x = q_y = 0$，$q_z = q_n - p_n$，故水平旋喷拱棚的基本方程为：

$$\left.\begin{aligned}
&\left(\frac{\partial^2}{\partial \alpha^2} + \frac{1-\mu}{2}\frac{\partial^2}{\partial \beta^2}\right)u + \frac{1+\mu}{2}\frac{\partial^2 v}{\partial \alpha \partial \beta} + \frac{\mu}{R}\frac{\partial w}{\partial \alpha} = 0 \\
&\frac{1+\mu}{2}\frac{\partial^2 u}{\partial \alpha \partial \beta} + \left(\frac{\partial^2}{\partial \beta^2} + \frac{1-\mu}{2}\frac{\partial^2}{\partial \alpha^2}\right)v + \frac{1}{R}\frac{\partial w}{\partial \beta} = 0 \\
&\frac{\mu}{R}\frac{\partial u}{\partial \alpha} + \frac{1}{R}\frac{\partial v}{\partial \beta} + \frac{w}{R^2} + \frac{t^2}{12}\nabla^4 w = \frac{1-\mu^2}{Et}(q_n - p_n)
\end{aligned}\right\} \quad (2\text{-}48)$$

3. Pasternak 地基上法向荷载作用下拱棚的控制微分方程

由前面推导的式（2-48）可知，可用中面位移来表征柱壳微分方程，为此，参照弹性力学求解薄壳问题方法，引入位移函数 $F = F(\alpha, \beta)$，对于薄柱壳中面位移可表示成：

$$\left.\begin{aligned}
u &= \frac{\partial}{\partial \alpha}\left(\frac{\partial^2}{\partial \beta^2} - \mu\frac{\partial^2}{\partial \alpha^2}\right)F \\
v &= \frac{\partial}{\partial \beta}\left[\frac{\partial^2}{\partial \beta^2} - (2+\mu)\frac{\partial^2}{\partial \alpha^2}\right]F \\
w &= R\,\nabla^4 F
\end{aligned}\right\} \quad (2\text{-}49)$$

对于式(2-49)，第三个方程式要求满足条件：

$$\nabla^8 F + \frac{Et}{R^2 D} \frac{\partial^4 F}{\partial \alpha^4} = \frac{q_n - p_n}{RD} \tag{2-50}$$

由于水平旋喷拱棚坐落于围岩基层，考虑到岩土体具有连续性，即岩土体的剪切变形作用，假定围岩为各向同性，其变形满足线性假设和具有可逆性，为此，在结构-围岩作用时，地基反力引入双参数模型中的巴斯捷纳克（Pasternak）模型进行求解，即 $p_n = kw - G_p \nabla^2 w$，将其代入方程(2-50)，得：

$$\nabla^8 F - \frac{G_p}{RD} \nabla^2 w + \frac{k}{RD} w + \frac{Et}{R^2 D} \frac{\partial^4 F}{\partial \alpha^4} = \frac{q_n}{RD} \tag{2-51}$$

把式(2-49)代入式(2-45)和式(2-46)，将中面各内力用位移函数 $F = F(\alpha, \beta)$ 表示如式(2-52)所示。

即通过位移法求解时，由式(2-49)求解中面位移 u、v、w，再通过式(2-52)求解中面各内力，因此，式(2-51)为巴斯捷纳克（Pasternak）地基上法向荷载作用下水平旋喷拱棚控制微分方程。

$$\left.\begin{aligned}
&N_1 = Et\frac{\partial^4 F}{\partial \alpha^2 \partial \beta^2} & &N_2 = Et\frac{\partial^4 F}{\partial \alpha^4} \\
&S = -Et\frac{\partial^4 F}{\partial \alpha^3 \partial \beta} & &M_1 = -RD\left(\frac{\partial^2}{\partial \alpha^2} + \mu\frac{\partial^2}{\partial \beta^2}\right)\nabla^4 F \\
&M_2 = -RD\left(\frac{\partial^2}{\partial \beta^2} + \mu\frac{\partial^2}{\partial \alpha^2}\right)\nabla^4 F & &M_{12} = -(1-\mu)RD\frac{\partial^2}{\partial \alpha \partial \beta}\nabla^4 F \\
&Q_1 = -RD\frac{\partial}{\partial \alpha}\nabla^6 F & &Q_2 = -RD\frac{\partial}{\partial \beta}\nabla^6 F
\end{aligned}\right\} \tag{2-52}$$

4. 控制微分方程的求解

一般而言，水平旋喷拱棚预支护应用于围岩条件较差的隧道，当地表起伏不大，即埋深变化不大时，可将水平旋喷拱棚进行分段处理，上部围岩荷载可视为均布荷载，此时围岩荷载满足 $q_n = q(\alpha)$，q_n 为 α 的函数，整个分析模型简化为绕中心轴对称法向荷载的圆柱壳体结构，式(2-51)简化为：

$$\frac{d^8 F}{d\alpha^8} - \frac{G_p}{RD}\frac{d^2 w}{d\alpha^2} + \frac{k}{RD}w + \frac{Et}{R^2 D}\frac{d^4 F}{d\alpha^4} = \frac{q_n}{RD} \tag{2-53}$$

同时，式(2-49)的第三个方程式简化为：

$$w = R\frac{d^4 F}{d\alpha^4} \tag{2-54}$$

将式(2-54)代入式(2-53)可得：

$$\frac{\mathrm{d}^4 w}{\mathrm{d}\alpha^4} - \frac{G_{\mathrm{p}}}{D}\frac{\mathrm{d}^2 w}{\mathrm{d}\alpha^2} + \frac{1}{D}\left(\frac{Et}{R^2}+k\right)w = \frac{q_n}{D} \tag{2-55}$$

对于式（2-55），为巴斯捷纳克（Pasternak）双参数地基上旋喷拱棚在法向荷载作用下控制微分方程，中面位移与挠度之间的关系为：

$$u = -\mu\frac{\mathrm{d}^3 F}{\mathrm{d}\alpha^3} \qquad v = 0 \qquad w = R\frac{\mathrm{d}^4 F}{\mathrm{d}\alpha^4} \tag{2-56}$$

对于式（2-56）中第一式，有：

$$\frac{\mathrm{d}u}{\mathrm{d}\alpha} = -\mu\frac{\mathrm{d}^4 F}{\mathrm{d}\alpha^4} = -\mu\frac{w}{R} \tag{2-57}$$

结合式（2-52），可得内力表达式为：

$$\left. \begin{array}{lll} N_1 = 0 & N_2 = \dfrac{Et}{R}w & S = 0 \\[3mm] M_1 = -D\dfrac{\mathrm{d}^2 w}{\mathrm{d}\alpha^2} & M_2 = -\mu D\dfrac{\mathrm{d}^2 w}{\mathrm{d}\alpha^2} = -\mu M_1 & \\[3mm] M_{12} = 0 & Q_1 = -D\dfrac{\mathrm{d}^3 w}{\mathrm{d}\alpha^3} & Q_2 = 0 \end{array} \right\} \tag{2-58}$$

对于式（2-55），表达形式为常微分方程，其特征方程为：

$$r_m^4 - \frac{G_{\mathrm{p}}}{D}r_m^2 + \frac{1}{D}\left(\frac{Et}{R^2}+k\right) = 0 \tag{2-59}$$

在求解常微分方程时，其特征方程的解表达形式为 $\pm a_m \pm ib_m$，可求得各参数 a_m、b_m：

$$a_m = \left\{\frac{1}{2}\left[\sqrt{\frac{1}{D}\left(\frac{Et}{R^2}+Rk\right)}+\frac{RG_{\mathrm{p}}}{2D}\right]\right\}^{\frac{1}{2}} \qquad b_m = \left\{\frac{1}{2}\left[\sqrt{\frac{1}{D}\left(\frac{Et}{R^2}+Rk\right)}-\frac{RG_{\mathrm{p}}}{2D}\right]\right\}^{\frac{1}{2}} \tag{2-60}$$

所以，式（2-55）的通解式表示为：

$$w = \mathrm{e}^{-a_m\alpha}(C_{1m}\cos b_m\alpha + C_{2m}\sin b_m\alpha) + \mathrm{e}^{a_m\alpha}(C_{3m}\cos b_m\alpha + C_{4m}\sin b_m\alpha) + w^* \tag{2-61}$$

式中：C_{1m}、C_{2m}、C_{3m}、C_{4m} 为待定系数，可通过水平旋喷拱棚边界条件确定；w^* 是与法向围岩荷载 q_n 有关的特解。当 q_n 为均布荷载 q_0 时，w^* 可取特解：

$$w^* = \frac{q_n}{\left(\dfrac{Et}{R^2}+k\right)} = \frac{R^2 q_n}{Et+kR^2} \tag{2-62}$$

2.2.3　水平旋喷拱棚力学表达式推导

1. 水平旋喷拱棚挠度方程

通过前述分析，根据隧道开挖面所处位置，水平旋喷拱棚的受力可简化为两种状态，分别为前端固定于围岩内的半无限长圆柱壳 A，和有限长圆柱壳 B，如图 2-23 所示。

(a) A 类型柱壳模型简化图

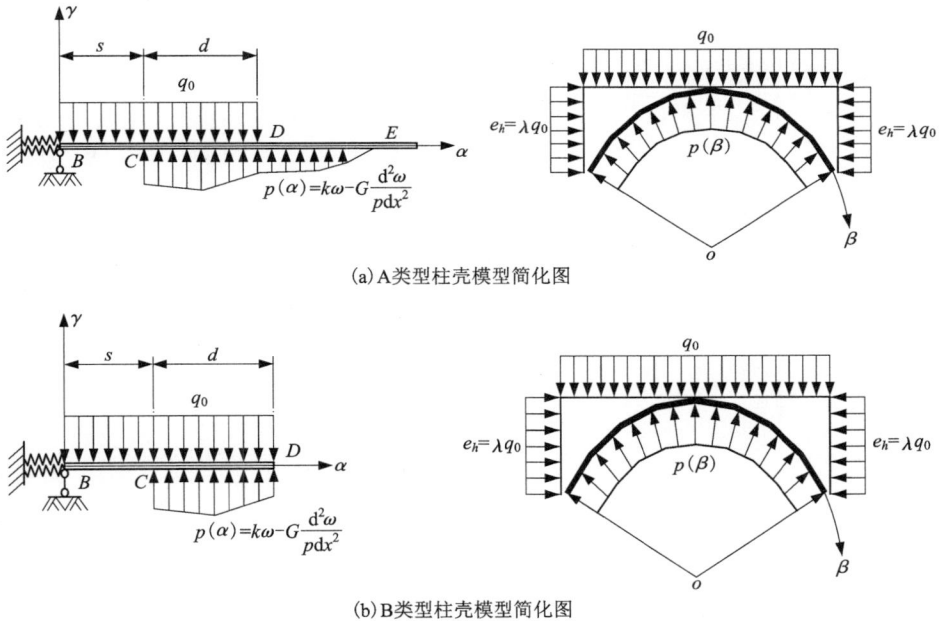

(b) B 类型柱壳模型简化图

图 2-23　双参数地基上柱壳模型示意图

（1）A 类型下旋喷拱棚挠度方程

①BC 段为开挖未支护段，则水平旋喷拱棚不受地基反力，只受围岩荷载作用，由式（2-55）可知控制微分方程为：

$$\frac{\mathrm{d}^4 w}{\mathrm{d}\alpha^4} + \frac{Et}{R^2 D} w = \frac{q_n}{D} \tag{2-63}$$

特征方程的根为 $\pm\dfrac{\sqrt{2}}{2}\left(\dfrac{Et}{R^2 D}\right)^{\frac{1}{4}} \pm \dfrac{\sqrt{2}}{2}\left(\dfrac{Et}{R^2 D}\right)^{\frac{1}{4}} i$，因此，与之对应的微分方程解为：

$$w_1 = e^{-\xi\alpha}(C_{11}\cos\xi\alpha + C_{12}\sin\xi\alpha) + e^{\xi\alpha}(C_{13}\cos\xi\alpha + C_{14}\sin\xi\alpha) + w_1^* \qquad (2-64)$$

式中：$\xi = \dfrac{\sqrt{2}}{2}\left(\dfrac{Et}{R^2 D}\right)^{\frac{1}{4}}$；特解 $w^* = \dfrac{R^2 q_n}{Et + kR^2}$。

②在 DE 段，围岩未发生松弛，旋喷拱棚法向荷载 $q_n = 0$，则控制微分方程为：

$$\frac{d^4 w}{d\alpha^4} - \frac{G_p}{D}\frac{d^2 w}{d\alpha^2} + \frac{1}{D}\left(\frac{Et}{R^2} + k\right)w = 0 \qquad (2-65)$$

由于方程结构为齐次方程形式，可得解为：

$$w_3 = e^{-a_m\alpha}(C_{21}\cos b_m\alpha + C_{22}\sin b_m\alpha) + e^{a_m\alpha}(C_{23}\cos b_m\alpha + C_{24}\sin b_m\alpha) \qquad (2-66)$$

由于简化成前端固定于围岩内的半无限长弹性圆柱壳 A 类型，故当 $\alpha\to$ 旋喷拱棚前端时，前端处于未松动区，可视为 $w\to 0$，故式(2-66)可简化为：

$$w_3 = e^{-a_m\alpha}(C_{21}\cos b_m\alpha + C_{22}\sin b_m\alpha) \qquad (2-67)$$

③在 CD 段，水平旋喷拱棚同时受法向荷载 q_n 和地基反力 p_n 作用，控制方程为：

$$\frac{d^4 w}{d\alpha^4} - \frac{G_p}{D}\frac{d^2 w}{d\alpha^2} + \frac{1}{D}\left(\frac{Et}{R^2} + k\right)w = \frac{q_n}{D} \qquad (2-68)$$

由数学微分方程知识可得，式(2-68)的通解由自身方程的特解和式(2-65)的通解构成，故通解表达式为：

$$w_2 = w_3 + w_2^* = e^{-a_m\alpha}(C_{21}\cos b_m\alpha + C_{22}\sin b_m\alpha) + w_2^* \qquad (2-69)$$

在 D 点时，$w_2\big|_{\alpha=s+d} = w_3\big|_{\alpha=s+d}$、$\theta_2\big|_{\alpha=s+d} = \theta_3\big|_{\alpha=s+d} \Rightarrow \dfrac{dw_2}{d\alpha}\bigg|_{\alpha=s+d} = \dfrac{dw_3}{d\alpha}\bigg|_{\alpha=s+d}$，为同时

满足连续性条件，有 $w_2^*\big|_{\alpha=s+d} = 0$、$\dfrac{dw_2^*}{d\alpha}\bigg|_{\alpha=s+d} = 0$，求得特解：

$$w_2^* = \frac{R^2 q_n}{Et}\left[1 - \cos hb_m(\alpha-s-d)\cos b_m(\alpha-s-d)\right] \qquad (2-70)$$

即通解为：

$$w_2 = w_3 + \frac{R^2 q_n}{Et}\left[1 - \cos hb_m(\alpha-s-d)\cos b_m(\alpha-s-d)\right] \qquad (2-71)$$

通过①、②、③分析，水平旋喷拱棚受力属于 A 类型时，整个区段其挠度方程为：

$$
\left.
\begin{aligned}
w_1 &= \mathrm{e}^{-\xi\alpha}\left[\,C_{11}\cos(\xi\alpha)+C_{12}\sin(\xi\alpha)\,\right]+\mathrm{e}^{\xi\alpha}\left[\,C_{13}\cos(\xi\alpha)+C_{14}\sin(\xi\alpha)\,\right]+\frac{R^2 q_n}{Et+kR^2} \\
w_2 &= w_3+\frac{R^2 q_n}{Et}\left[\,1-\cos hb_m(\alpha-s-d)\cos b_m(\alpha-s-d)\,\right] \\
w_3 &= \mathrm{e}^{-a_m\alpha}(\,C_{21}\cos b_m\alpha+C_{22}\sin b_m\alpha\,)
\end{aligned}
\right\}
\tag{2-72}
$$

引入边界条件，在 B 点时满足边界条件：

$$
\left.
\begin{aligned}
w_1\,|_{\alpha=0} &= w_0 \\
\theta_1\,|_{\alpha=0} &= \left[\frac{\mathrm{d}w_1}{\mathrm{d}\alpha}\right]_{\alpha=0}=\theta_0
\end{aligned}
\right\}
\tag{2-73}
$$

在 C 点时，满足挠度、转角、弯矩、剪力连续条件，则有：

$$
\left.
\begin{aligned}
w_1\,|_{\alpha=s} &= w_2\,|_{\alpha=s} & \left[\frac{\mathrm{d}w_1}{\mathrm{d}\alpha}\right]_{\alpha=s} &= \left[\frac{\mathrm{d}w_2}{\mathrm{d}\alpha}\right]_{\alpha=s} \\
\left[\frac{\mathrm{d}^2 w_1}{\mathrm{d}\alpha^2}\right]_{\alpha=s} &= \left[\frac{\mathrm{d}^2 w_2}{\mathrm{d}\alpha^2}\right]_{\alpha=s} & \left[\frac{\mathrm{d}^3 w_1}{\mathrm{d}\alpha^3}\right]_{\alpha=s} &= \left[\frac{\mathrm{d}^3 w_2}{\mathrm{d}\alpha^3}\right]_{\alpha=s}
\end{aligned}
\right\}
\tag{2-74}
$$

将式(2-72)分别代入边界条件式(2-73)和式(2-74)求解，可进一步将 6 个边界条件方程凑成 6 阶矩阵方程，即

$$
\begin{bmatrix}
1 & 0 & 1 & 0 & 0 & 0 \\
-\xi & \xi & \xi & \xi & 0 & 0 \\
\mathrm{e}^{-s\xi}\cos(s\xi) & \mathrm{e}^{-s\xi}\sin(s\xi) & \mathrm{e}^{s\xi}\cos(s\xi) & \mathrm{e}^{s\xi}\sin(s\xi) & -\mathrm{e}^{-sa_m}\cos(sb_m) & -\mathrm{e}^{-sa_m}\cos(sb_m) \\
\varphi_{41} & \varphi_{42} & \varphi_{43} & \varphi_{44} & \varphi_{45} & \varphi_{46} \\
2\xi^2\mathrm{e}^{-s\xi}\sin(s\xi) & -2\xi^2\mathrm{e}^{-s\xi}\cos(s\xi) & -2\xi^2\mathrm{e}^{s\xi}\sin(s\xi) & 2\xi^2\mathrm{e}^{s\xi}\cos(s\xi) & \varphi_{55} & \varphi_{56} \\
\varphi_{61} & \varphi_{62} & \varphi_{63} & \varphi_{64} & \varphi_{65} & \varphi_{66}
\end{bmatrix}
$$

$$
\begin{bmatrix}
C_{11} \\
C_{12} \\
C_{13} \\
C_{14} \\
C_{21} \\
C_{22}
\end{bmatrix}
=
\begin{bmatrix}
\psi_1 \\
\theta_0 \\
\psi_3 \\
\psi_4 \\
\psi_5 \\
\psi_6
\end{bmatrix}
\tag{2-75}
$$

式中：

$$\varphi_{41} = -\xi e^{-s\xi} \left[\cos(s\xi) + \sin(s\xi) \right]$$

$$\varphi_{42} = -\xi e^{-s\xi} \left[\sin(s\xi) - \cos(s\xi) \right]$$

$$\varphi_{43} = \xi e^{s\xi} \left[\cos(s\xi) - \sin(s\xi) \right]$$

$$\varphi_{44} = \xi e^{s\xi} \left[\sin(s\xi) + \cos(s\xi) \right]$$

$$\varphi_{45} = e^{-sa_m} \left[b_m \sin(sb_m) + a_m \cos(sb_m) \right]$$

$$\varphi_{46} = -e^{-sa_m} \left[b_m \cos(sb_m) - a_m \sin(sb_m) \right]$$

$$\varphi_{55} = -e^{-sa_m} \left[2a_m b_m \sin(sb_m) + (a_m^2 - b_m^2) \cos(sb_m) \right]$$

$$\varphi_{56} = -e^{-sa_m} \left[-2a_m b_m \cos(sb_m) + (a_m^2 - b_m^2) \sin(sb_m) \right]$$

$$\varphi_{61} = 2\xi^3 e^{-s\xi} \left[\cos(s\xi) - \sin(s\xi) \right]$$

$$\varphi_{62} = 2\xi^3 e^{-s\xi} \left[\cos(s\xi) + \sin(s\xi) \right]$$

$$\varphi_{63} = -2\xi^3 e^{s\xi} \left[\cos(s\xi) + \sin(s\xi) \right]$$

$$\varphi_{64} = 2\xi^3 e^{s\xi} \left[\cos(s\xi) - \sin(s\xi) \right]$$

$$\varphi_{65} = -e^{-sa_m} \left[b_m (b_m^2 - 3a_m^2) \sin(sb_m) - a_m (a_m^2 - 3b_m^2) \cos(sb_m) \right]$$

$$\varphi_{66} = -e^{-sa_m} \left[b_m (b_m^2 - 3a_m^2) \cos(sb_m) + a_m (a_m^2 - 3b_m^2) \sin(sb_m) \right]$$

$$\psi_1 = w_0 - \frac{R^2 q_n}{Et + kR^2}$$

$$\psi_3 = \frac{R^2 q_n}{Et} \left[1 - \cos(b_m d) ch(b_m d) \right] - \frac{R^2 q_n}{Et + kR^2}$$

$$\psi_4 = -b_m \frac{R^2 q_n}{Et} \left[ch(b_m d) \sin(b_m d) - \cos(b_m d) sh(b_m d) \right]$$

$$\psi_5 = 2b_m^2 \frac{R^2 q_n}{Et} \sin(b_m d) sh(b_m d)$$

$$\psi_6 = -b_m^3 \frac{R^2 q_n}{Et} \left[ch(b_m d) \sin(b_m d) + \cos(b_m d) sh(b_m d) \right]$$

式中：ch 和 sh 分别为双曲正弦函数和双曲余统函数。

通过式（2-75），可求出待定系数 C_{11}、C_{12}、C_{13}、C_{14}、C_{21}、C_{22}，再分别代入式（2-72），即可求出 A 类型下 BC 段、CD 段、DE 段挠度方程表达式。

（2）B 类型下旋喷拱棚挠度方程

①在 BC 段，水平旋喷拱棚不受地基反力作用，则控制微分方程的通解和式（2-63）相同。

②在 *CD* 段，旋喷拱棚在法向荷载 q_n 和地基反力 p_n 作用下，其控制方程的通解为：

$$w_2 = \mathrm{e}^{-a_m\alpha}(C_{21}\cos b_m\alpha + C_{22}\sin b_m\alpha) + \mathrm{e}^{a_m\alpha}(C_{23}\cos b_m\alpha + C_{24}\sin b_m\alpha) + \frac{R^2 q_n}{Et + kR^2}$$

$$(2\text{-}76)$$

综合①、②分析，水平旋喷拱棚受力属于 B 类型时，其整段挠度方程为：

$$\left.\begin{aligned} w_1 &= \mathrm{e}^{-\xi\alpha}(C_{11}\cos\xi\alpha + C_{12}\sin\xi\alpha) + \mathrm{e}^{\xi\alpha}(C_{13}\cos\xi\alpha + C_{14}\sin\xi\alpha) + \frac{R^2 q_n}{Et + kR^2} \\ w_2 &= \mathrm{e}^{-a_m\alpha}(C_{21}\cos b_m\alpha + C_{22}\sin b_m\alpha) + \mathrm{e}^{a_m\alpha}(C_{23}\cos b_m\alpha + C_{24}\sin b_m\alpha) + \frac{R^2 q_n}{Et + kR^2} \end{aligned}\right\}$$

$$(2\text{-}77)$$

引入边界条件可知，在 *B* 点时满足：

$$w_1\big|_{\alpha=0} = w_0 \qquad \theta_1\big|_{\alpha=0} = \left[\frac{\mathrm{d}w_1}{\mathrm{d}\alpha}\right]_{\alpha=0} = \theta_0 \qquad (2\text{-}78)$$

对于水平旋喷拱棚全段变形特点，在 *C* 点时，必然满足挠度、转角、弯矩、剪力连续条件，则有：

$$\left.\begin{aligned} w_1\big|_{\alpha=s} &= w_2\big|_{\alpha=s} & \left[\frac{\mathrm{d}w_1}{\mathrm{d}\alpha}\right]_{\alpha=s} &= \left[\frac{\mathrm{d}w_2}{\mathrm{d}\alpha}\right]_{\alpha=s} \\ \left[\frac{\mathrm{d}^2 w_1}{\mathrm{d}\alpha^2}\right]_{\alpha=s} &= \left[\frac{\mathrm{d}^2 w_2}{\mathrm{d}\alpha^2}\right]_{\alpha=s} & \left[\frac{\mathrm{d}^3 w_1}{\mathrm{d}\alpha^3}\right]_{\alpha=s} &= \left[\frac{\mathrm{d}^3 w_2}{\mathrm{d}\alpha^3}\right]_{\alpha=s} \end{aligned}\right\}$$

$$(2\text{-}79)$$

同时，旋喷拱棚 *D* 点是自由端，其弯矩剪力应满足为零条件，则有：

$$\left.\left[\frac{\mathrm{d}^2 w_2}{\mathrm{d}\alpha^2}\right]_{\alpha=s+d} = 0, \qquad \left[\frac{\mathrm{d}^3 w_2}{\mathrm{d}\alpha^3}\right]_{\alpha=s+d} = 0\right\}$$

$$(2\text{-}80)$$

把式(2-77)分别代入边界条件中求解，可将方程凑成 8 阶矩阵方程，即

$$\begin{bmatrix} 1 & 0 & 1 & 0 & 0 & 0 & 0 & 0 \\ -x & x & x & x & 0 & 0 & 0 & 0 \\ \mathrm{e}^{-sx}\cos(sx) & \mathrm{e}^{-sx}\sin(sx) & \mathrm{e}^{sx}\cos(sx) & \mathrm{e}^{sx}\sin(sx) & j_{35} & j_{36} & j_{37} & j_{38} \\ j_{41} & j_{42} & j_{43} & j_{44} & j_{45} & j_{46} & j_{47} & j_{48} \\ 2x^2\mathrm{e}^{-sx}\sin(sx) & -2x^2\mathrm{e}^{-sx}\cos(sx) & -2x^2\mathrm{e}^{sx}\sin(sx) & 2x^2\mathrm{e}^{sx}\cos(sx) & j_{55} & j_{56} & j_{57} & j_{58} \\ 2x^3 & 2x^3 & -2x^3 & 2x^3 & j_{65} & j_{66} & j_{67} & j_{68} \\ 0 & 0 & 0 & 0 & j_{75} & j_{76} & j_{77} & j_{78} \\ 0 & 0 & 0 & 0 & j_{85} & j_{86} & j_{87} & j_{88} \end{bmatrix}$$

$$
\begin{bmatrix} C_{11} \\ C_{12} \\ C_{13} \\ C_{14} \\ C_{21} \\ C_{22} \\ C_{23} \\ C_{24} \end{bmatrix} = \begin{bmatrix} w_0 - \dfrac{R^2 q_n}{Et+kR^2} \\ \theta_0 \\ 0 \\ 0 \\ 0 \\ 0 \\ 0 \\ 0 \end{bmatrix}
\qquad (2-81)
$$

式中：

$$\varphi_{35} = -\mathrm{e}^{-sa_m}\cos(sb_m)$$

$$\varphi_{36} = -\mathrm{e}^{-sa_m}\sin(sb_m)$$

$$\varphi_{37} = -\mathrm{e}^{sa_m}\cos(sb_m)$$

$$\varphi_{38} = \mathrm{e}^{sa_m}\sin(sb_m)$$

$$\varphi_{41} = -\xi\mathrm{e}^{-s\xi}\left[\cos(s\xi)+\sin(s\xi)\right]$$

$$\varphi_{42} = -\xi\mathrm{e}^{-s\xi}\left[\sin(s\xi)-\cos(s\xi)\right]$$

$$\varphi_{43} = \xi\mathrm{e}^{s\xi}\left[\cos(s\xi)-\sin(s\xi)\right]$$

$$\varphi_{44} = \xi\mathrm{e}^{-s\xi}\left[\sin(s\xi)+\cos(s\xi)\right]$$

$$\varphi_{45} = \mathrm{e}^{-sa_m}\left[b_m\sin(sb_m)+a_m\cos(sb_m)\right]$$

$$\varphi_{46} = -\mathrm{e}^{-sa_m}\left[b_m\cos(sb_m)-a_m\sin(sb_m)\right]$$

$$\varphi_{47} = \mathrm{e}^{sa_m}\left[-b_m\sin(sb_m)+a_m\cos(sb_m)\right]$$

$$\varphi_{48} = -\mathrm{e}^{sa_m}\left[b_m\cos(sb_m)+a_m\sin(sb_m)\right]$$

$$\varphi_{55} = -\mathrm{e}^{-sa_m}\left[2a_m b_m\sin(sb_m)+(a_m^2-b_m^2)\cos(sb_m)\right]$$

$$\varphi_{56} = -\mathrm{e}^{-sa_m}\left[-2a_m b_m\cos(sb_m)+(a_m^2-b_m^2)\sin(sb_m)\right]$$

$$\varphi_{57} = -\mathrm{e}^{sa_m}\left[-2a_m b_m\sin(sb_m)+(a_m^2-b_m^2)\cos(sb_m)\right]$$

$$\varphi_{58} = -\mathrm{e}^{sa_m}\left[2a_m b_m\cos(sb_m)+(a_m^2-b_m^2)\sin(sb_m)\right]$$

$$\varphi_{65} = -\mathrm{e}^{-sa_m}\left[b_m(b_m^2-3a_m^2)\sin(sb_m)-a_m(a_m^2-3b_m^2)\cos(sb_m)\right]$$

$$\varphi_{66} = -\mathrm{e}^{-sa_m}\left[b_m(b_m^2-3a_m^2)\cos(sb_m)+a_m(a_m^2-3b_m^2)\sin(sb_m)\right]$$

$$\varphi_{67} = -\mathrm{e}^{sa_m}\left[b_m(b_m^2-3a_m^2)\sin(sb_m)+a_m(a_m^2-3b_m^2)\cos(sb_m)\right]$$

$$\varphi_{68} = -\mathrm{e}^{sa_m}\left[-b_m(b_m^2-3a_m^2)\cos(sb_m)+a_m(a_m^2-3b_m^2)\sin(sb_m)\right]$$

$$\varphi_{75} = -\mathrm{e}^{-a_m(d+s)}\left\{2a_m b_m\sin\left[b_m(d+s)\right]+(a_m^2-b_m^2)\cos\left[b_m(d+s)\right]\right\}$$

$$\varphi_{76} = -\mathrm{e}^{-a_m(d+s)}\left\{-2a_m b_m\cos\left[b_m(d+s)\right]+(a_m^2-b_m^2)\sin\left[b_m(d+s)\right]\right\}$$

$$\varphi_{77} = -\mathrm{e}^{a_m(d+s)}\left\{-2a_m b_m\sin\left[b_m(d+s)\right]+(a_m^2-b_m^2)\cos\left[b_m(d+s)\right]\right\}$$

$$\varphi_{78} = -\mathrm{e}^{a_m(d+s)}\left\{2a_m b_m\cos\left[b_m(d+s)\right]+(a_m^2-b_m^2)\sin\left[b_m(d+s)\right]\right\}$$

$$\varphi_{85} = -\mathrm{e}^{-a_m(d+s)}\left\{b_m\left(b_m^2-3a_m^2\right)\sin\left[b_m(d+s)\right]-a_m\left(a_m^2-3b_m^2\right)\cos\left[b_m(d+s)\right]\right\}$$

$$\varphi_{86} = -\mathrm{e}^{-a_m(d+s)}\left\{b_m\left(b_m^2-3a_m^2\right)\cos\left[b_m(d+s)\right]+a_m\left(a_m^2-3b_m^2\right)\sin\left[b_m(d+s)\right]\right\}$$

$$\varphi_{87} = -\mathrm{e}^{a_m(d+s)}\left\{b_m\left(b_m^2-3a_m^2\right)\sin\left[b_m(d+s)\right]+a_m\left(a_m^2-3b_m^2\right)\cos\left[b_m(d+s)\right]\right\}$$

$$\varphi_{88} = -\mathrm{e}^{a_m(d+s)}\left\{-b_m\left(b_m^2-3a_m^2\right)\cos\left[b_m(d+s)\right]+a_m\left(a_m^2-3b_m^2\right)\sin\left[b_m(d+s)\right]\right\}$$

通过式（2-81），可求得待定系数 C_{11}、C_{12}、C_{13}、C_{14}、C_{21}、C_{22}、C_{23}、C_{24}，再将系数代入式（2-77），即可求出 B 类型下旋喷拱棚 BC 段、CD 段挠度方程表达式。

2. 地基反力及纵向内力、应变

由上面分析可得到 A、B 类水平拱棚挠度方程表达式，再通过 Pasternak 双参数模型地基反力计算公式 $p(\alpha)=kw(\alpha)-G_\mathrm{p}\mathrm{d}w^2(\alpha)/\mathrm{d}\alpha^2$，可求出隧道开挖面前方旋喷拱棚所受地基反力。

把挠度方程表达式代入式（2-58）可求得，在轴对称荷载作用下旋喷拱棚的内力，问题得到进一步简化；代入式（2-44），则应变可求。

3. 拱棚横向内力

在软弱围岩隧道中，一般采取短进尺短支护方式进行施工，而水平旋喷桩属于刚性桩，开挖未支护段的旋喷桩承受临空面上方的直接围岩荷载，已支护段和前方未开挖区域分别承受初支反力和地基反力作用，此时，水平旋喷桩起杠杆作用，把临空面荷载分散开来，由此可知在开挖未支护段区域，水平旋喷桩应处于最危险区域。

在横向方向上，可采用柱形短壳无矩理论[85-87]（跨宽比≤0.5）来分析未支护段水平旋喷拱壳的横向内力，水平旋喷拱棚壳体形状如图 2-24（a）所示，受力分析模型如图 2-24（b）所示。为求解方便，可以把柱壳的两侧直线边看成自由边界，柱壳竖向方向主要承受铅垂荷载 q_0，有 $q_1=0$、$q_2=q_0\sin\varphi$、$q_3=-q_0\cos\varphi$，其中，φ 表示柱壳中面法线与铅直线的夹角，简化计算时，用 φ 来代替 β 作为环向坐标，满足几何关系 $\mathrm{d}\beta=R\mathrm{d}\varphi$，可把式（2-42）化简。

把相关条件代入式（2-42），得：

$$\left.\begin{aligned}\frac{\partial N_1}{\partial\alpha}+\frac{1}{R}\cdot\frac{\partial S_{12}}{\partial\varphi}&=0\\[2mm]\frac{\partial S_{12}}{\partial\alpha}+\frac{1}{R}\cdot\frac{\partial N_2}{\partial\varphi}+q_0\sin\varphi&=0\end{aligned}\right\}\qquad(2\text{-}82)$$

$$N_2=-q_0R\cos\varphi\qquad(2\text{-}83)$$

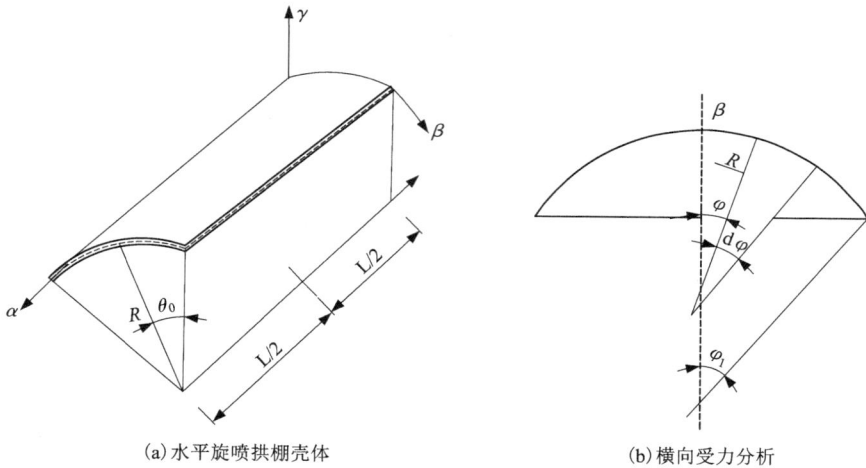

(a)水平旋喷拱棚壳体　　　　　(b)横向受力分析

图 2-24　旋喷拱棚横向受力分析示意图

将式(2-82)代入式(2-83)的第二个方程式，得：

$$\frac{\partial S_{12}}{\partial \alpha} = -q_0 \sin \varphi - \frac{1}{R} \frac{\partial N_2}{\partial \varphi} = \frac{q_0}{R} \frac{\mathrm{d}R}{\mathrm{d}\varphi} \cos \varphi - 2q_0 \sin \varphi$$

此时，两边同时对 α 积分，并利用对称条件 $(S_{12})_{\alpha=0} = 0$，得到：

$$S_{12} = q_0 \left(\frac{1}{R} \frac{\mathrm{d}R}{\mathrm{d}\varphi} \cos \varphi - 2\sin \varphi \right) \alpha \qquad (2-84)$$

再将其代入式(2-82)的第一个方程式，得：

$$\frac{\partial N_1}{\partial \alpha} = -\frac{1}{R} \frac{\partial S_{12}}{\partial \varphi} = -\frac{q_0 \alpha}{R} \frac{\partial}{\partial \varphi} \left(\frac{1}{R} \frac{dR}{d\varphi} \cos \varphi - 2\sin \varphi \right) \qquad (2-85)$$

两边同时对 α 积分，利用边界条件 $(N_1)_{\alpha=\pm L/2} = 0$，得到：

$$N_1 = \frac{q_0}{2R} \left(\frac{L^2}{4} - \alpha^2 \right) \frac{\partial}{\partial \varphi} \left(\frac{1}{R} \frac{dR}{d\varphi} \cos \alpha - 2\sin \varphi \right) \qquad (2-86)$$

由上述分析，可用式(2-83)、式(2-84)、式(2-86)求得柱壳横向上的内力，且当柱壳的纵向长度很小的时候(跨宽比≤0.5)，其内力的公式可以大致反映实际受力情况。

2.2.4　水平旋喷拱棚壳体模型案例分析

目前，水平旋喷技术已经广泛应用于不同软弱地层隧道预支护中，对其力学机制的探索受制于工艺水平、地层和支护类型等因素，工程中难以获取纵向力学行为，实际工程监测数据和合理简化模型未见报道。对于注浆管棚预支护，其预支护机理与水平旋喷拱棚类似，除了可有效加固围岩外，也形成了拱壳加固区域，因此使用壳体模型原则上可行。为此，选取实际隧道工程注浆管棚案例，将所提的壳体力学模型和前人相关理论成果[18, 79, 88]对比，以验证考虑双参数地基的隧道预支护拱棚壳体力学模型的合理性和适用性。

1. 川藏公路二郎山隧道

选取川藏公路二郎山隧道预支护工程为算例[19, 89]，该隧道洞口区域围岩较差，岩土体处于破碎、稳定性较差条件，且洞口隧道埋深较浅，若直接穿越，风险较大，为保证隧道安全施工，采用超前注浆型管棚进行预支护处理。洞口处隧道埋深 10 m，采用栅格拱架混凝土作为初支，单次开挖进尺为 1.5 m，即开挖未支护段长为 1.5 m；管棚单次钻孔长度为 30 m，直径 $D = 102$ mm，钢管厚度 $\delta = 10$ mm，在环向上间距 $d = 40$ cm，管棚通过钢管侧壁梅花孔在围岩注浆，注浆材料为普通水泥浆液，注浆压力为 0.5~1.0 MPa，水灰比为 1∶0.5，施作后，注浆管棚形成拱壳加固区，即管棚间存在横向作用力。如图 2-25 所示为注浆管棚布置。

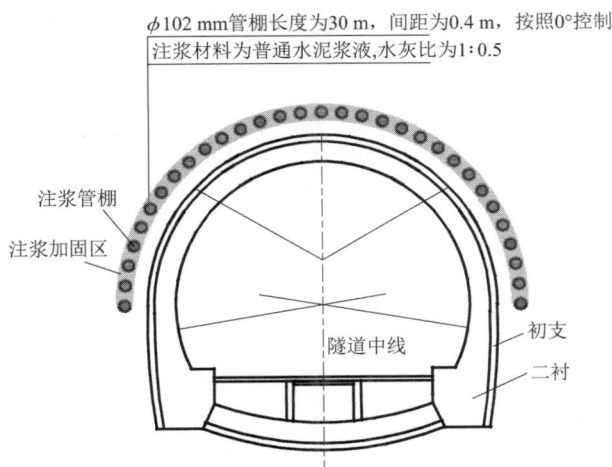

图 2-25 注浆管棚布置图

对于注浆型管棚，其注浆效果具有众多不确定因素，参照相关文献简化方法，认为管棚注浆加固区厚度 t 等于钢管外间距；同时把管棚与注浆加固区按照刚度等效原理[71]考虑，以此确定壳体等效弹性模量，为保持荷载一致，作用于壳体拱棚的竖向荷载仍按照文献[79]；采用双参数地基的壳体理论模型，具体计算参数参照文献[19]，表2-2为计算参数明细表（A类型拱棚计算）。

表2-2　二郎山隧道最终计算参数明细

取值类别	具体参数信息
围岩	重度 $\gamma = 22$ kN/m³，摩擦角 $\varphi = 30°$，黏聚力 $c = 55$ kPa，泊松比 $\upsilon = 0.3$，侧压力系数 $\lambda = 0.4$
注浆管棚预支护体系	拱棚壳体等效弹模 $E_0 = 9.25$ GPa，泊松比 $\upsilon = 0.26$，厚度 $t = 0.3$ m，埋深 $H = 10$ m
初始参数	基床系数 $k = 2.0 \times 10^4$ kN/m³，地基剪切模量 $G_p = 1 \times 10^4$ kN/m²，初始挠度 $w_0 = 3$ mm，初始转角 $\theta_0 = 0.6°$，开挖步距 $s = 1.5$ m，松动区水平投影长约4.0 m，总计算长度12 m

如图2-26所示，为本书壳体力学模型与文献[18]、[19]、[79]理论管棚挠度对比分析图。

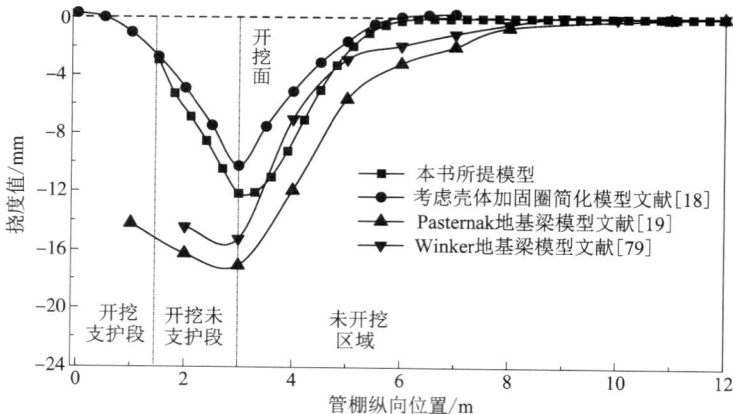

图2-26　二郎山隧道拱顶处管棚挠度对比

由图2-26可得，使用Winker弹性地基梁模型最大挠度为15.23 mm，Pasternak弹性地基梁模型最大挠度为17.07 mm，相比Winker地基梁模型挠度略大，这是因为Winker单参数模型存在地基不连续性缺陷，只考虑了地基反力系数；采用文献[79]简化方法（考虑注浆壳体加固区影响）时，最大挠度为10.26 mm，相比两种地基梁模型结果均小，这是由于地基梁模型以单根管棚为研究对象，未考虑横向加固圈对整体性的影响，文献[79]方法的本质是从单参数地基模型基础上简化得来的，但考虑了注浆加固区整体效应，其结果在反映真实受力特性上得到了改善；本书壳体力学模型结果与文献[79]规律相似，最大挠度在开挖面附近，纵向上挠度曲线衰减速率相近，由于本书方法考虑了地基剪切模量，其最大挠度值为 12.16 mm，相比文献[79]理论方法的结果略大（$\Delta w = 1.90$ mm）。

综上所述，本书力学模型结果与前人学者成果规律类似，计算结果介于弹性地基梁和壳体加固圈简化模型（单参数地基）之间，由于壳体模型中考虑了岩土体的剪切变形作用（双参数地基），理论上与拱棚预支护真实受力特性更接近，侧面验证了本书壳体力学模型的合理性。

2. 奥地利 Birgl 隧道

以奥地利 Birgl 隧道为例，该隧道是分析预支护力学行为经典案例之一[90,91]。该隧道在跨越高山断层带时为保证隧道施工安全，在拱部设置管棚预支护体系，钢管外径为 114 mm，壁厚为 6.3 mm，安装时外插角为 2.5°，钢管间距为 40～50 cm，在隧道施工中，现场布设三根测斜管测定拱顶处管棚挠度变形；围岩主要由黏土、碎裂断层带物质和剪切滑移层组成，隧道上覆土层厚度为 30～50 m，内摩擦角为 20°～30°，围岩黏聚力为 0.03～0.06 MPa。图 2-27 为 Birgl 隧道纵向和横截面布置图，表 2-3 为 Birgl 隧道最终计算参数明细表。

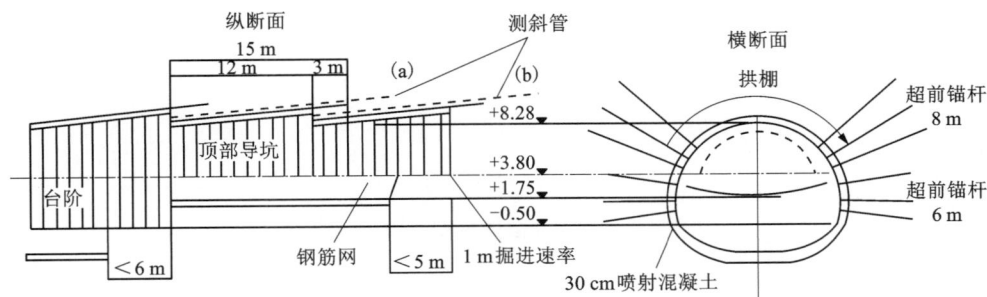

图 2-27　Birgl 隧道纵向和横截面布置图

表 2-3　Birgl 隧道最终计算参数明细

取值类别	具体参数信息
围岩	重度 $\gamma = 22$ kN/m³，摩擦角 $\varphi = 25°$，黏聚力 $c = 45$ kPa，泊松比 $\upsilon = 0.3$，侧压力系数 $\lambda = 0.45$
注浆管棚预支护体系	拱棚壳体等效弹模 $E_0 = 8.0$ GPa，泊松比 $\upsilon = 0.24$，厚度 $t = 0.35$ m，埋深 $H = 40$ m
初始参数	基床系数 $k = 1.8 \times 10^4$ kN/m³，地基剪切模量 $G_p = 0.8 \times 10^4$ kN/m²，初始挠度 $w_0 = 4$ mm，初始转角 $\theta_0 = 0.8°$，开挖步距 $s = 1.5$ m，松动区水平投影长约 4.2 m，总计算长度 12 m

如图 2-28 所示，利用本书提出的理论模型计算钢管挠度和相关理论及现场实测数据进行对比分析，各计算参数参照文献[88]、[91]取值。

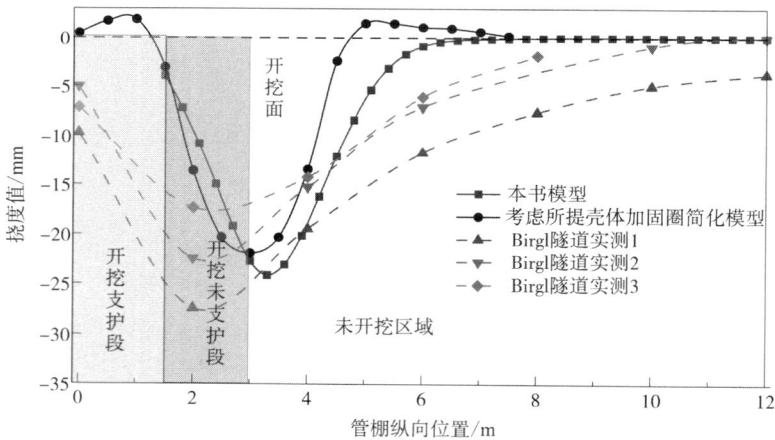

图 2-28　Birgl 隧道管棚挠度对比图

由图 2-28 可知，本书考虑双参数地基的壳体模型和文献[87]提出的考虑壳体加固区简化模型，在纵向上的挠度曲线规律相似，开挖面前方一定距离后挠度逐渐趋于零，最大挠度发生在开挖面附近，相比文献[79]的简化方法，本书考虑管棚下方岩土体的剪切变形作用，本书方法最大挠度相比略大（$\Delta w = 2.33$ mm），且纵向挠度影响范围更大；现场三组实测最大挠度分别为 27.43 mm、22.49 mm、17.37 mm，由此可知，本书计算模型结果在合理范围，验证了双参数地基的壳体模型的适用性和可行性。

2.3　本章小结

本章针对现有注浆管棚及水平旋喷拱棚力学模型研究的不足，相应提出了隧道长管棚超前预支护弹性地基梁模型及水平旋喷拱棚壳体模型，其结论如下。

①初支综合延滞效应、掌子面前方岩土体变基床系数、围岩应力释放时空效应等因素对隧道预支护结构内力与变形有很大影响，浅覆软弱地层预支护参数设计需考虑其影响。因此，为保证并提高隧道预支护效果，可通过结合掌子面加固、全断面开挖一次性施作支护来克服掌子面前方岩土体变基床系数、支护综合延滞效应对预支护结构受力与变形的不利影响。同时，通过对改进弹性地基梁模型的实例计算得知，初支综合延滞效应与掌子面前方岩土体变基床系数可导致预支护结构内力与变形成倍增大。围岩应力释放的时空效应可在一定程度上减小预支护结构内力与变形，但影响较小。

②根据开挖面与预支护拱棚结构所处位置关系，可把水平旋喷拱棚简化成两种类型(半无限长柱壳结构、有限长柱壳结构)，并考虑岩土体连续性，引入Pasternak 双参数地基模型，通过位移函数，构建了法向荷载作用下控制微分方程，推导获得挠度、内力、地基反力解析解。同时，以二郎山、Birgl 隧道为算例，本书方法计算结果介于弹性地基梁模型与壳体加固圈简化模型之间，所得整体挠度曲线相比壳体加固圈简化模型结果略大，最大挠度均发生在开挖面附近，计算结果在实测范围内。本章的双参数地基隧道预支护拱棚壳体力学模型，相比于考虑壳体加固圈简化模型(单参数地基)而言，在计算时考虑了岩土体的剪切变形作用，即考虑了地基剪切模量，克服了 Winkler 单参数地基的不连续性缺陷，从理论上而言，计算结果更加接近真实受力状态。

本章以管棚为例，依托湘桂铁路扩能改造Ⅱ线石头岗隧道工程，在长管棚内力现场测试分析基础上，采用基于数值模拟的加固围岩(土)模型，考虑支护结构的延滞效应等因素，对隧道预支护结构力学机制进行研究。针对目前数值模拟中等效地层法或者梁杆单元法的参数选取随意性大、不能准确反映预支护结构与围岩接触的缺陷，在计算中采用实体单元模拟预支护结构，其与土体之间因刚度比较大而引起的变形不协调问题，拟通过接触面单元予以考虑，并通过现场实测结果对数值计算结果进行检验。

3.1　石头岗隧道下穿衡昆高速浅覆工程

3.1.1　工程概况

湘桂铁路扩能改造Ⅱ线石头岗隧道起、讫里程为 DK214+920、DK215+200，全长 280 m，于 DK214+975~DK215+060 段下穿衡昆高速公路，穿越段共 85 m，隧道埋深为 6~8 m，隧道中线与高速公路中心线夹角为 41°，隧道与公路空间位置关系如图 3-1 所示。衡昆高速公路路基宽为 26 m，混凝土路面宽为 22.5 m，抗裂性较沥青路面差，要保证高速公路的正常运营使用，势必对路面沉降控制提出较高要求。隧道开挖宽为 14.68 m、高为 13.09 m，采用三台阶法开挖，上台阶进尺为 0.5 m，预留核心土，核心土长度为 4~6 m，中台阶进尺为 1 m，下台阶开挖进尺为 2 m，每步开挖后及时施作支护。上部软岩区初支采用复合式衬砌，以双层型钢钢架加强支护，具体支护参数及隧道尺寸如图 3-2 所示。

由小里程向出口方向，由上(膨胀土)软下(灰岩)硬地层逐渐过渡为全断面灰岩的地质条件，其中过渡段出现不同程度的灰岩中夹杂膨胀土的地层条件不均的情况，隧道下穿衡昆高速的 85 m 段地层总体上为上层膨胀土、下层灰岩，呈上

图 3-1　隧道与高速公路空间位置图

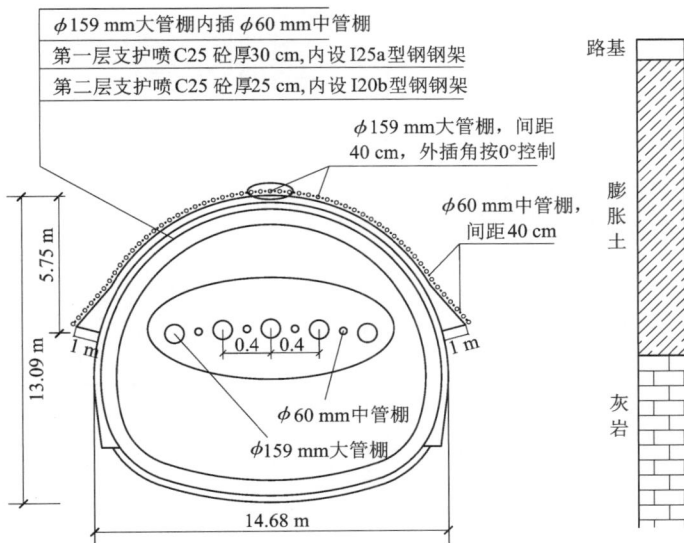

图 3-2　隧道典型断面图

软下硬特点(图3-3)[82, 83]。膨胀土由粉质黏土组成，呈灰黄色，半干硬状，自由膨胀率为40%~57%，弱膨胀性土，属Ⅲ级硬土。灰岩呈灰色，整体岩质较坚硬，属Ⅴ级坚石。线路等级为Ⅰ级、双线，全隧围岩级别均为Ⅴ级。区域内地下水主要为岩溶裂隙管道水及第四系孔隙水，含水量较低，地表也未见地下水露头，因此隧区地下水不发育，不分析围岩水理性质，表3-1为主要围岩物理力学参数建议值。

表3-1 围岩物理力学参数建议值

设计指标 岩土名称	密度/(kg·m⁻³)	黏聚力/kPa	内摩擦角/(°)	基本承载力/kPa
膨胀土	2000	18	25	180
泥(质)灰岩	2600	—	55	700

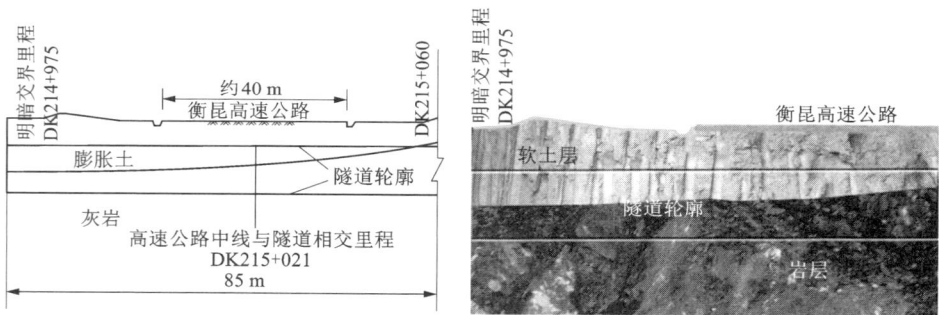

(a)下穿公路段地质纵断面图

(b)现场照片

图3-3 下穿公路段地质条件

综上可知,本工程为在上软下硬地层中开挖施作的大断面隧道,且下穿敏感构筑物(衡昆高速),为保证高速公路与隧道的安全,开挖前采用长大管棚进行预支护。具体施工方案:采用一次性跟管钻进 85 m 长 ϕ159 mm 大管棚进行超前支护,内插 3 根 ϕ18 mm 钢筋束,大管棚间插 ϕ60 mm 中管棚,管棚环向间距为 0.4 m,如图 3-2 所示。管棚施工工艺为:架设钻机→钻孔(钻杆即管棚)→清孔→安放钢筋束→注浆→清理管内浆液→M30 砂浆填充。管棚施工采用水平导向钻孔以保证方向平行于线路中线及纵坡,为控制地层变形,钻进液的压力调至 0.4 MPa 以下。钻孔采取分级扩孔,控制孔径不大于 200 mm,以减小土体扰动。

3.1.2　管棚超前预支护效果

现场隧道施工进度如图 3-4 所示,可将其划分为四个阶段,第 Ⅰ 阶段,2010-07-27~2010-11-10,掌子面从 DK214+975 开挖至 DK215+008,共 33 m;第 Ⅱ 阶段,2010-11-11~2010-11-22,掌子面从 DK215+008 开挖至 DK215+014,共 6 m;第 Ⅲ 阶段,2011-01-07~2012-02-08,掌子面从 DK215+014 开挖至 DK215+031,共 17 m;第 Ⅳ 阶段,2011-03-03~2012-03-22,掌子面从 DK215+031 开挖至 DK215+050,共 19 m。从施工进度曲线可以看出,施工进度变化频繁,且出现多次长时间停工,施工过程相对复杂。

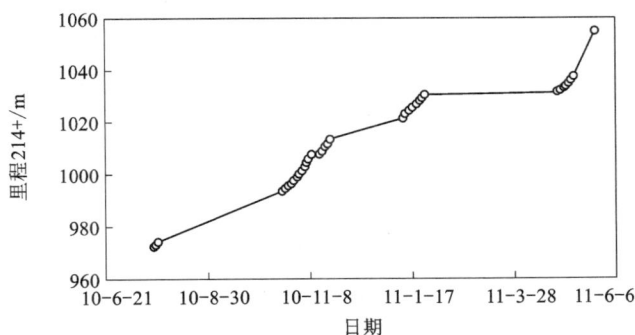

图 3-4　隧道开挖进度图

施工期间,对地层变形(地表沉降及洞内拱顶沉降、收敛)及隧道初期支护受力进行了测试,测试方案为:①地层变形,在路面垂直隧道轴向每隔 5 m 布置一个监测断面,每个断面根据地形条件布置 3~7 个测点,对地表沉降进行监测,对应断面里程同时进行洞内拱顶沉降、周边收敛监测;②初支内力,选取里程 DK215+009 断面,采用钢筋计对初支钢拱架内力进行测试,测点布置如图 3-5 所示，共 9 个点位布置 18 个应变计。

现场监测结果：①地表与洞内变形。高速公路路面沉降表明，沉降主要分布在拱顶上方左侧 5 m 到右侧 15 m 范围内，拱顶正上方沉降量最大，最大累计沉降量达 45.0 mm。洞内变形实测值列于表 3-2，拱顶沉降最大值达 44 mm，收敛值最大值达 50 mm，位于 DK215+010 断面。②初支内力。钢支撑实测弯矩及轴力值见表 3-3，计算得最小安全系数为 5.6，满足安全要求。

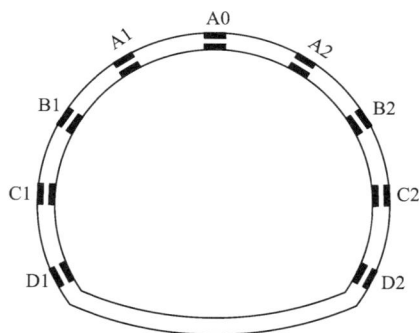

图 3-5　钢支撑内力测点

表 3-2　洞内变形实测值

变形	对应里程（DK215+）			
	000	010	020	030
拱顶沉降/mm	40	44	38	25
上台收敛/mm	41	50	36	23

表 3-3　钢支撑实测弯矩、轴力值

测量值	测点				
	A0	A1	B1	C1	D1
弯矩/(kN·m)	−18.7	10.63	−0.58	0.29	−0.29
轴力/kN	−180.5	−135.8	−19.0	−8.85	−4.42

注：表中弯矩正值表示支撑内侧受拉，轴力正值表示拉力。

受上软下硬地层条件影响，边墙初支受力明显小于拱部受力，各点的内力均远小于支护承载力，安全系数较高。

采用 85 m 超长 φ159 mm 大管棚对隧道进行预支护后，采用三台阶法开挖，工程实践及现场测试表明，地层变形在可控范围内，支护结构受力较小，确保了隧道安全及衡昆高速公路的正常运营。

3.2　长大管棚内力测试及分析

以上述长大管棚超前预支护的成功应用案例为依托，选择代表性管棚进行应变测试，并结合施工工序对预支护结构受力机理进行研究。

3.2.1　测试方案

考虑到 ϕ159 mm 管棚管径较大，且为一次性钻进长度为 85 m，工艺复杂，选择拱顶 A 管棚进行内力测试，同时对其附近的 B 管棚进行测试，以供对比，管棚内力测点位置如图 3-6 所示。

图 3-6　管棚内力测点位置

采用混凝土应变计和钢筋计对管棚受力进行测试，测点布置如图 3-7 所示。

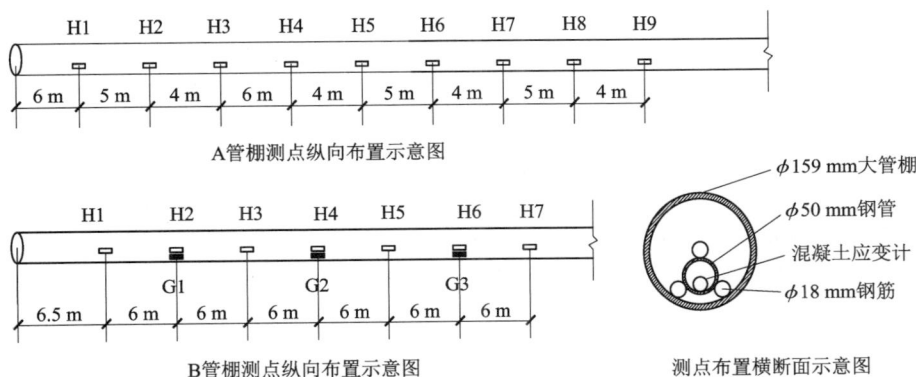

图 3-7　管棚测点布置示意图(单位：m)

图 3-7 中，H 表示管棚内混凝土应变计，G 表示钢筋计，共埋设混凝土应变计 16 个，其中 A 管棚内 9 个，B 管棚内 7 个，钢筋计 3 个，埋设于 B 管棚内。测试元件于 2010 年 3 月下旬管棚施工时预埋，混凝土应变计固定在大管棚中内插于钢筋束上。隧道于 2010 年 7 月下旬开挖，到 2011 年 1 月底基本穿过高速公路，监测持续到 2011 年 5 月 22 号，监测时间长达 10 个月。

3.2.2 测试结果分析

1. 各测点应变时程变化规律

选取具有代表性的 A 管棚进行受力分析，各点应变随时间变化曲线如图 3-8 所示，图 3-8 中 A1 测点对应于图 3-7 中的 H1 测点，以此类推。

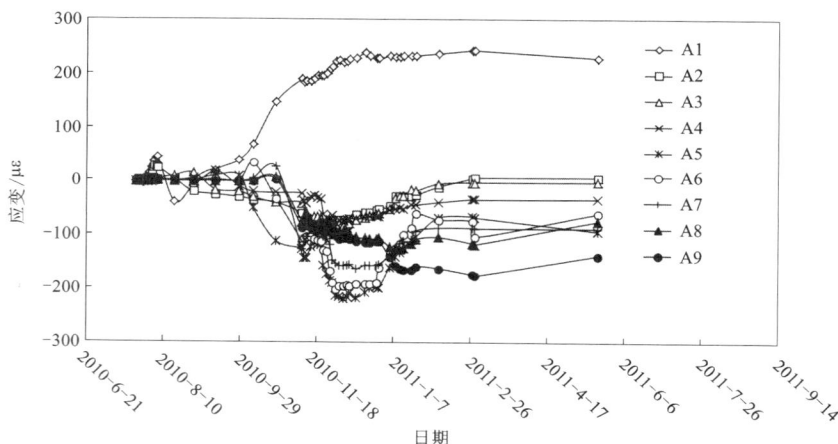

图 3-8 管棚各测点应变时程曲线

由图 3-8 可知：①除 A1 测点应变为正（受拉）外，其余各点总体均为负值，即受压为主；②随隧道掘进，各测点应变大都经历了"增长—减小—稳定"三个阶段，除受拉测点 A1 外，各测点受力在掌子面通过一定时间后有一定幅度减小，部分测点减小幅度显著；③当掌子面临近测点时，应变开始增长，且增长速度越来越快，当掌子面通过测点一定距离后，应变增至最大，随着隧道继续开挖，应变开始减小，最终趋于稳定，稳定值为最大值的 15%～69%。

为分析管棚受力随时间及工序的变化规律，下面对各测点应变逐一进行详细分析。

A1 测点临近洞口距离套拱 6 m，掌子面未到达该测点时，其应变首先为正值（峰值为 46 με），随着隧道开挖逐渐减小变为负值，当隧道开挖至 A2 测点时压应变达最大(峰值为-40 $\mu\varepsilon$),但随着掌子面的进一步开挖,其应变又向正值发展,且一直增长,直至隧道开挖至 A8 测点(距离 A1 测点约 30 m)时逐渐趋于稳定(在 230~240 $\mu\varepsilon$),如图 3-9(a)所示。

A2 测点距离洞口较近(11 m),规律与 A1 测点类似,掌子面未达到该测点时,其应变增长为正值(峰值为 30 $\mu\varepsilon$),随后应变减小,隧道开挖至 A2 测点时,其应变约为 0 $\mu\varepsilon$,但是随后快速向负值发展,隧道开挖至 A8 测点(距离 A2 测点约 28 m)应变达到峰值,约为-92 $\mu\varepsilon$,随后在停工的 1 个多月内,应变逐渐减小,向拉应变发展,如图 3-9(b)所示。

A3 测点距离洞口相对较近(15 m),规律与 A2 测点基本类似,掌子面未达到该测点时,其应变增长为正值(峰值为 15 $\mu\varepsilon$),随后应变减小并向负值发展,隧道开挖至 A3 测点时,其应变约为-20 $\mu\varepsilon$,隧道开挖至 A5 测点时,其应变约为-35 $\mu\varepsilon$,隧道开挖至 A8 测点(距离 A3 测点约 24 m)时,应变达到峰值,约为-89 $\mu\varepsilon$,随后在停工的 1 个多月内,应变逐渐减小,向拉应变发展,隧道贯通后,应变趋于 0 $\mu\varepsilon$,如图 3-9(c)所示。

A4 测点距离洞口相对较远(21 m),掌子面到达 A2 测点(距离 A4 点 10 m)时,其应变开始增长,应变为正值,掌子面到达 A3 测点位,其应变达峰值(约 20 $\mu\varepsilon$),随后应变减小并向负值发展,掌子面到达 A6 测点时,其应变为-37 $\mu\varepsilon$,隧道开挖至 A8 测点(距离 A4 测点约 18 m)并长时间停工时,该测点应变经历了持续增长再逐步减小的过程,期间峰值为-77 $\mu\varepsilon$,随后应变逐步减小,并趋于稳定,稳定值为-30~-40 $\mu\varepsilon$,如图 3-9(d)所示。

A5 测点距离洞口较远(25 m),其应变与 A4 测点类似,掌子面到达 A3 测点(距离 A5 测点 9 m)时,其应变开始增长,应变为正值,掌子面到达 A4 测点时,其应变达峰值(约 12 $\mu\varepsilon$),随后应变减小并向负值发展,掌子面到达该测点时,其应变即达-50 $\mu\varepsilon$,隧道开挖至 A8 测点(距离 A5 测点约 14 m)并长时间停工时,该测点应变也经历了持续增长到逐步减小的过程(期间峰值为-217 $\mu\varepsilon$),随后应变逐步减小,并趋于稳定,稳定值为-90~-100 $\mu\varepsilon$,如图 3-9(e)所示。

A6 测点距洞口 30 m(高速公路中心正下方),应变与 A4、A5 测点基本类似,当掌子面到达 A4 测点(距离 A6 测点 9 m)时,A6 测点应变开始开始向正值发展,当掌子面到达 A5 测点时,正应变增至最大(约 35 $\mu\varepsilon$);随后该测点应变逐渐减小,由正值转变为负值,掌子面开挖至 A6 测点时应变为-33 $\mu\varepsilon$,随着掌子面继续开挖,负应变继续增长,通过该点约 10 m(开挖至 A8 测点位置),因长时间停工,该测点应变出现较大幅度增长并趋于暂时稳定(约-194 $\mu\varepsilon$),掌子面继续开挖,该测点应变开始减小,通过约 20 m 时,该点应变趋于稳定(约-70 $\mu\varepsilon$),如图 3-9(f)所示。

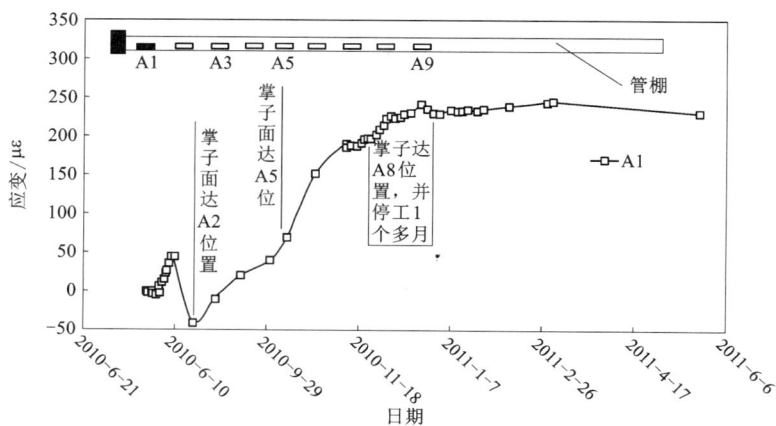

(a) A1测点受力时程曲线

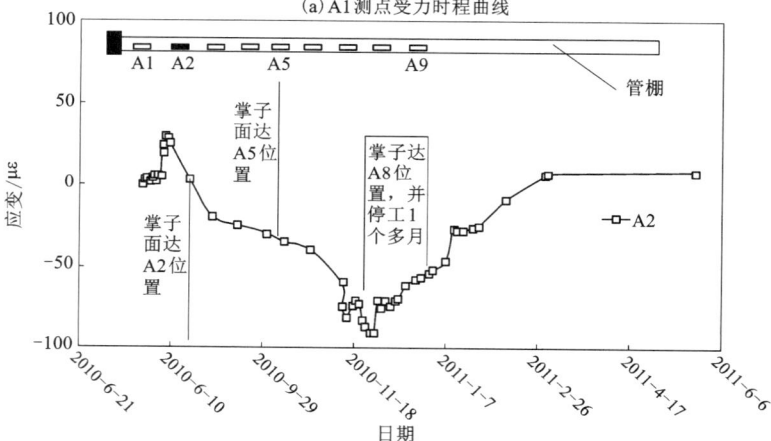

(b) A2测点受力时程曲线

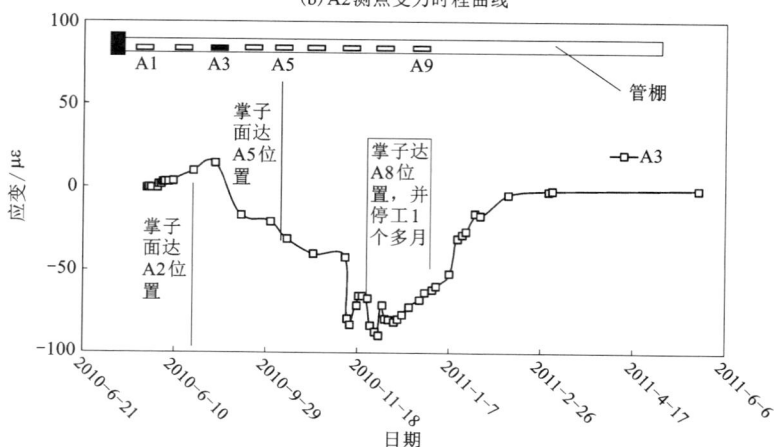

(c) A3测点受力时程曲线

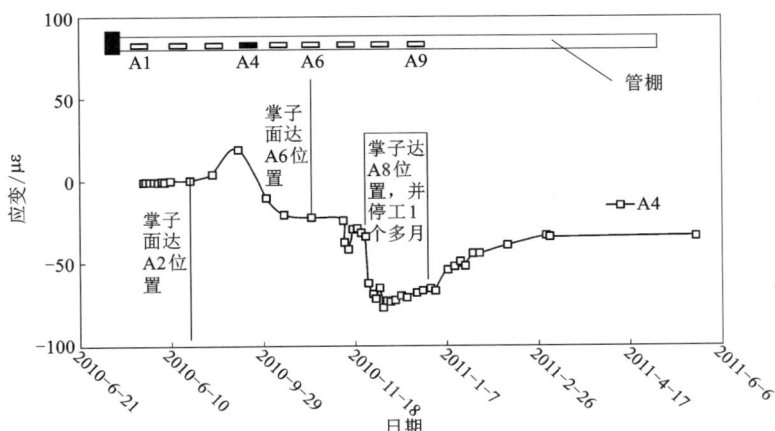

(d) A4 测点受力时程曲线

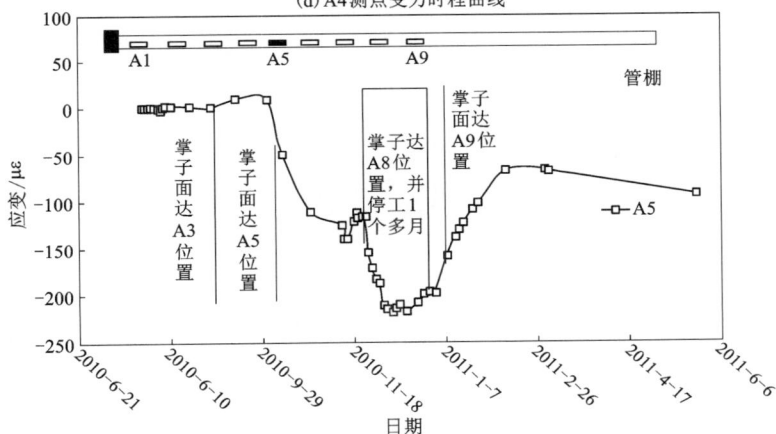

(e) A5 测点受力时程曲线

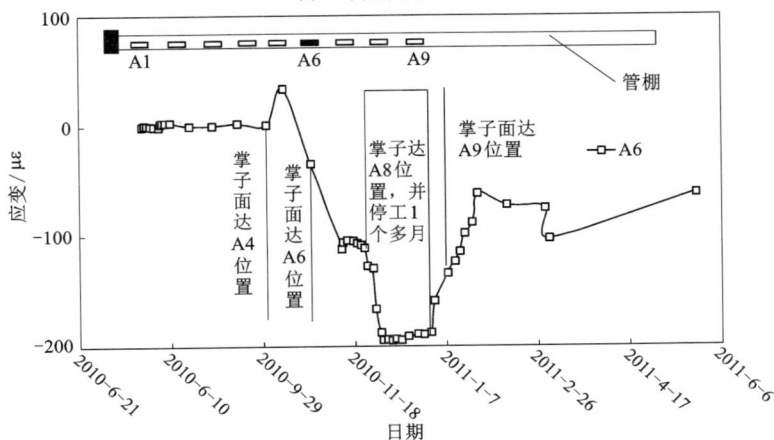

(f) A6 测点受力时程曲线

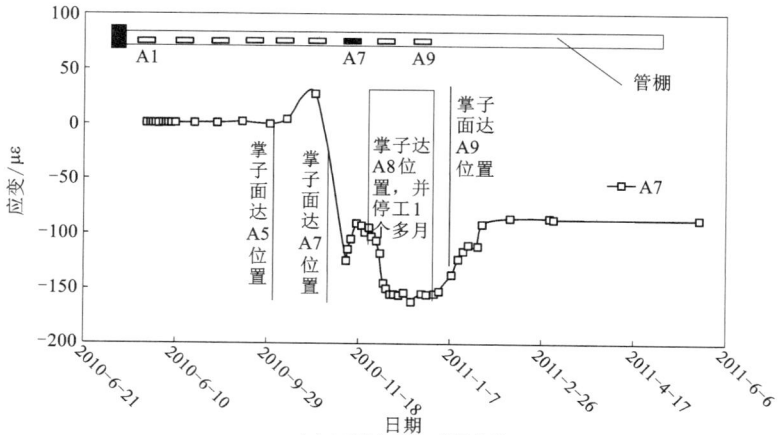

(g)A7测点受力时程曲线

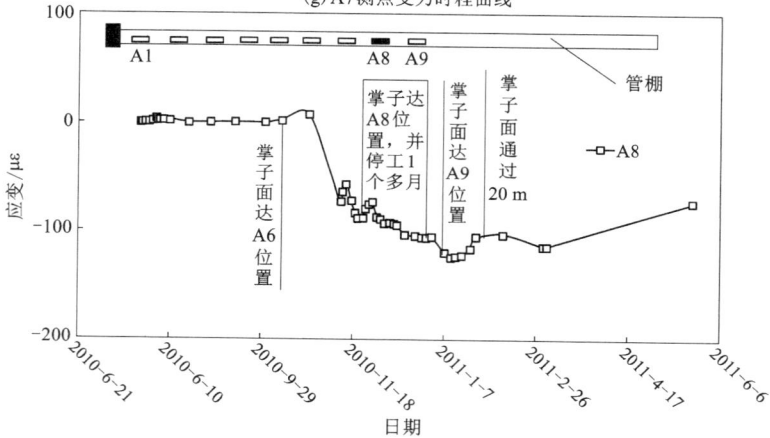

(h)A8测点受力时程曲线

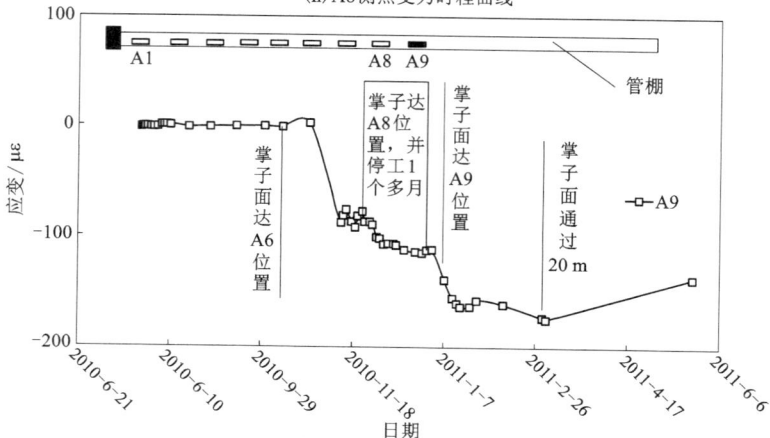

(i)A9测点受力时程曲线

图3-9　管棚各测点受力时程曲线

A7 测点距洞口 34 m，当掌子面到达 A5 测点(距离 A7 测点 9 m)时，其应变开始向正值发展，当掌子面到达 A6 测点时，正应变增至最大(约 27 $\mu\varepsilon$)；随后该测点应变逐渐减小，由正值转变为负值，掌子面开挖至 A7 测点时，应变为 -30 $\mu\varepsilon$，随着掌子面继续开挖，负应变继续增长，开挖至 A8 测点位置时，因出现长时间停工，在此期间该测点应变呈现快速增长趋势，并稳定于 $-150 \sim -160$ $\mu\varepsilon$，峰值为 -161 $\mu\varepsilon$，直至隧道正常开挖后，应变开始减小，最终稳定在约 -90 $\mu\varepsilon$，如图 3-9(g)所示。

A8 测点距洞口 39 m，临近长管棚的正中间，当掌子面到达 A6 测点(距离 A8 测点 9 m)时，其应变开始向正值发展，当掌子面到达 A7 测点时，正应变增至最大(约 7 $\mu\varepsilon$)；随后该测点应变逐渐减小，由正值转变为负值，掌子面开挖至 A8 测点时应变为 -93 $\mu\varepsilon$，之后出现较长时间停工，在此期间该测点应变呈现快速增长趋势，隧道继续开挖后，其应变仍持续增长，峰值达 -161 $\mu\varepsilon$，掌子面通过约 20 m，应变开始减小，最终稳定于 $-70 \sim -80$ $\mu\varepsilon$，如图 3-9(h)所示。

A9 测点距洞口 43 m，位于长管棚的正中间，当掌子面到达 A6 测点(距离 A9 测点 13 m)时，其应变开始向正值发展，随后逐渐减小，由正值转变为负值，掌子面开挖至 A8 测点时，应变为 -90 $\mu\varepsilon$，之后出现较长时间停工，在此期间该测点应变呈现快速增长趋势，隧道继续开挖至该测点时，其应变增至 -110 $\mu\varepsilon$，之后持续增长，峰值达 -163 $\mu\varepsilon$，当掌子面通过该测点约 20 m，应变开始减小，最终约稳定于 -130 $\mu\varepsilon$，如图 3-9(i)所示。

对比各测点应变随隧道开挖的变化规律可以看出：各点规律总体上类似，但因各点位置或其他因素，应变值相差较大，且详细变化规律稍有不同，当掌子面开挖一定距离后，距离套拱最近的 A1 测点应变由负应变增为正应变并最终稳定于较大正应变(约 230 $\mu\varepsilon$)，距离套拱较近的 A2、A3 测点应变有向正应变发展的趋势，但稳定于较低水平的应变(±10 $\mu\varepsilon$ 以内)；距离套拱较远的其余测点和 A6 测点基本一致，但受停工影响，A5 ~ A7 测点最大应变较 A8、A9 测点大。

通过上述测点应变的分析及比较不难看出，管棚在隧道开挖至距其一定距离(本工程中约为 10 m，相当于 2 倍的上台阶开挖高度)时就开始受力，表现为受拉(正应变)，增至一定值开始减小(正应变较小，在 30 $\mu\varepsilon$ 以内)，当掌子面临近时受力逐渐转变为受压(负应变)，并呈快速增长(峰值较大，可达 -200 $\mu\varepsilon$)，掌子面通过一定距离(约 20 m)后开始减小，最终趋于稳定。但管棚受力同时受多因素影响，如套拱约束、施工停工导致的支护长时间不封闭等。

2. 管棚应变纵向分布

考虑到隧道邻近及下穿高速时，管棚受力复杂且风险大，根据各测点应变随时间的变化情况，结合掌子面的开挖进度，选取具有代表性的 A 管棚，分析其纵向分布随掌子面掘进的变化规律，如图 3-10 所示。

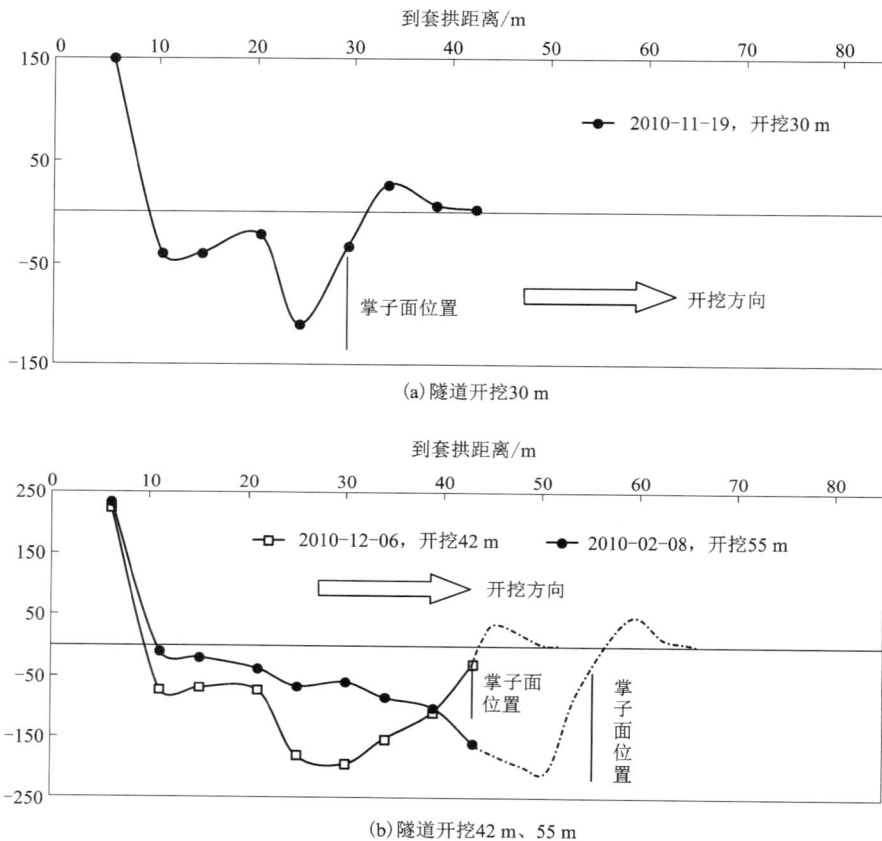

(a)隧道开挖30 m

(b)隧道开挖42 m、55 m

图 3-10　管棚各测点应变随掌子面掘进的变化规律

图 3-10(a)为隧道开挖 30 m 时，管棚各测点应变的纵向分布图，管棚应变总体上呈正弦波形分布，波形可划分为掌子面前方受拉区、掌子面后方受压区、靠近洞口受拉区。当隧道开挖 42 m、55 m 时，可根据既有测试结果结合前期规律，推测其应变纵向分布也应符合该规律，并且可知掌子面后方的受压区及靠近洞口的受拉区随掌子面开挖而呈向前发展的趋势，即波形随隧道掘进呈向前、向下发展趋势，如图 3-10(b)所示，图中虚线为推测规律，本书将采用数值分析手段，对其进行验证。

3. 类似工程测试比对

对其他采用管棚超前预支护的隧道工程的现场测试进行调研，并与本工程的现场测试结果进行比较分析，进一步分析管棚预支护结构受力机制。管棚内力测试的隧道概况见表 3-4。

表 3-4　管棚内力测试的隧道概况

隧道名称	隧道基本条件			预支护基本情况		
	地层	埋深/m	断面/m	管径/壁厚/mm	长度/m	层数
二郎山	崩塌坡积碎块石土	10	宽 5.6，高 6.7	102/10	30	单层
洋碰	第四系残积碎石土、亚黏土	8	宽 13.7，高 11.2	108/6	30	单层
土江冲	上部路基填土，下部强风化泥质板岩	4	跨度 26.5，高 10 双连拱	108/6	内层 40，外层 19	双层
阌乡	Q3 砂质黄土	10	宽 15.6，高 13.6	159/8	70	单层
石头岗	上部膨胀土下部灰岩	8	宽 14.7，高 13.1	159/8	85	单层

由表 3-4 可知，对管棚预支护内力进行现场测试的案例并不多，管棚的直径及长度等参数差异也较大，但均为浅覆软弱地层中的大断面隧道(除二郎山隧道断面较小外)，因此有较好的可比性，表 3-5 为各案例的测试结果。由表 3-5 可知，不同工程中管棚测试方案不同、测试手段各异，测试结果差距较大。采用应变片进行管棚内力测试的二郎山隧道及洋碰隧道，管棚应变较高，为 1500~1600 $\mu\varepsilon$，若按照钢材的弹性模量换算成应力(315~336 MPa)，管棚应力接近甚至超过钢材的容许应力；而相比之下，采用振弦式混凝土应变计进行测试的结果较小，为 200~800 $\mu\varepsilon$。其中，开挖断面及埋深较大的阌乡隧道预支护管棚受力相对较大(约 800 $\mu\varepsilon$)，而开挖断面及埋深较小的土江冲和石头岗隧道管棚受力则相对较小，预支护结构受力处于安全可控状态。

前两座隧道的管棚弹性恢复并不显著，表明尽管施作初支后，管棚受力依然很大，该类情况下管棚承载功能显著；而后三座隧道中管棚受力在掌子面通过后弹性恢复较大，表明施作支护后，管棚受力减小，该类情况下管棚传递荷载功能显著。对两类隧道管棚受力区别进行原因分析，管棚刚度是主要原因，管棚受力较小且弹性恢复明显的三座隧道中阌乡和石头岗隧道管棚管径均较大，土江冲管径虽偏小，但采用的是双层管棚，其组合刚度显然大于单层管棚。

表 3-5　测试结果对比表

隧道名称	测试方案	最大应变/με	管棚受力规律
二郎山	选择 2 根管棚，共 8(5+3) 个间隔 6 m 的测点，每个测点为管棚内壁对称分布的 4 个纵向应变片	−1500	掌子面前方较大范围内均受到影响，管棚弹性恢复不显著
洋碰	在拱顶钢管内侧布置 5 个 3 mm×5 mm 胶基箔式纵向应变片，测点间隔 6 m	−1600	掌子面前方较大范围内均受到影响，管棚弹性恢复不显著
土江冲	拱顶、拱腰位置内、外层共 8 根管棚测试，布置外管 2 个、内管 3 个混凝土应变计	−250	影响范围为掌子面前方 12 m（两倍的开挖高度），掌子面处管棚受力最大，掌子面后方弹性恢复显著
阌乡	拱顶、拱腰位置各布置 3 个测点，各点沿管棚内壁上下对称布置 2 个混凝土应变计	800 (−850)	影响范围为掌子面前、后方 15 m（1 倍洞径），掌子面处管棚受力最大，初期支护施作以后，管棚应变出现小范围回弹
石头岗	拱顶及附近两个管棚，分别布置 9 个、6 个混凝土应变计，间隔 4~6 m	230 (−217)	影响范围为掌子面前方 0.8D（D 为洞径）到后方 1.5D，管棚受力最大段滞后掌子面一定距离，施作支护后，管棚受力反弹显著，不同位置测点受力变化规律有较大不同

注：表中应变负值表示受压，正值表示受拉。

进一步分析土江冲、阌乡、石头岗隧道的测试规律，可以得出以下几点：①隧道开挖对管棚受力的影响范围为掌子面前方 $0.5D~1D$、掌子面后方 $1D~2D$；②施作初期支护后，该处管棚受力会有不同程度的回弹，回弹程度受管棚上覆荷载、管棚刚度、支护刚度等综合影响；③管棚最大受力段位置存在不一致的地方，土江冲及阌乡隧道测试结果显示，管棚最大受力位置位于掌子面，而石头岗隧道测试结果显示，管棚最大受力位置滞后掌子面一定距离；④土江冲及阌乡隧道测点较少，难以分析不同位置测点管棚受力变化，而石头岗隧道中测点较多，不同位置的管棚受力规律有较大不同。

管棚内力测试实例表明，管棚受力影响因素众多，受力机制复杂，需借助其他手段展开进一步研究。

3.3　管棚力学机理的数值研究

3.3.1　模型建立

建立如图 3-11 所示模型。模型边界条件为：四周为水平位移约束，底面为固定位移边界，上表面为自由边界。衡昆高速实行了交通管制，不考虑路面的车辆荷载。

模型中高速公路路面考虑不同材料分层，由上往下分别为：0.3 m 厚的混凝土面层、0.4 m 厚的基层（包括一定厚度的垫层）、0.3 m 厚的土基，不考虑下层硬岩爆破对围岩及支护的影响。

隧道初期支护采用衬砌（liner）单元模拟，liner 单元结合了壳单元和接触面的特性，可在保证支护与围岩密贴的同时考虑两者之间的应力传递，相比壳（shell）单元更能反映围岩与支护的相互作用，但其需要赋值的参数较多，参数选取的相关参考较少，具体参数选取见后所述。隧道预支护结构（管棚），采用实体单元模拟，且通过接触单元考虑其与周边地层的力学传递，但管棚直径相对模型来说很小，用实体单元模拟管棚时，需对其及周边地层加密，因此模型单元达45 万个。考虑模型的复杂程度及预留核心土三台阶法施工步骤多等因素，借助 Midas 软件建模后导入 FLAC3D 中进行计算，模型局部网格如图 3-12 所示。

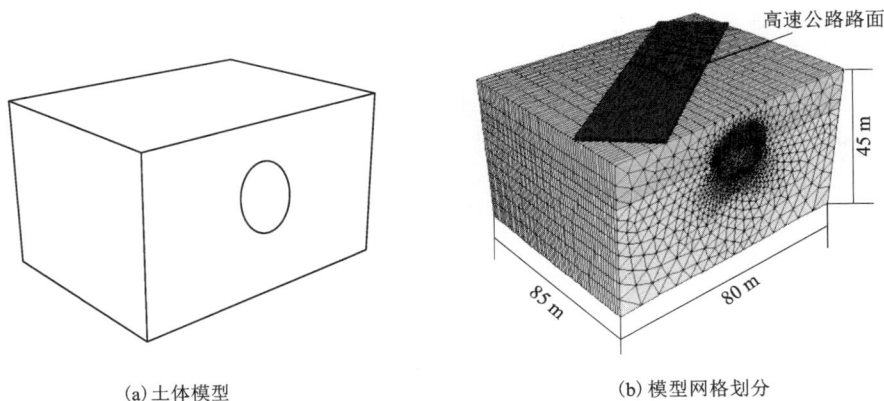

(a) 土体模型　　　　　　　　(b) 模型网格划分

图 3-11　模型示意图

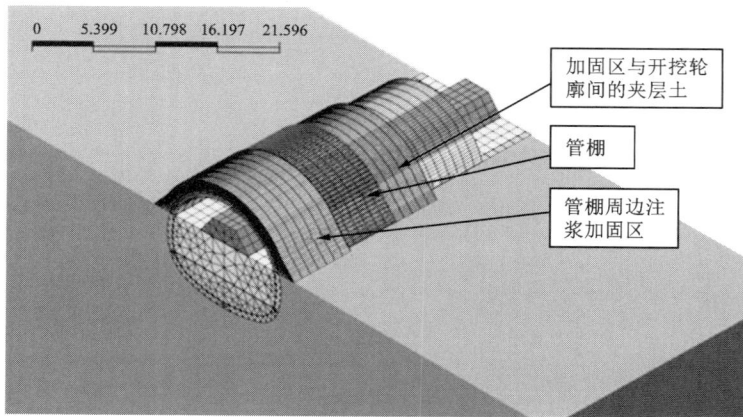

(a) 三维局部网格图

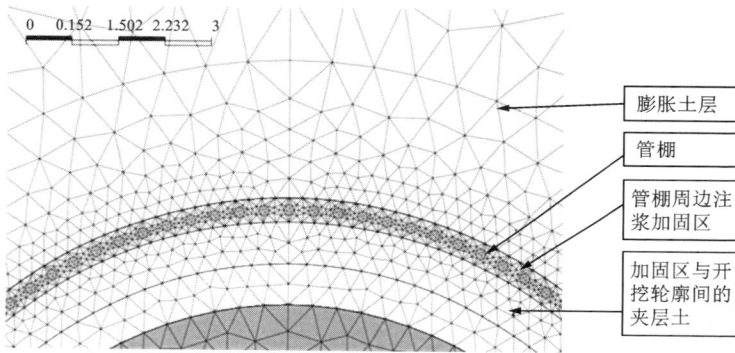

(b) 二维局部放大图

图 3-12 模型网格示意图

模拟步骤简述：隧道按照三台阶法预留核心土开挖，上、中、下三台阶简化进尺分别为 1 m、2 m、4 m，核心土长度为 4~6 m，中台阶滞后掌子面 12~14 m，下台阶滞后中台阶 12 m。每步开挖后计算平衡，开挖下一步前施作支护。每步开挖面积及顺序按照实际施工模拟，开挖流程 FLAC3D 通过编制 FISH 函数加以循环开挖模拟。

3.3.2 相关参数选取

1. 预支护结构参数选取

注浆管棚等效弹性模量 E_p 按照受力模式可分为两种：拉压杆件按照面积等

效,而受弯杆件按照刚度等效、按受弯杆件进行刚度等效时,钢管混凝土规范或者规程提供的抗弯刚度表达式为:

$$(EI)_{sc} = E_s I_s + k_w E_c I_c \qquad (3-1)$$

式中:E_s 和 I_s 分别为钢管的弹性模量和惯性矩;E_c 和 I_c 分别为管内砂浆的弹性模量和惯性矩;$(EI)_{sc}$ 为注浆管棚的弹性模量与惯性矩的乘积(刚度),可表达为 $E_p I_p$,即注浆管棚等效弹模与等效惯性矩的乘积;k_w 为考虑管棚砂浆开裂引起砂浆刚度折减的系数,不同规范采用值有所不同,如日本 AIJ(1997)和美国 ACI(1999)取 0.2,英国 BS5400(1979)不考虑开裂影响,取 1,美国 AISC-LRFD(AISC,1999)取 0.8,我国的建议值为 0.6。

注浆管棚作为隧道的预支护结构,以受弯为主,因此本书将注浆管棚的弹性模量按照抗弯等效,取钢管弹模 210 GPa、管内砂浆弹性模量 10 GPa,按照相应的几何尺寸可计算钢管及砂浆的惯性矩,按照我国建议的实用抗弯等效弹性模量为 76.5 GPa。

相关研究表明,采用实体单元模拟注浆管棚时,不考虑接触作用将导致计算结果与实际情况出入较大,因为共节点单元无法反映支护结构与土体间由于接触面或土体的破坏引起的相互滑移和脱离。本书将考虑管棚与土体之间的接触效应,接触采用库仑滑动模型(根据 FLAC3D 使用规范推荐确定 k_n、k_s 公式),确定管棚与膨胀土之间的 k_n、k_s 为 2.0×10^{10},假定管棚与土层间的摩擦力为周边地层的 0.6 倍,则相应接触面的内摩擦角 φ 及黏聚力 c 分别为 15°、12 kPa。

$$k_n = k_s = 10 \ \max \left[\frac{K + 4G/3}{\Delta Z_{min}} \right] \qquad (3-2)$$

式中:K 为地层体积模量;G 为地层剪切模量;ΔZ_{min} 为接触面法向上连接区域的最小尺寸[92]。

2. 初期支护结构参数选取

选定较为合理的 liner 单元模拟初期支护后,需要对其参数进行赋值,赋值参数主要分为两类:第一类为反应支护结构的本身物理力学性质的参数,有密度、弹性模量、泊松比、热膨胀系数、厚度,其中热膨胀系数用于热力学分析中;第二类为反应支护结构与周围介质相互作用的参数,有法向耦合弹簧的抗拉强度及刚度(cs_ncut、cs_nk)、切向耦合弹簧的黏聚力及残余黏聚力(cs_scoh、cs_scohres)、耦合弹簧的摩擦角及切向刚度(cs_sfric、cs_sk)、大变形滑动标志及容许误差(slide、slide_tol)。

采用 liner 单元模拟初期支护时,需要赋值的参数较多且较难,本书根据上述分类对各类参数进行赋值。第二类参数相对复杂,本书借鉴已有文献[93]进行取值，cs_ncut = $1e^6$、cs_nk = $24e^9$、cs_scoh = $20e^6$、cs_scohres = 0、cs_sfric = 14、cs_sk = $24e^9$、slide = on、slide_tol = $1e^{-3}$，且假定参数为定值，不随隧道开挖变化。

第一类参数中的密度、厚度、泊松比等随时间变化不大，但是喷射混凝土的弹性模量增长至稳定值需一定的时间，相关研究表明早强喷射混凝土在 3 天基本可以达到最终强度[80]。按照一般施工速度，上台阶约 1 天完成 2 个进尺，3 天可完成 6 个进尺，由此可假定掌子面 6 m 之外的初支弹性模量增至稳定设计值，其间的 6 环初支模量为线性增长，如图 3-13 和表 3-6 所示。

严格来讲，中台阶、下台阶及仰拱的弹性模量也需考虑喷射混凝土的早期强度特征，但考虑到该工程实例中下半断面岩层较好，支护结构早期强度的延滞效应对结构受力影响相对较小，为减小计算成本，仅考虑上台阶喷射混凝土的早期特征，表 3-6 中初支弹性模量采用面积等效法考虑了钢拱架的影响，喷射混凝土弹性模量按照规范取值为 21 GPa。

表 3-6 考虑初支早期强度因素各支撑弹性模量表

支撑编号	1	2	3	4	5	6	>6
弹性模量/GPa	4.4	8.8	13.2	17.6	22	26.4	26.4

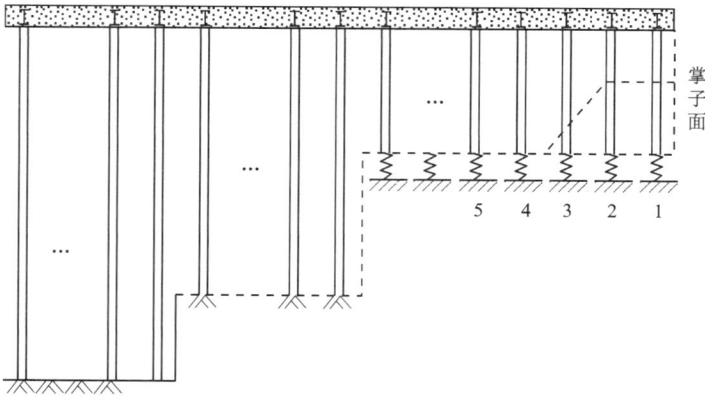

图 3-13 上台阶支撑编号示意图

3. 其余材料参数选取

其余岩土体及支护物理力学取值根据地质勘查报告建议综合选取[82]，见表 3-7。

表 3-7 围岩及支护结构物理力学参数

材料	$\rho/(\text{kg}\cdot\text{m}^{-3})$	E/GPa	υ	c/kPa	$\varphi/°$	H/m
砼面层	2400	30	0.2	1000	35	0.3
基层	2400	0.6	0.25	10	30	0.4
土层	2000	0.06	0.35	20	40	0.3
膨胀土	2000	0.03	0.35	18	25	11.2
灰岩	2600	5	0.30	600	55	33.8
管棚注浆区	2400	0.5	0.2	300	50	0.4
注浆管棚	2500	76.5	0.2	—	—	—
上部初支	2400	26.4	0.2	—	—	0.55
下部初支	2400	26.3	0.2	—	—	0.25

注：ρ—密度，E—弹性模量，υ—泊松比，c—黏聚力，φ—摩擦角。

大管棚间 $\phi60$ mm 管棚的预支护与加固效果：将其刚度按照面积等效法则换算至周边地层中，折算范围如图 3-14 所示。

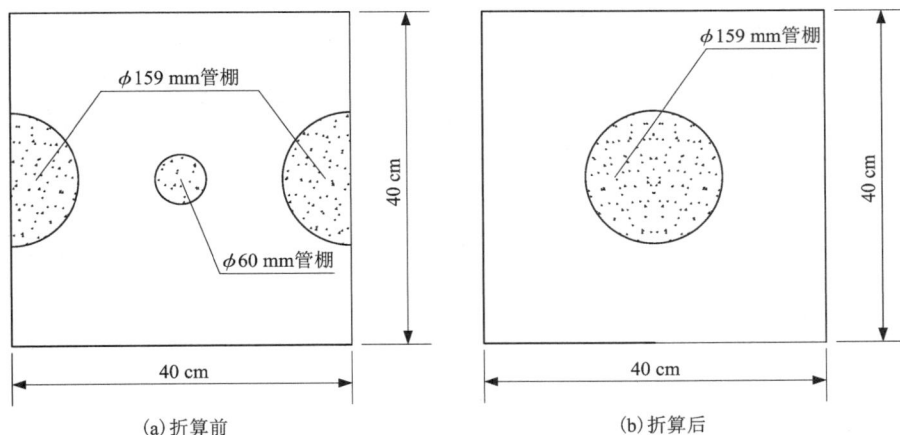

图 3-14 $\phi60$ mm 管棚折算示意图

需要指出：①因管棚横向尺寸很小(管径不到 16 cm)，因此模型建立时加固区的网格尺寸很小，即网格密度很大，导致模型单元多达 45 万个，计算成本极高。②采用实体单元模拟超长大管棚，同时采用接触单元模拟管棚与周边围岩的接触，可最大程度真实模拟管棚与围岩之间的相互作用关系，在目前预加固的数值研究中未曾见到文献报道。③采用衬砌单元模拟初期支护,通过衬砌单元参数设置考虑初支与围岩连接状态,考虑了衬砌单元切向与实体网格间的摩擦作用,并可承受法向的压力和拉力,同时衬砌单元可在围岩介质网格中自由破坏,可以更加真实地反映初支与围岩之间的力学传递。但是因参数选取难度及计算成本问题(衬砌单元与实体单元混合模型在参数差异较大时,计算难以收敛),导致研究人员以往在数值模型中较少采用。

3.3.3 模拟结果与实测对比分析

管棚内所注砂浆弹性模量取 10 GPa,将实测管内砂浆应变换算为应力,同时取上节模拟中所得拱顶管棚底部应力与之对比,如图 3-15 所示。

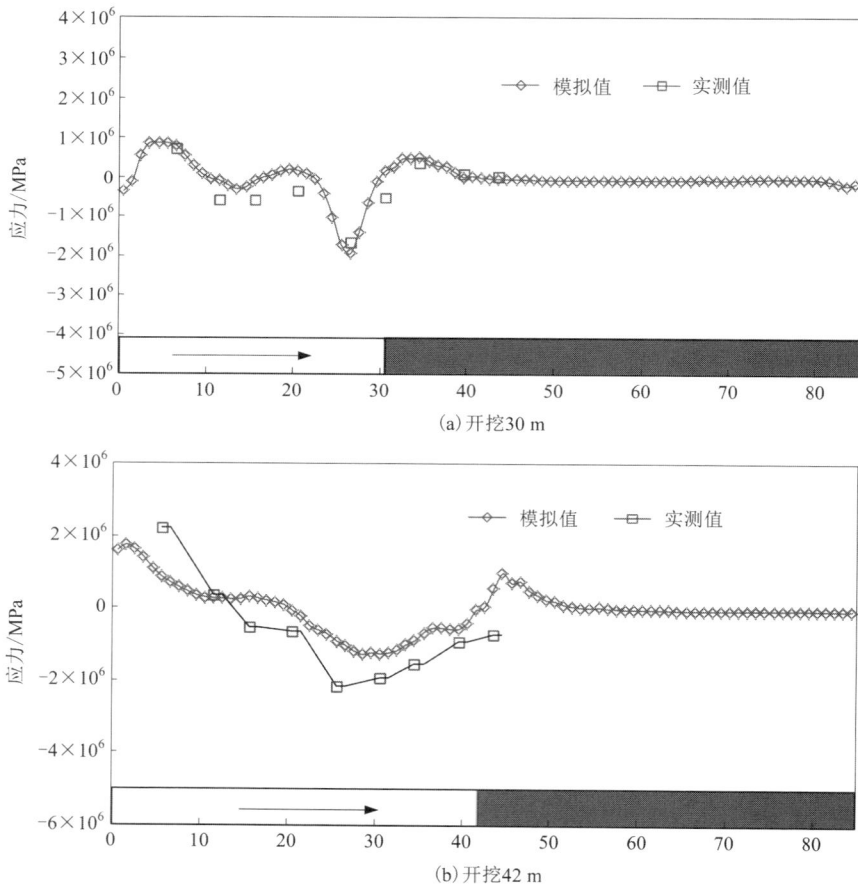

(a) 开挖30 m

(b) 开挖42 m

图 3-15 管棚受力模拟与实测对比

由对比可知，实测管棚应力较数值模拟稍大，但两者规律及量值总体上具备良好的一致性。这说明采用考虑管棚与围岩接触的实体单元模拟管棚的数值是研究长大管棚受力的有效手段。

结合测试与数值计算结果，长大管棚受力纵向可按掌子面前方受拉段、掌子面后方受压段、靠近洞口受拉段分为Ⅰ、Ⅱ、Ⅲ区，如图 3-16 所示。

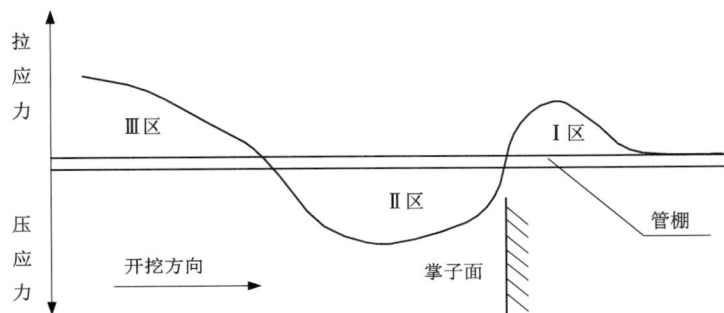

图 3-16　管棚受力纵向分区示意图

Ⅰ区呈凸起分布，峰值位于掌子面前方一定距离(本算例为 4~5 m)处；Ⅱ区为凹形分布，峰值滞后掌子面一定距离(本算例计算峰值位置滞后掌子面约 5 m，测试峰值位置滞后掌子面约 10 m)；Ⅲ区自洞口向内呈逐渐减小趋势，峰值位于洞口处。

本算例中各区间长度及各区间内管棚受力随隧道掘进的变化规律可从表 3-8、表 3-9 中看出。

表 3-8　各分区长度随隧道掘进变化

掘进	10 m	20 m	30 m	42 m	55 m	65 m
Ⅰ/m	10	10	10	10	10	10
Ⅱ/m	10	13	20	26	30	35
Ⅲ/m	0	8	10	20	25	30

表 3-9　管棚应力峰值随隧道掘进变化

掘进	10 m	20 m	30 m	42 m	55 m	65 m
Ⅰ/MPa	0.2	0.8	1.0	1.5	1.1	1.1
Ⅱ/MPa	−0.3	−0.8	−0.9	−2.0	−2.1	−2.4
Ⅲ/MPa	—	0.6	1.6	2.6	3.8	4.2

注：表中正值表示拉应力，负值反之。

各区间长度除Ⅰ区维持一定值基本不变外(本算例约 10 m),Ⅱ、Ⅲ区长度随掌子面掘进呈增长趋势,各区内管棚受力也随隧道掘进而增长,且表现为先快后慢的趋势(本算例中,隧道开挖 42 m 后,各区管棚受力增长减缓显著)。

3.4 小结

依托石头岗隧道工程,在对管棚应变现场测试分析基础上,建立考虑支护延滞效应等因素的精细化数值模型,对管棚预支护结构力学机制进行研究可知:

①预支护受力纵向可按掌子面前方受拉段、掌子面后方受压段、靠近洞口受拉段分为Ⅰ、Ⅱ、Ⅲ区。Ⅰ区呈凸起分布,峰值位于掌子面前方一定距离处;Ⅱ区为凹形分布,峰值位置滞后掌子面一定距离;Ⅲ区自洞口向内呈逐渐减小趋势,峰值位于洞口处。各区长度除Ⅰ区维持基本不变外,Ⅱ、Ⅲ区长度随掌子面掘进而增长;各区内预支护受力随隧道掘进而增长,且表现为先快后慢趋势。

②管棚预支护受力除受上覆荷载及自身参数影响外,还受诸如支护参数、掌子面前方围岩扰动等因素影响,隧道施工中,在掌子面有效加固的前提下,采用全断面开挖后及时封闭支护可将掌子面前方受拉区转换为受压区,且减小预支护结构内力大小,改善其受力。

③考虑预支护、初支与围岩接触、初支延滞效应等因素的精细化数值分析表明,计算结果与现场实测吻合良好,可更真实地反映预支护受力规律,可应用于预支护设计分析。

第 **4** 章　隧道水平旋喷拱棚力学机制和工程应用

软弱围岩隧道施工中，易出现塌方、地表沉陷等现象，尤其隧道邻近既有建（构）筑物，为减小隧道施工对周边环境的扰动影响，需采取预支护（或预加固）措施，以保障围岩稳定和控制变形，超前水平旋喷桩作为常用的预支护的一种，设计参数的合理取值与施工安全、工程造价有直接关联。

本章以实际隧道工程为背景，采用本书 2.2 节推导的弹性地基壳体力学模型，并与数值结果进行对比验证；采用解析模型研究水平旋喷拱棚在隧道施工中的力学机理，进一步分析设计参数对水平旋喷桩力学影响规律，基于隧道台阶法施工，推导掌子面稳定性计算公式，分析多因素影响下隧道掌子面稳定性变化规律，以期为隧道水平旋喷拱棚预支护设计、施工提供依据和参考。

4.1　工程算例

4.1.1　工程概况

某隧道为客运共线的双线铁路隧道，其设计时速为 120 km，隧道总长度为 415 m，其中，在隧道入口段与上方国道垂直相交，国道主要通行车辆为货运汽车和客运汽车，相交区域长度约为 16 m，下穿段隧道最小埋深约 8 m。隧道洞口段属于中低山地貌，埋深较浅，周围植被发育，地下水位在隧道洞身以下；隧道穿越所在区域，自然坡度为 15°~25°；地表层为褐黄色粉质黏土，强度较低，厚为 3~5 m；隧道基本穿越强风化花岗岩层，呈灰红色~灰黄色，部分为全、强风化，节理裂隙发育，呈现碎细松散状态，工程地质较差，基岩层为中风化花岗岩。按照《铁路隧道设计规范》（TB 1003—2016），隧道围岩等级划分为 V 级，加之隧道下穿既有国道，围岩稳定性安全问题较为突出。图 4-1 为隧道入口段纵断面示意图。

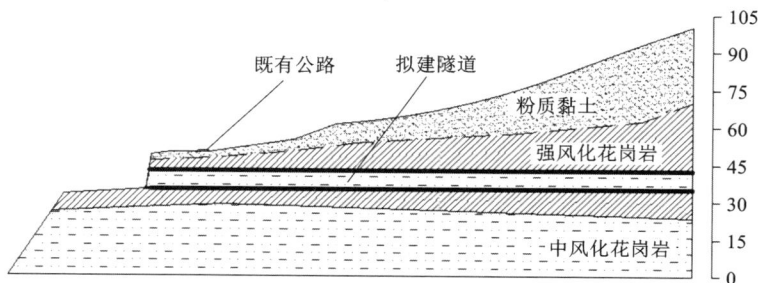

图 4-1 隧道入口段纵断面示意图

隧道开挖宽度为 12.7 m，高为 10.8 m，开挖断面面积约为 115 m²，属于大断面隧道。为保证既有国道正常运营，隧道采用台阶法(带仰拱)施工，上台阶开挖高度为 5.0 m、每次循环进尺 1.2 m，下台阶高度为 4.5 m、每次开挖进尺 2 m，滞后上台阶 4 m，每步开挖后及时施作支护，采用复合式衬砌，双层型钢架加强支护，隧道初期支护形式为钢拱架+钢筋网+喷混凝土，为 35 cm 厚 C25 喷射混凝土，采用 I22 工字钢，0.6 m/榀；为保证隧道开挖拱顶处围岩的稳定性，在隧道拱部采取高压水平旋喷桩预支护措施，旋喷桩设计桩径为 50 cm，环向桩间距为 35 cm，设计周边旋喷桩 53 根，一次桩长为 20 m，搭接长度为 2 m，旋喷压力为 20~30 MPa，水灰比为 1∶1。图 4-2 为隧道开挖断面示意图。

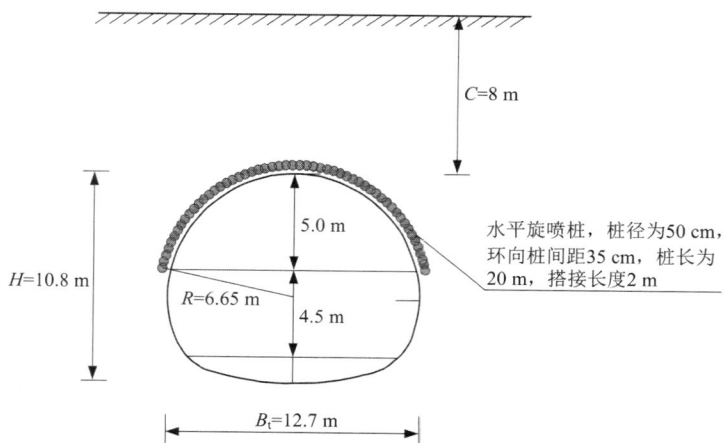

图 4-2 隧道开挖断面示意图

4.1.2　水平旋喷桩施工

根据现场试验桩成桩检验和评定，最终确定高压水平旋喷桩施工参数，见表 4-1。高压水平旋喷桩施工步骤见表 4-2。

表 4-1　高压水平旋喷桩施工参数表

序号	名称	施工参数	备注
1	喷嘴直径/mm	2.5	与进入土体的深度有关
2	旋喷压力/MPa	30	与成桩大小有关
3	转速/(r·min^{-1})	10	与成桩直径有关
4	回旋速度/(cm·min^{-1})	22	与桩体质量有关
5	上扬角度/%	3	重力作用
6	外插角/(°)	0	保证水平
7	水灰比	1 : 1	影响返浆量，PO.42.5

表 4-2　高压水平旋喷桩施工步骤

施工步序	施工步骤	具体施工内容
1	施工准备	①场地整平；②场地铺设轨道；③安装水平旋喷钻机；④安装配套油管、动力站、高压后台；⑤连接设备的电路和水路；⑥调试水平旋喷钻机；⑦检查设备运行状态
2	顶管钻进	①在水平旋喷钻机上安装钻杆、喷头、导向钻头；②检查高压泵压力是否正常；③启动钻孔，待稳定后，钻杆按照设定速度顶入土体；④通过导向仪，时刻监测钻杆钻进角度变化；⑤当钻杆达到设计深度时，钻杆通过高压注浆
3	拔管旋喷	①通过旋转喷嘴将水泥浆液喷射进去土体，当压力达到设定值时，回拔钻杆；②在钻杆回拔时，控制设定速度；③在孔口，将返浆量控制在±15%以内；④回拔剩余钻杆；⑤封堵孔口；⑥冲洗钻杆、喷嘴、高压泵

图 4-3 为现场高压水平旋喷桩施工。

(a) 钻杆钻进

(b) 电子导向仪

(c) 回拔旋喷

(d) 成桩效果

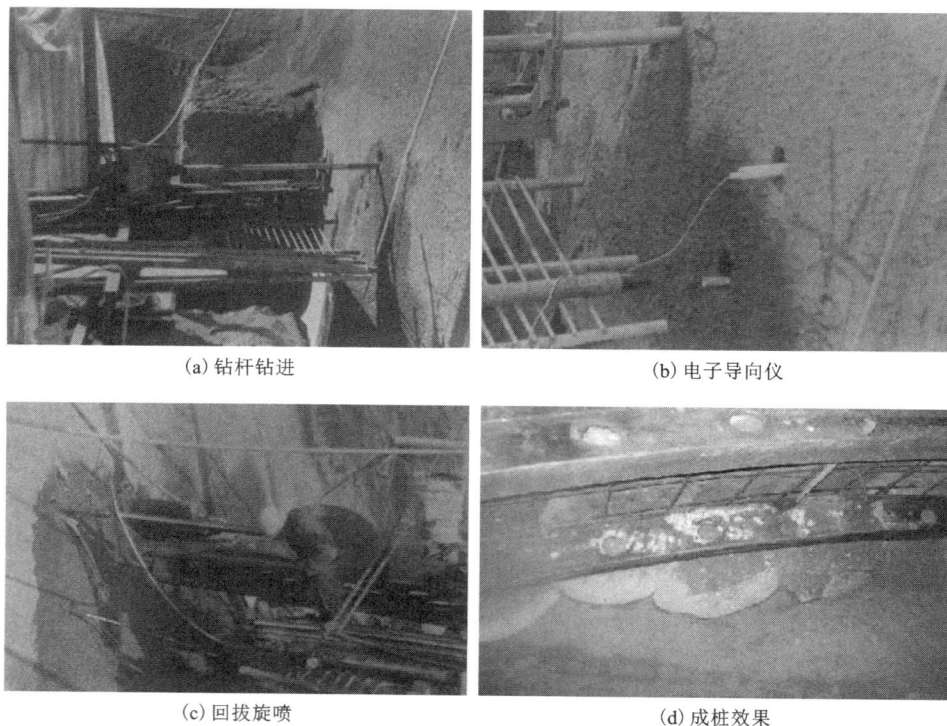

图 4-3　现场高压水平旋喷桩施工

4.2　壳体解析模型验证分析

为进一步验证 2.2 节水平旋喷壳体力学模型的可行性，将解析方法引入工程案例中，同时采用 MIDAS/GTS NX 有限元软件建立三维数值模型，将解析解和数值解进行对比分析。为消除模型边界效应和提高准确性，隧道尺寸严格按照设计图纸进行建模，隧道模型横向取 100 m（左、右两侧各取 4 倍开挖宽度），竖向往下取 35.6 m，即竖向尺寸定为 55 m，纵向开挖方向取 40 m；模型顶面为自由面，模型侧面约束法向位移，底面为固定约束；假定围岩满足均质弹塑性特性，采用 Mohr-Coulomb 本构模型，水平旋喷拱棚和初期支护取弹性本构计算，水平旋喷拱棚采用实体单元，通过抗弯刚度相等等效成均质、连续的柱壳结构，初期支护为板单元，隧道围岩为实体单元，为提高计算精度，采用六面体网格并结合混合网格生成器。图 4-4 为隧道网格划分示意图。

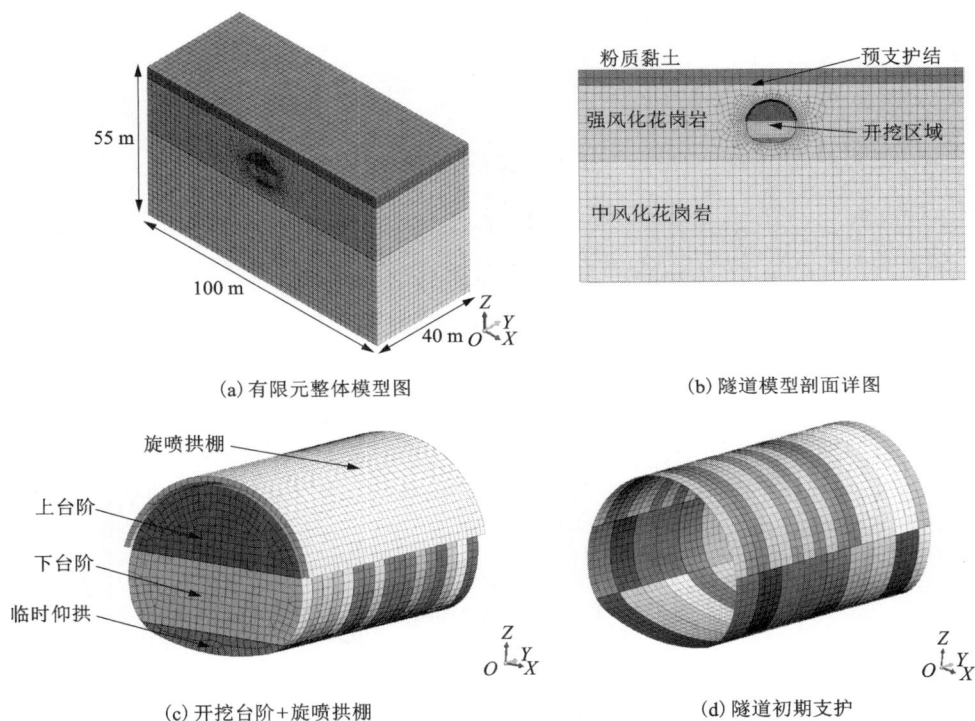

（a）有限元整体模型图　　　　　　　　　（b）隧道模型剖面详图

（c）开挖台阶+旋喷拱棚　　　　　　　（d）隧道初期支护

图 4-4　隧道网格划分示意图

在计算时，初期支护采用等效方法，把钢拱架弹性模量参数等效到喷射混凝土中，具体等效公式如下[59]：

$$E_{等效} = E_c + \frac{E_g A_g}{A_c} \tag{4-1}$$

式中：$E_{等效}$ 为等效后的弹性模量；E_c 为喷混弹模；E_g 为型钢钢架弹性模量；A_g 为钢拱架截面积；A_c 为喷混面积。

由于水平旋喷桩在隧道轮廓线周围呈相互咬合状态，为减小网格数量，优化网格质量，可将水平旋喷桩按照抗弯刚度相等[59]，如图 4-5 所示，等效成一定厚度的圆柱壳结构（解析方法和数值方法相同）。等效换算原理表达式如下：

$$b = \sqrt[3]{\frac{6(I_A + I_B)}{d - a}} \tag{4-2}$$

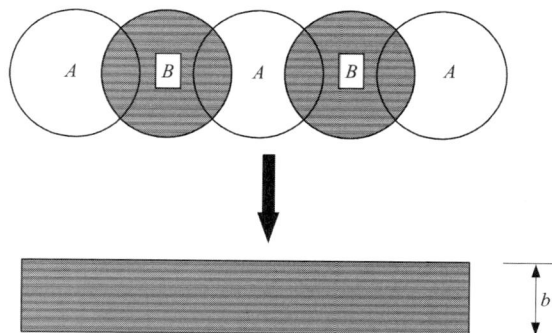

图 4-5 等效换算示意图

式中：b 为等效后的壳体厚度；d 为单根旋喷桩的桩径；a 为咬合厚度；I_A 为 A 桩去除咬合区域后的惯性矩；I_B 为 B 桩完整桩的惯性矩。

结合项目地质勘查资料和水平旋喷桩试桩数据结果，隧道围岩和支护结构相关物理参数见表 4-3。

表 4-3 围岩和支护结构相关物理参数

材料	$\rho/(kg \cdot m^{-3})$	E/GPa	υ	c/kPa	$\varphi/(°)$	厚度/m
粉质黏土	1800	0.02	0.40	18.5	17.8	4
强风化花岗岩	2000	0.08	0.35	65.0	25.0	20
中风化花岗岩	2300	2.20	0.25	400	45.0	31
水平旋喷拱棚	2400	8.0	0.20	—	—	0.38
初期喷混	2400	28.6	0.20	—	—	0.35
钢拱架	7800	210	0.18	—	—	0.6 m/榀

4.2.1 A 类型情况对比验证

当隧道开挖面位于水平旋喷拱棚起始或中间区段时，拱棚简化为半无限长圆柱壳体。结合地质勘查资料和土力学相关经验[94, 95]，取围岩基床系数 $k = 3.8 \times 10^4 \text{ kN/m}^3$；地基剪切模量 $G_p = 1.5 \times 10^4 \text{ kN/m}^2$，水平旋喷桩单次成桩桩长为 20 m，循环进尺 s 为 1.2 m，上台阶开挖高度 $h = 5.0$ m，即松动区 $d = h \cdot \tan^{-1}(45° + \varphi/2) \approx 3.2$ m，取计算范围 $(s+d+3.6)$ m，水平旋喷拱棚与初期支护连接端，初

始挠度 $w_0 = 3$ mm，初始转角 $\theta_0 = 0.5°$，以拱顶处水平旋喷桩为研究对象，通过前述围岩压力计算方法计算竖向荷载，把所有参数代入式（2-75），再通过 MATLAB（R2018a）软件计算得到水平旋喷拱棚挠度方程中待定系数 C_{11}、C_{12}、C_{13}、C_{14}、C_{21}、C_{22}，将其代入式（2-72），得到各区间段的挠度方程，如图 4-6 所示，为解析方法与数值方法的对比结果。

①BC 段挠度方程：

$$w_1 = e^{-0.8721\alpha} \times [0.0020 \times \cos 0.8721\alpha + 0.0126 \times \sin 0.8721\alpha] + e^{0.8721\alpha} \times$$
$$[-0.0002 \times \cos 0.8721\alpha - 0.0003 \times \sin 0.8721\alpha] + 0.0012 \tag{4-3}$$

②CD 段挠度方程：

$$w_2 = e^{-1.7696\alpha} \times [-0.0181 \times \cos 0.6017\alpha + 0.0168 \times \sin 0.6017\alpha] + 0.0021 \times$$
$$[1 - \cos 0.6017(\alpha - 1.2 - 3.185) \times \cos 0.6017(\alpha - 1.2 - 3.185)] \tag{4-4}$$

③DE 段挠度方程：

$$w_3 = e^{-1.7696\alpha} \times [-0.0181 \times \cos 0.6017\alpha + 0.0168 \times \sin 0.6017\alpha] \tag{4-5}$$

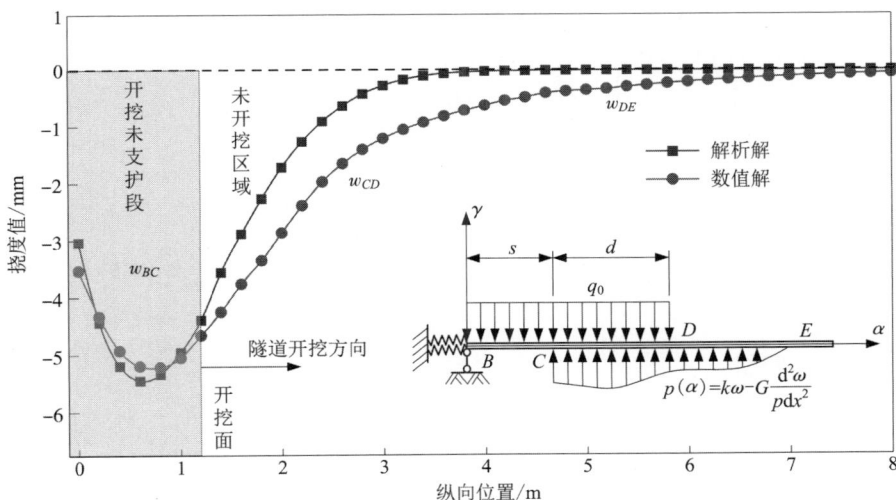

图 4-6　A 类型拱棚挠度曲线图

由图 4-6 可知，水平旋喷拱棚处于 A 类型时，在隧道开挖过程中，整体挠度曲线呈现"勺形"分布形态，数值结果和解析解均在开挖面后方附近有挠度变形值最大，随着与开挖面距离的增加，挠度值逐渐减小；以隧道开挖面为界，水平旋喷桩前方纵向挠度影响范围为开挖进尺的 2～3 倍，其主要变形发生在开挖面附近；数值法相比解析法，挠度曲线范围更大，究其原因是采用解析法时，双参数地基模型参数取值为常数，而在隧道开挖过程中，前方围岩发生松动，实际为变基床系数，但数值解和解析解的挠度曲线变化趋势相似，且最大挠度值较为接近，验证了弹性地基上的壳体力学模型的适用性和可行性。

4.2.2 B 类型情况对比验证

当隧道开挖掌子面接近旋喷拱棚前端时，即掌子面距离水平旋喷拱棚前端的长度小于等于松动区长度 d 时，水平旋喷拱棚可看成是有限长度圆柱壳体。基本参数和 A 类型相同，每循环进尺 s 取 1.2 m，计算范围取 $s+d$，把基本参数代入式（2-84），通过 MATLAB 软件计算得到水平旋喷拱棚挠度方程中待定系数 C_{11}、C_{12}、C_{13}、C_{14}、C_{21}、C_{22}、C_{23}、C_{24}，将其代入式（2-77），得到各区间段的挠度方程，如图 4-7 所示，为解析方法与数值方法的对比结果。

①BC 段挠度方程：

$$w_1 = e^{-0.8721\alpha} \times [0.0041 \times \cos 0.8721\alpha - 0.0102 \times \sin 0.8721\alpha] + e^{0.8721\alpha}[0.0051 \times \cos 0.8721\alpha + 0.0010 \times \sin 0.8721\alpha] + 0.0020 \tag{4-6}$$

②CD 段挠度方程：

$$w_2 = e^{-1.7696\alpha} \times [-0.0467 \times \cos 0.6017\alpha + 0.1276 \times \sin 0.6017\alpha] + e^{1.3316\alpha}[0 \times \cos 0.6017\alpha + 0 \times \sin 0.6017\alpha] + 0.0020 \tag{4-7}$$

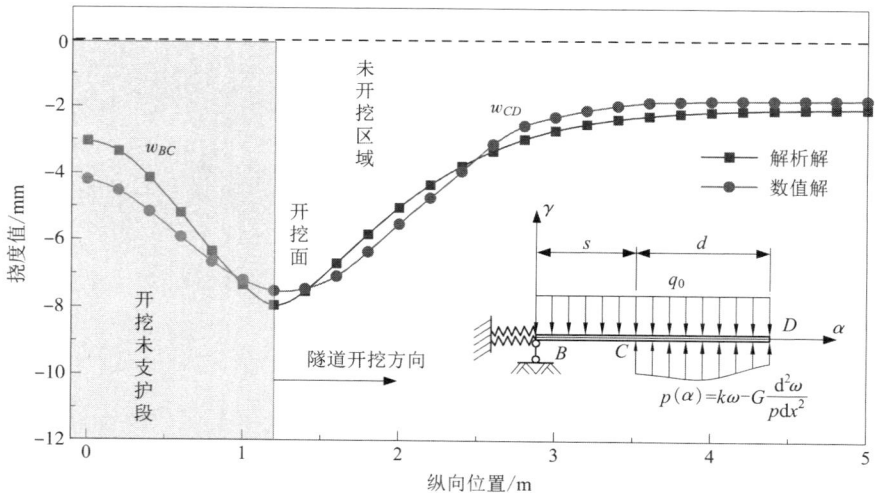

图 4-7　B 类型拱棚挠度曲线图

由图 4-7 可知，隧道开挖面接近水平旋喷拱棚前端（B 类型）。拱顶挠度在纵向方向呈现以开挖面轴的"凹槽"曲线形态，数值法和解析法结果均在开挖面处挠度变形最大；由于松动区已相当接近前端，在拱棚前方处挠度值虽呈逐渐减小趋势，但由于受竖向围岩压力作用，前端仍存在一定挠度，且稳定在 2.0~2.5 mm；数值解和解析解最大挠度分别为 7.9 mm、7.5 mm，相比 A 类型最大变形更大，数值解和解析解最大挠度值相差不大，且纵向挠度整体影响范围相似，验证了弹性地基壳体解析模型的适用性和可行性。

4.3　基于壳体解析模型旋喷拱棚变形受力分析

4.3.1　挠度分析

在隧道开挖过程中，水平旋喷拱棚是三维空间结构体，以水平旋喷拱棚 A 类型为例，为探究水平旋喷拱棚空间挠度变化规律，如图 4-8 所示，以隧道中线为基准轴，分别选取旋喷桩 A、B、C、D 所在中面进行分析（其中旋喷桩 A 与中线夹角为 0°，旋喷桩 B 夹角为 30°，旋喷桩 C 夹角为 50°，旋喷桩 D 夹角为 70°）。图 4-9 为水平旋喷桩空间挠度对比结果。

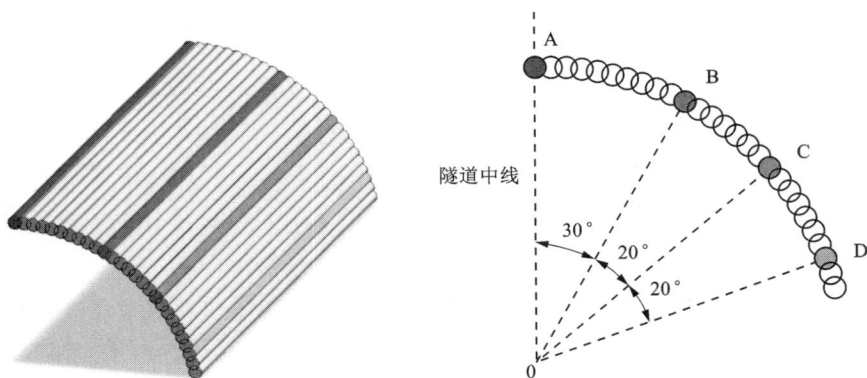

图 4-8　水平旋喷桩提取位置示意图

如图 4-9 所示，从纵向挠度分布方式可看出，旋喷桩 A、B、C、D 挠度变形形态基本相同，最大挠度发生在开挖面附近，随着与开挖面距离的增加，挠度值逐渐减小至零；在隧道纵向方向上，水平旋喷桩挠度影响大致可分为三个区段，往前推进，可分为临空影响区、开挖扰动区、前方稳定区，这与水平旋喷拱棚模型简化分区一致，表明拱棚柱壳在空间上起杠杆作用，能够有效将开挖临空面承受的上部荷载向未开挖稳定区传递；在横向上，拱顶处旋喷桩挠度最大，且纵向挠度影响区域越大，随着与隧道中线夹角就越大，旋喷桩挠度逐渐减小，旋喷桩A最大挠度值为 5.45 mm，旋喷桩B最大挠度值为 4.62 mm，旋喷桩C最大挠度值为 3.37 mm，旋喷桩D最大挠度值为 1.82 mm，从拱顶A到拱脚D，旋喷桩最大挠度值减幅为66.6%，侧面反映出在隧道施工过程中，拱顶处旋喷桩挠度变形大，容易造成结构破坏，应重点关注。

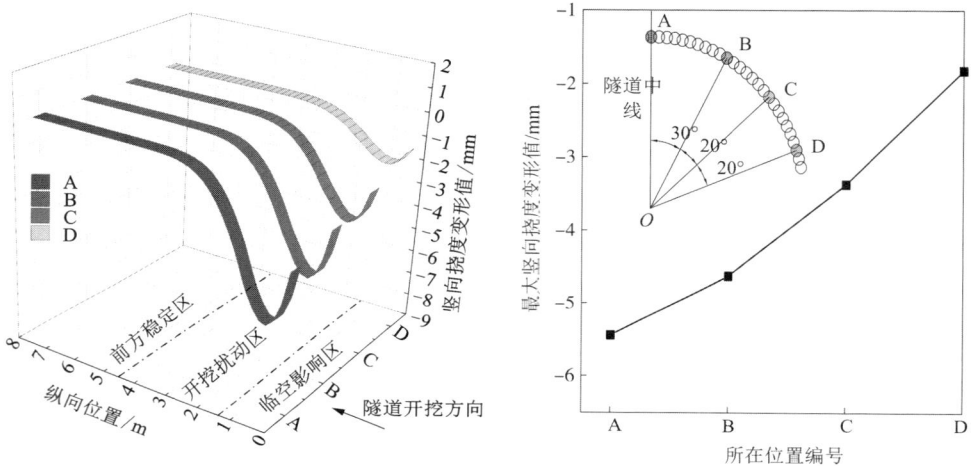

图 4-9　水平旋喷桩空间挠度对比

4.3.2　纵向受力分析

以隧道拱顶处水平旋喷桩A为例，图 4-10、图 4-11 分别为水平旋喷桩纵向应变曲线、水平旋喷桩与围岩的接触应力曲线。

从图 4-10 可知，拱顶处旋喷桩在纵向上，最大应变发生开挖面后方附近，随着与开挖面距离的增加，纵向应变逐渐衰减，整体呈现受压状态，这与水平旋喷拱棚在施工中主要承受上覆土压有关。

从图 4-11 可知，在开挖未支护段，由于隧道开挖后拱顶下方形成临空面，所以在 0~1.2 m 水平旋喷桩与围岩的接触应力为零，在开挖面处，围岩接触反力最大值达 84.87 kPa，随着与开挖面距离的逐渐增加，接触反力逐渐减小至 0 kPa，这种现象再次表明水平旋喷拱棚在空间上起到杠杆作用，能够调节围岩压力重分布；进一步分析可知，隧道埋深 8 m，为浅埋大断面隧道，通过计算作用于拱棚结构的直接竖向围压为 152 kPa，由于水平旋喷拱棚拱壳结构的预支护作用，承担了部分开挖临空面围岩荷载，使拱棚内部围岩处于一定程度的免压状态，进而传递至围岩地基的压力减小，表明旋喷桩能够有效承担上覆土压，并将荷载转移到前方未开挖段和后方初期支护段，从而减小对围岩的扰动作用，以保证隧道安全施工。

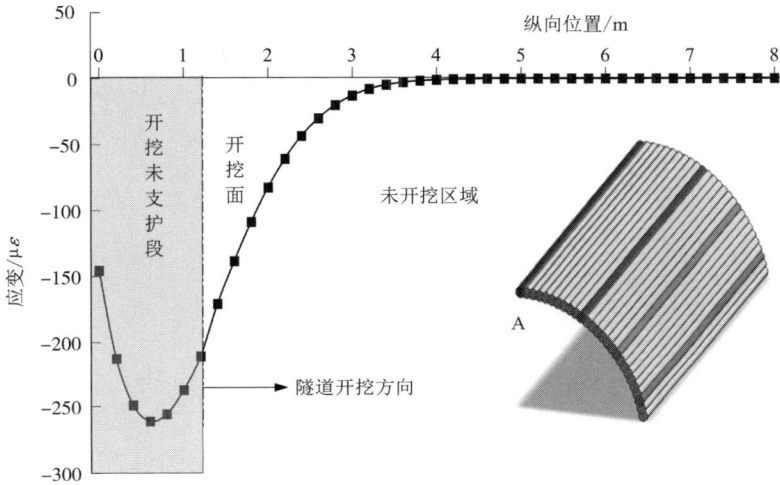

图 4-10　水平旋喷桩纵向应变曲线

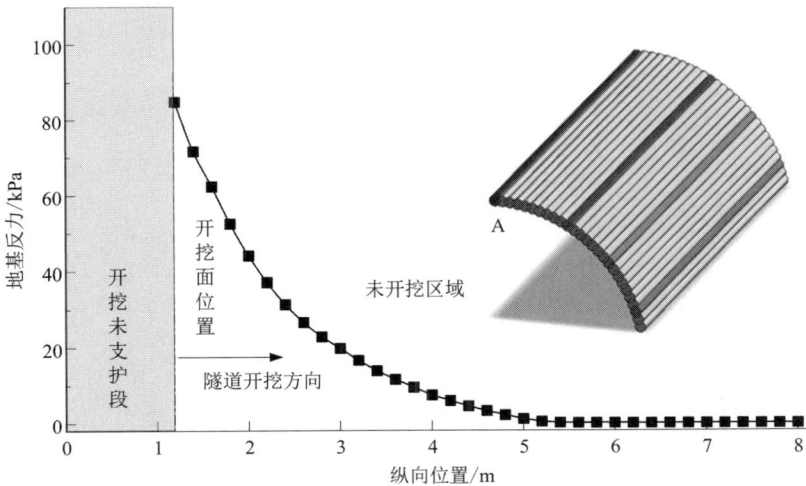

图 4-11　水平旋喷桩与围岩的接触应力曲线

为分析旋喷桩拱顶处纵向受力特性，选取桩拱顶处所在中面进行分析。如图 4-12 为水平旋喷桩纵向弯矩曲线，图 4-13 为水平旋喷桩纵向剪力曲线。

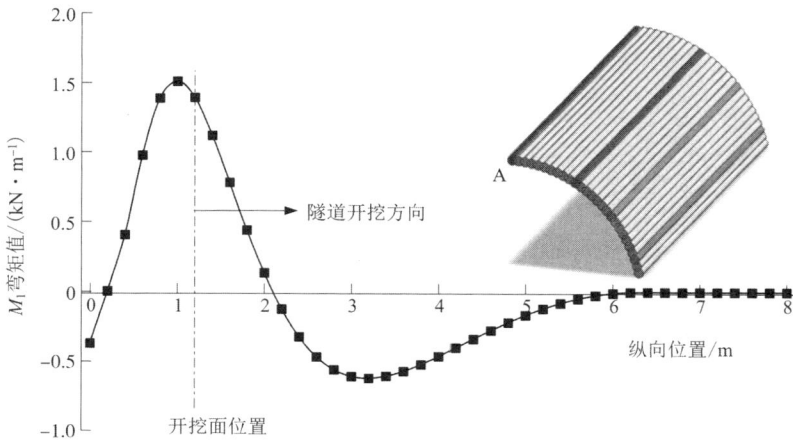

图 4-12　水平旋喷桩纵向弯矩曲线

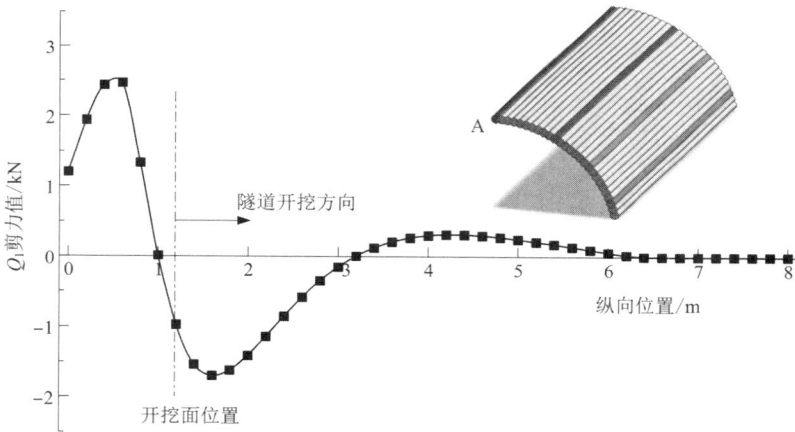

图 4-13　水平旋喷桩纵向剪力曲线

由图 4-12 可知,拱顶旋喷桩最大弯矩同样发生在开挖面附近,在开挖未支护区段主要承受正弯矩(下部受拉为正),最大值为 1.51 kN·m,由于后方支撑于初支结构,加之初始挠度和转角作用,导致后方起始位置弯矩为 -0.37 kN·m,随着距离开挖面的增加,弯矩呈现先减小、后反向增大、最后逐渐减小至零,表明在纵向空间上起到地基壳作用以调整压力分布。

由图 4-13 可知,拱顶桩在纵向方向其剪力存在三个极值点,与弯矩曲线不同的是,其在开挖面处剪力较小,在前、后存在两个较大剪力极值点,分别为

2.46 kN 和 1.70 kN，开挖面前方一定距离后，剪力逐渐减小至零；由于水平旋喷桩以高压旋喷的方式压注水泥浆，在隧道开挖外轮廓线形成拱壳加固圈结构，若材料抗拉性能不佳，容易造成桩体拉裂剪切脆性破坏，为减小旋喷桩受力，尤其在软弱地层中，应该优先采用环形开挖预留核心土的施工方法，采用多台阶开挖，或在旋喷桩内部内插螺纹钢筋，以增强桩体受弯抗剪承载性能，保证预支护体系稳定，从而减小隧道开挖带来的扰动影响。

4.3.3　横向受力分析

　　水平旋喷桩属于刚性桩，开挖未支护段直接承受临空面上方的围岩荷载，结合前述分析，变形主要发生在开挖面附近，即此区域范围容易发生桩体整体性破坏。为分析横向受力特性，选取开挖未支护段和前方松动长度，使用 2.2 节中的柱形短壳无矩理论分析未支护段水平旋喷拱壳横向内力，根据壳体单元内力和应力两者关系，即式(4-8)，可通过单元内力求得相对应的应力，图 4-14 为壳体单元体内力和应力示意图，图 4-15 为横向内力计算分布图。

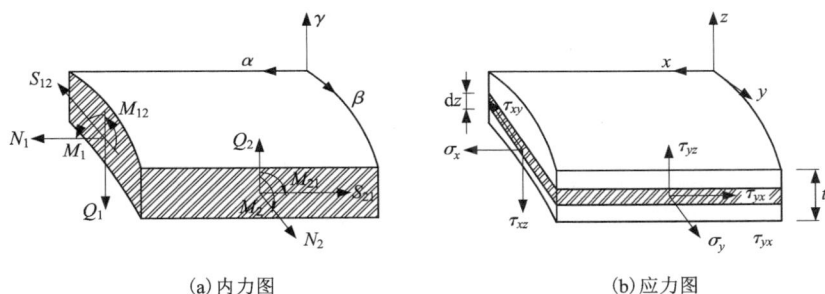

(a)内力图　　　　　　　　　　(b)应力图

图 4-14　壳体单元体内力和应力示意图

　　由图 4-15 可知，以隧道中线为基准轴，水平旋喷拱棚纵向压应力 N_1 在拱顶处 $\theta=0°$ 最大，向两侧拱脚方向呈非线性减小，内力沿着隧道中线对称分布，拱顶 $\theta=0°$ 处纵向压应力为 -22.12 kN/m，拱脚 $\theta=78°$ 处纵向压应力为 -4.60 kN/m，拱顶处纵向压力是拱脚处纵向压力的 4.8 倍，前述纵向应变曲线也证明承压特性；环向压应力 N_2 在横向分布上与 N_1 相似，N_2 在拱顶处最大，拱顶 $\theta=0°$ 处环向压应力为 -600.00 kN/m，拱脚 $\theta=78°$ 处环向压力为 124.75 kN/m，表明环向上的整体承压状态；对于环向平错力 S_{12} 而言，内力沿着隧道中线呈反对称分布，在拱顶处最小、两侧拱脚处最大，最大值为 225.37 kN/m，表明旋喷拱棚在横向上符合拱结构受力特点。

(a) 纵向压应力 N_1

(b) 环向压应力 N_2

(c) 环向平错力 S_{12}

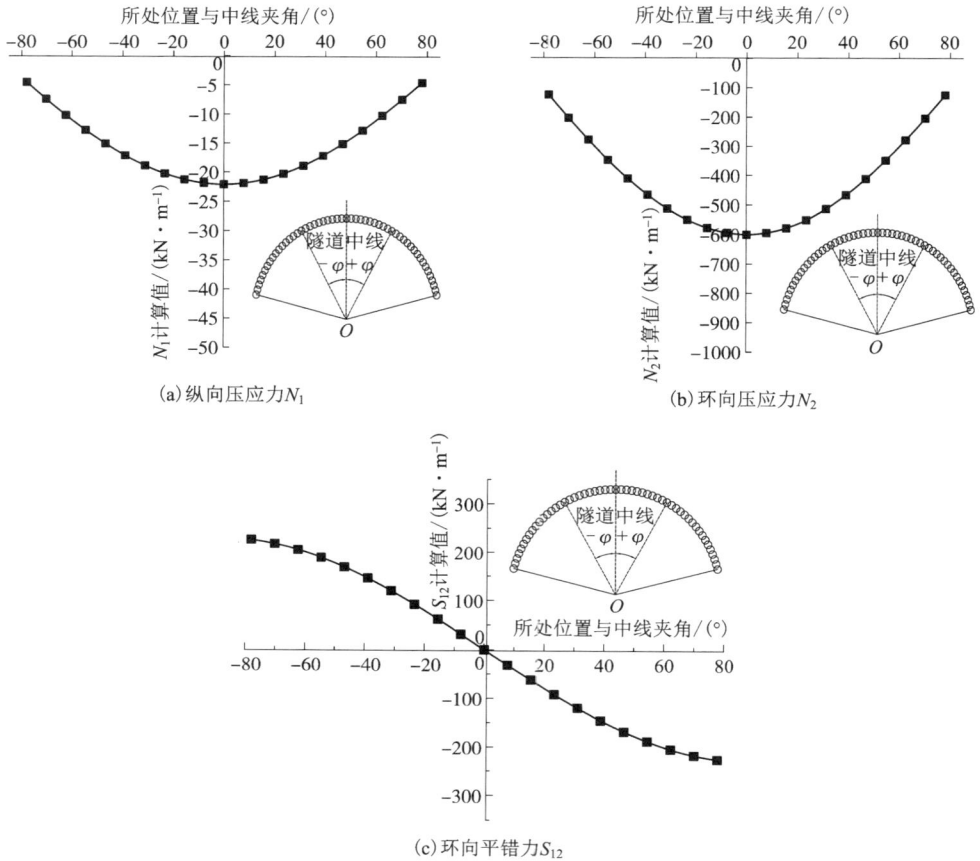

图 4-15 横向内力计算分布图

$$\begin{cases} \sigma_x = \dfrac{N_1}{t} + \dfrac{6M_1}{t^2} \\[2mm] \sigma_y = \dfrac{N_2}{t} + \dfrac{6M_2}{t^2} \\[2mm] \tau_{xy} = \tau_{yx} = \dfrac{S_{12}}{t} + \dfrac{6M_{12}}{t^2} \end{cases} \tag{4-8}$$

通过上述分析，对于旋喷拱棚柱壳结构，横向内力起主要作用的是环向压应力 N_2，相比纵向压应力 N_1 和环向平错力 S_{12} 较大，同时根据计算结果，内力 M_1、M_2、Q_1 数值较小，M_{12} 和 M_{21} 均为 0，将所求的内力代入式（4-8）可求出单元应力。对于拱脚，旋喷壳体中内力 S_{12} 最大，代入式(4-8)求得的正应力 σ_x 和 σ_y 值均较小，相对应的剪应力 τ_{yz}、τ_{xz} 相对于 τ_{xy} 很小，可忽略不计，因此拱脚处剪应力起主导作用；对于拱顶，旋喷壳体 N_1 和 N_2 取得最大值，代入式(4-8)，剪应力 τ_{xy}、τ_{yz} 值较小可忽略，则主要受 σ_x、σ_y 作用，由于 N_2 相比 N_1 大得多，即 $\sigma_y > \sigma_x$，即 σ_y 和 σ_x 分别为对应壳体单元的最大主应力和最小主应力，且相比拱脚 τ_{xy} 应力更大，即旋喷拱棚在拱顶 $\theta = 0°$ 处最危险，根据材料强度破坏准则，可以判定在拱顶处容易发生剪切破坏。因此在设计和施工中应重点关注水平旋喷拱棚施工质量，确保桩体之间咬合完整，避免纵向出现断桩、偏离设计轴线、桩身不均匀等问题。

4.4　基于壳体解析模型旋喷拱棚参数影响分析

隧道水平旋喷拱棚在发挥其预支护的作用时，不仅与自身设计参数有着直接关系，而且与施工方法和所处地层状况有着密不可分的关联。由前述分析可知，水平旋喷拱棚在拱顶处最危险且容易发生剪切破坏，由于桩体为水泥浆液和土体混合物，强度较低，所以在隧道开挖过程中，旋喷拱棚结构不能容许发生大变形，可将拱顶水平旋喷桩变形量和发展趋势作为设计控制因素，便于为工程提供科学依据。为此，以拱顶处水平旋喷桩为研究对象，本节根据 2.2 节建立的基于弹性地基壳体解析模型，分别从桩径、初始挠度、开挖高度、开挖进尺、隧道埋深等方面探讨设计参数对旋喷桩变形的影响，以期为水平旋喷拱棚预支护设计和施工提供借鉴。

4.4.1　桩径对拱棚挠度影响

为分析桩径对挠度的影响，选取工程中大断面隧道常用桩径尺寸 40 cm、50 cm、60 cm、70 cm，保持其他参数不变，如图 4-16 所示为不同桩径对旋喷拱棚挠度影响。

从图 4-16 可看出，在纵向方向上，水平旋喷桩挠度随桩径增大而减小，不同桩径下最大挠度变形均发生在开挖面后方附近，挠度为零所在位置基本相同；当桩径分别为 40 cm、50 cm、60 cm、70 cm 时，最大挠度变形值分别为 6.82 mm、5.45 mm、4.67 mm、4.03 mm，从桩径 40 cm 到 70 cm，最大挠度变形值减少40.9%，且随着桩径增大，挠度变形值先迅速减小后速率变缓；表明增大旋喷桩桩径尺寸，则旋喷壳体抗弯刚度相应增大，支护效果显著增强。对于依托工程，拱棚设计桩径 50 cm 即可满足安全要求。

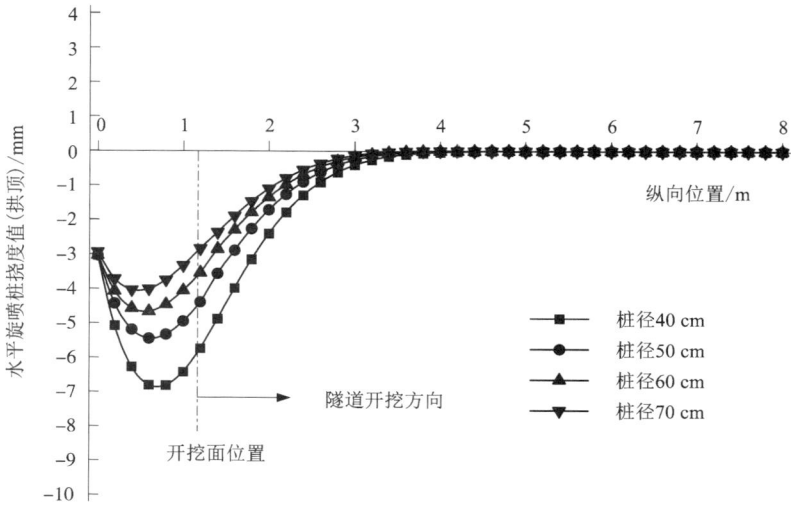

(a) 不同桩径挠度曲线

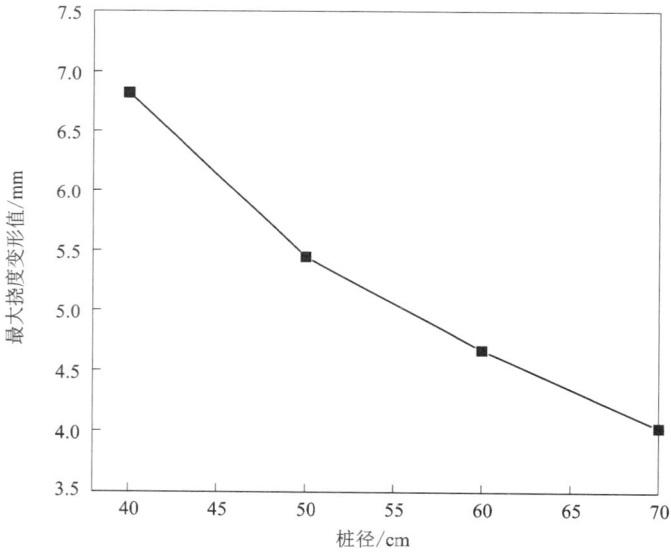

(b) 不同桩径最大挠度变形值

图 4-16 桩径影响分析

4.4.2　初始挠度对拱棚挠度影响

在实际工程中，初期支护存在综合延滞效应[83]，即在初期支护从施作到承载阶段已发生初始挠度（可量测），图 4-17 为不同初始挠度对旋喷拱棚影响结果。

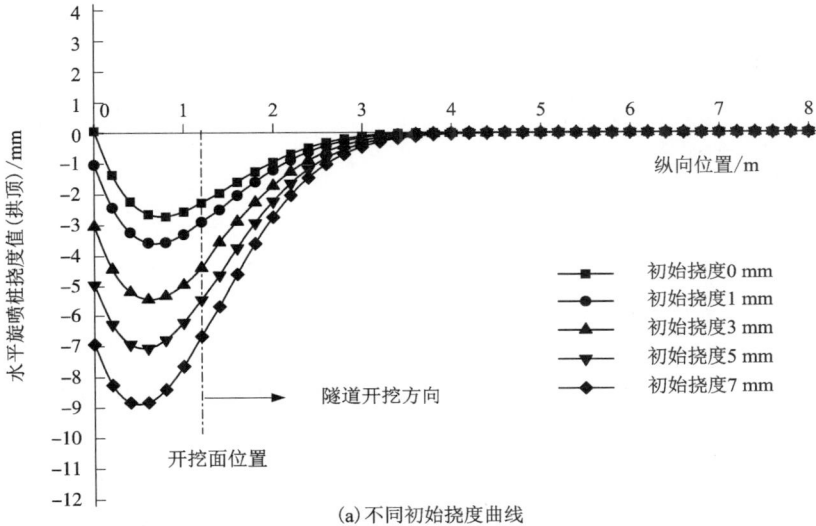

(a) 不同初始挠度曲线

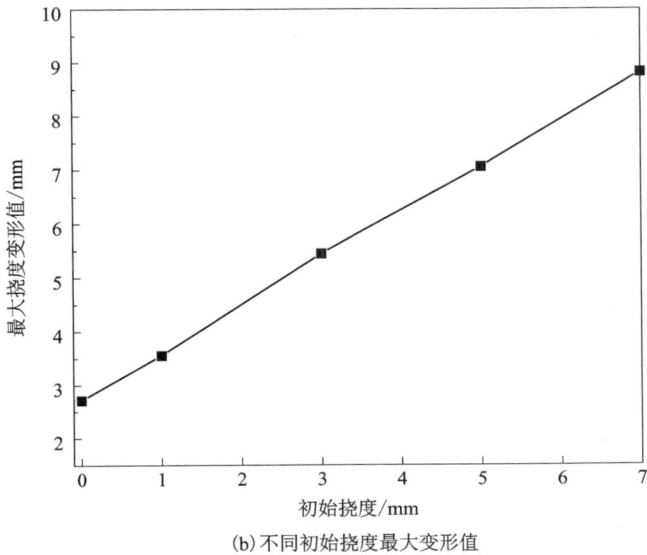

(b) 不同初始挠度最大变形值

图 4-17　初始挠度影响分析

从图 4-17 可看出，旋喷桩挠度随初始挠度增大而增长，整体挠度曲线向下偏移，最大挠度值基本呈现线性增长趋势；初始挠度为 0 mm 时，最大挠度为 2.72 mm，当初始挠度分别为 1 mm、3 mm、5 mm、7 mm 时，最大挠度变形值分别达到 3.56 mm、5.45 mm、7.06 mm、8.82 mm，初始挠度在 0~7 mm，最大挠度值增长了 224.3%；侧面反映初始挠度对拱棚整体挠度有较大影响，因此在实际施工中，若初期支护强度较低，旋喷拱棚后端支撑于初支段不能很好发挥其预支护效果，每次结束循环进尺后，应及时封闭成环，软弱地层隧道在拱脚处可适当设置锁脚锚管，以增强支护刚度，保证旋喷拱棚后端支撑于稳定基层，便于调整围岩压力分布，以保障隧道安全施工。

4.4.3　开挖高度对拱棚挠度影响

对于软弱围岩隧道，多采用分部开挖(盾构开挖除外)，以台阶法施工为例，台阶高度的选取，对围岩稳定性具有重要影响，图 4-18 为不同上台阶开挖高度对挠度影响的分析结果。

从图 4-18 可看出，随上台阶开挖高度的增加，拱棚最大挠度值也有所增大，当上台阶高度分别为 4 m、5 m、6 m、7 m 时，最大挠度变形值分别为 5.13 mm、5.45 mm、5.85 mm、6.11 mm，台阶高从 4 m 增大到 7 m，最大挠度变形值增长 19.10%，总体增幅不大；不同台阶高度，纵向上挠度曲线为零的点逐渐远离开挖面，分析可知，上台阶高度越大，其他参数不变条件下，隧道前方最大松弛范围增大，潜在破裂面逐渐向前推移，导致挠度曲线逐步向下前方推移；因此，为保障水平旋喷拱棚的预支护效果，应合理控制开挖台阶高度，以保证围岩稳定和控制预支护挠度在安全范围以内。

4.4.4　开挖进尺对拱棚挠度影响

每次开挖进尺越长，开挖面后方附近临空区域越大，拱棚预支护直接分担更多荷载。为探究隧道循环开挖进尺对拱棚挠度影响，选取常用开挖进尺 0.6 m、1.2 m、1.8 m、2.4 m 进行分析计算，图 4-19 为不同开挖进尺对挠度影响的分析结果。

从图 4-19 可看出，隧道开挖进尺对整体挠度曲线影响较大，随进尺增加，挠度逐渐增大，开挖进尺为 0.6 m 和 1.2 m 时，最大挠度变形出现在开挖面附近，随进尺增加最大挠度变形所在处逐渐滞后于开挖面，整体挠度曲线向前逐步推进，且挠度曲线为零的点逐渐向前移动；当开挖进尺分别为 0.6 m、1.2 m、1.8 m、2.4 m 时，最大挠度变形值分别为 4.78 mm、5.45 mm、6.14 mm、7.02 mm，开挖进尺从 0.6 m 增加到 2.4 m，最大挠度变形值增幅为 46.9%，整体呈线性加

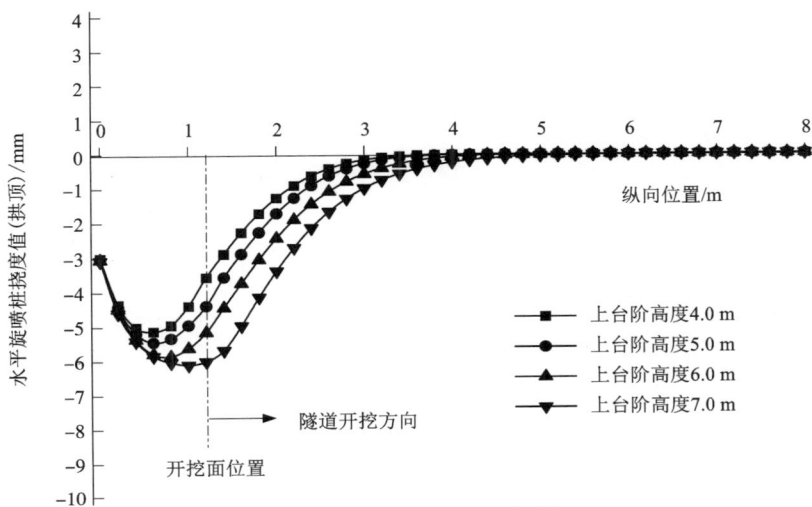

(a) 不同台阶高度挠度曲线

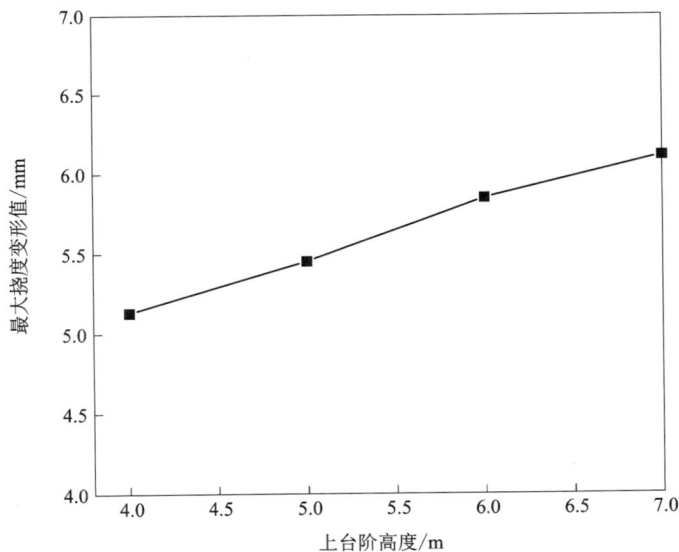

(b) 不同台阶高度最大挠度变形值

图 4-18　上台阶开挖高度影响分析

速增长趋势。结果表明,在隧道施工中不能一味强调施工进度,而忽略开挖进尺对预支护结构变形受力和围岩的稳定性影响,也不能纯粹强调安全而使用短进尺开挖,应结合工程实际情况,选用合理的开挖进尺。

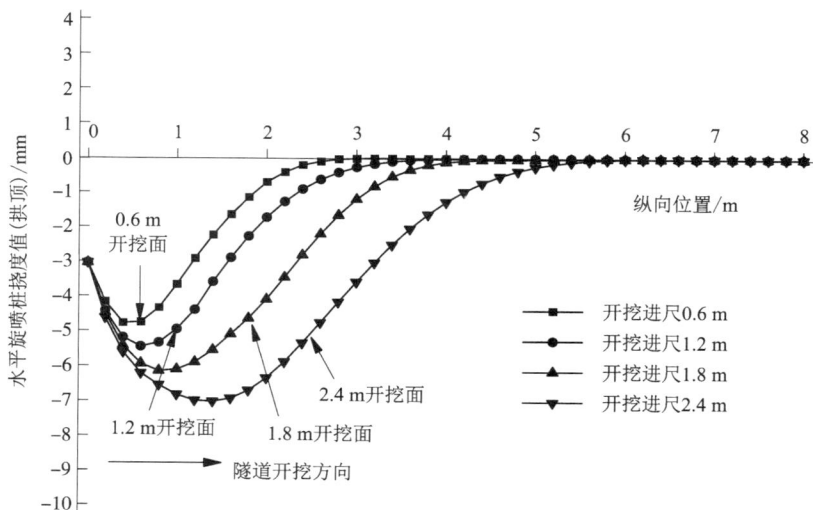

(a)不同开挖进尺挠度曲线

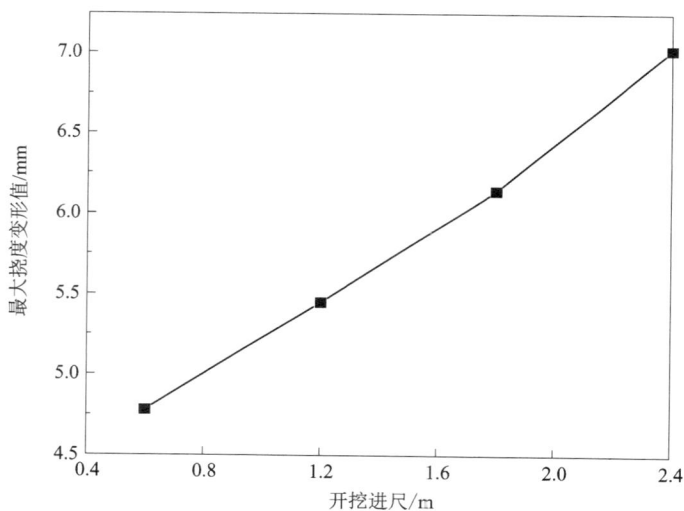

(b)不同开挖进尺最大挠度变形值

图 4-19 开挖进尺影响分析

4.4.5 隧道埋深对拱棚挠度影响

隧道开挖会打破岩土体原有的初始应力场，对于软弱围岩大断面隧道而言，开挖引起的应力重分布场区域更大，不同埋深下造成的塑性松动区响应不一，从而导致作用于预支护结构荷载不同，因此，为探究隧道埋深对拱棚变形影响，分别选取埋深 8 m、30 m、65 m、75 m 进行参数影响分析，如图 4-20 所示。

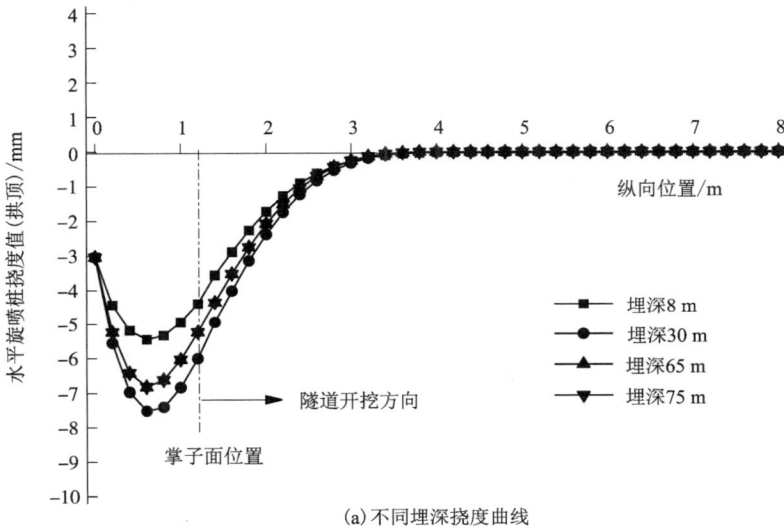

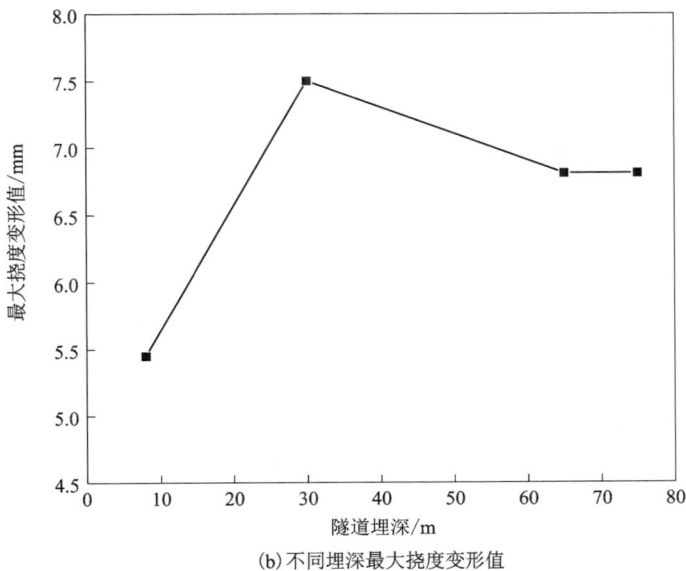

(a) 不同埋深挠度曲线

(b) 不同埋深最大挠度变形值

图 4-20　隧道埋深影响分析

从图 4-20 可看出，不同埋深下旋喷桩挠度曲线不同，总体挠度曲线并非随埋深增加而增加，当隧道埋深分别为 8 m、30 m、65 m、75 m 时，旋喷桩最大挠度变形值分别为 5.45 mm、7.50 mm、6.81 mm、6.81 mm，埋深从 8 m 增加到 75 m，最大挠度变形值增幅为 25.0%，当埋深超过一定值，埋深继续增大而挠度不再改变。埋深 8 m、30 m 分别为超浅埋、浅埋，埋深 65 m、75 m 为深埋，即拱顶处旋喷桩所受围岩压力关系为：埋深 30 m>埋深 65 m＝埋深 75 m>埋深 8 m，其最大挠度变形值也如此，表明管棚挠度变形规律与围岩压力规律一致。

4.5 本章小结

本章依托实际工程，基于弹性地基壳体力学模型，研究水平旋喷拱棚结构施工中变形受力机理，探究设计参数对其力学影响规律，主要结论如下：

①通过解析解和数值结果对比分析，隧道施工中，水平旋喷拱棚在开挖面附近变形最大，前方影响范围 2~3 倍开挖进尺，两者数据吻合程度较好，纵向整体挠度曲线相似，采用弹性地基的壳体理论分析模型可满足工程需要。

②纵向上，水平旋喷桩挠度影响可分为三个区，即临空影响区、开挖扰动区、前方稳定区；横向上，拱顶处旋喷桩挠度变形最大，向拱脚方向逐渐减小；空间上，挠度起到调整压力分布作用，一定程度上使内部围岩处于免压状态；柱壳体满足承压特性，在拱顶处最危险，容易发生剪切破坏，设计和施工中应重点关注。

③水平旋喷拱棚参数分析表明，桩径、初始挠度、开挖高度、开挖进尺、隧道埋深对拱棚自身结构体受力有直接影响，且不同参数影响程度不同，总体表现为：初始挠度>开挖进尺>桩径>埋深>开挖高度，在设计和施工时应结合实际情况，控制合理参数。

第 5 章　管棚缺陷对其预支护效果影响及克服

管棚在工程中常出现注浆不饱满的情况，给其预支护效果带来不确定性；针对部分极端地层，常采用管内配筋或套管等方法以提高管棚刚度，但其对管棚承载特性的提高尚未有准确评定。同时业内对管棚承载特性研究还存在诸如力学性质不明确、与地层相互作用关系认识不深入等问题。为此，本章拟通过室内试验及数值模拟等手段分析管棚直径、注浆不饱满缺陷、管内配筋或套管等因素对管棚力学特性的影响。

5.1　注浆饱满度对管棚承载影响试验研究

管棚是一种预支护手段，许多学者采用数值方法对其进行了深入的研究，但是目前多局限于管棚对控制围岩变形和开挖面稳定整体效果的研究，而对管棚的具体参数化研究较少。查阅文献发现，在钢管混凝土方面，相关学者对圆形钢管混凝土进行了相应的参数化研究。因此，本节参考钢管混凝土试验方法，设计模型试验对注浆管棚的参数及承载特性进行探索和研究。

5.1.1　试验方案

为了考察不同注浆饱满度及管内填充材质对管棚试验短柱力学参数及承载性能的影响，设计不同参数构件的纯弯试验，每组包括不同直径、不同饱满度、加筋不同饱满度、套管不同饱满度四部分，共 20 根等长度注浆管棚短柱，详细设计情况见表 5-1。

试验试件统一采用 Q235 钢管，管长为 900 mm，管内填充 M30 水泥砂浆，为贴合现场施工，采用与实际施工相同的配比(水泥∶砂∶水=1∶1.5∶0.45，质量比)，试件尺寸如图 5-1 所示。表 5-1 中试件编号的含义："ZJ"表示不同直径试件，"BM"表示不同饱满度试件，"GJ"表示加入钢筋试件，"TG"表示加入套管试件。

表 5-1　试件参数一览表

试验类型	试件编号	钢管尺寸 ($D×t×L$)/mm×mm×mm	长细比 (L/D)	饱满度/%
纯弯试验	ZJ1-1	76×4×900	11	100
	ZJ1-2	108×6×900	8	
	ZJ1-3	159×8×900	6	
	BM1-1	108×6×900	8	90
	BM1-2			80
	BM1-3			50
	GJ1-1	108×6×900+4ϕ12	8	100
	GJ1-2			90
	TG1-1	108×6×900+76×4×900	8	100
	TG1-2			90
材料	Q235 钢管，HRB335，M30 水泥砂浆，赣江细砂，水泥：砂：水＝1：1.5：0.45			

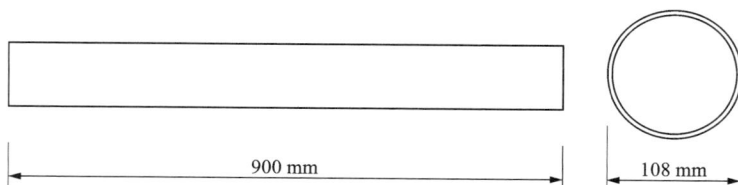

图 5-1　试件尺寸及剖面示意图

5.1.2　试件制作

参考国内外学者在钢管混凝土柱方面的试验研究方法，按照表 5-1 中所述的四种类型试件，选取预定尺寸的钢管，将钢管切割车平，分别制作成 ϕ76 mm 钢管柱（3 根）、ϕ108 mm 钢管柱（8 根）、ϕ159 mm 钢管柱（1 根），并依照表 5-1 进行编号标记。所有试件所用材料一致，同一批次制作，每种类型试件制作过程如下。

1. 不同直径试件

选取对应编号直径分别为 76 mm、108 mm、159 mm 钢管柱各 1 根。灌注砂浆之前先将钢管柱的底部用预制圆钢片封口，再用塑料薄膜纸固定。完成后，将钢管柱放置在水平钢板上固定，然后通过漏斗从上部端口向钢管柱内部灌入水泥砂浆(图 5-2),每灌注完成 1/3 后插入振捣棒进行振捣,同时采用小锤在钢管外部进行侧振,以保证水泥砂浆密实。待填充完成后,采用高强环氧砂浆将管口处浮浆抹平,并以塑料薄膜纸封口。最后,将试件放入养护室,在标准养护条件下养护 7 d,随后自然养护 20 d。

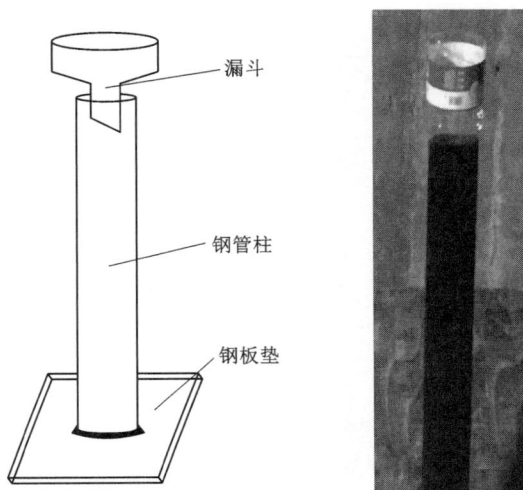

图 5-2　砂浆灌注平台

2. 不同注浆饱满度试件

选取对应编号直径为 108 mm 的钢管共 3 根,分为两组。砂浆灌注同前(图 5-2),完成后,采用高强环氧砂浆涂抹上部端口并以塑料薄膜纸进行封闭。随后将试件水平放置在振动平台上(图 5-3),使用固定底座固定试件,开启振动 2~3 min,分别制成饱满程度为 90%、80%、50% 的试件,如图 5-4 所示,将试件放入养护室,在标准养护条件下养护 7 d,随后自然养护 20 d。

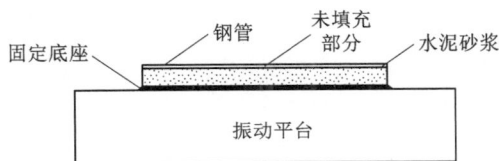

图 5-3　试件振动平台

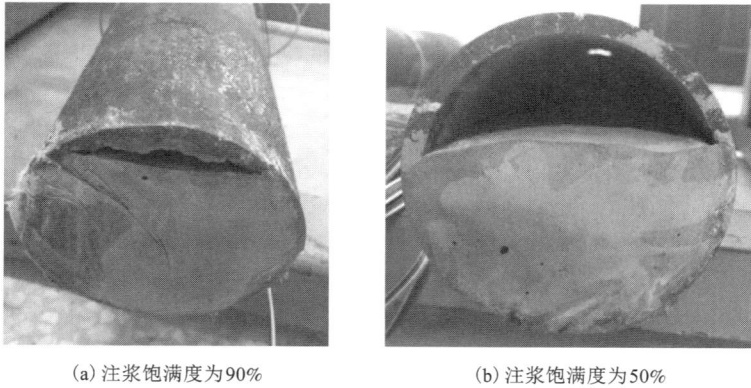

(a) 注浆饱满度为90%　　　　　　　(b) 注浆饱满度为50%

图 5-4　不同注浆饱满度试件完成图

3. 材料性能试验结果

试验中 10 根试件为同一批次浇注，并同时浇注了 3 个水泥砂浆立方体试块（150 mm×150 mm×300 mm）与试件进行相同条件养护，所浇筑的水泥砂浆强度的重量配合比为水泥：水：砂=1∶0.45∶1.5，其中，水泥为普通硅酸盐水泥（P. O 42.5），配以赣江细砂；水泥砂浆试验在实验室 1200 kN 压力机上加载完成，水泥砂浆强度 $f_{cu,k}$ 参考混凝土立方体试块按照混凝土标准试验方法测得，抗压试验过程如图 5-5 所示，试验结果见表 5-2。

图 5-5　水泥砂浆立方体试块抗压试验

钢管材料属性由拉伸试验确定，将钢材做成 6 个标准试件，采用实验室

600 kN 液压式万能材料试验机，按照《金属材料 拉伸试验 第 1 部分：室温拉伸方法》（GB/T 228.1—2021）有关规定进行拉伸试验，钢片拉伸试验过程如图 5-6 所示，试验结果见表 5-2。

(a) 拉伸前

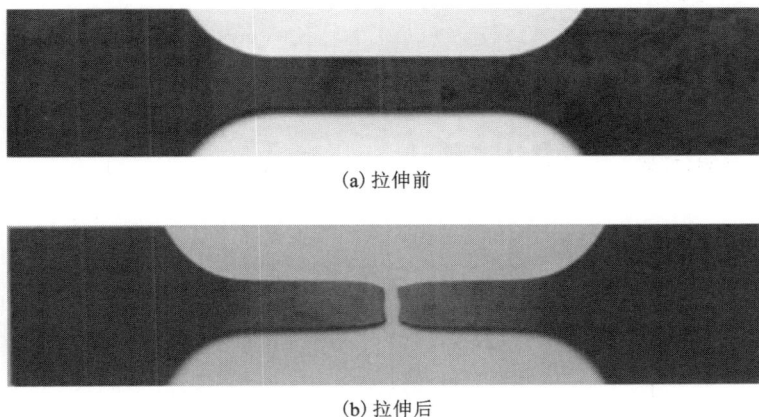

(b) 拉伸后

图 5-6　钢管材性拉伸试验

表 5-2　材料性能试验结果

水泥砂浆		钢管		
$f_{cu.k}$/MPa	f_{ck}/MPa	f_y/MPa	f_u/MPa	ε_y/（×10⁻⁶）
42.2	27.92	328.2	484	1593

注：$f_{cu.k}$ 为抗压强度，f_{ck} 为轴心抗压强度，f_y 为钢材屈服强度，f_u 为钢材极限抗拉强度，ε_y 为钢材屈服应变（$\varepsilon_y = f_y/E_S$，E_S 为钢材弹性模量，取 206 GPa）。

5.1.3　测点布置

试验中采用两种测量方法：①在管棚中部布置应变花，以测定试件纯弯过程中各个位置的横向和纵向应变值；②采用位移传感器分别测量试件的各个位置在纯弯过程中的纵向变形。因此，在试件外表面长度方向重点处，环向均匀布置 8 个应变花［图 5-7(b)］，以测定在轴压过程中受拉和受压部分的横向、纵向应变值。同时，分别在试件的四分点及基座处共布置 5 个量程为 300 mm 的位移计以测定各部分的挠度变化值，如图 5-7 所示。

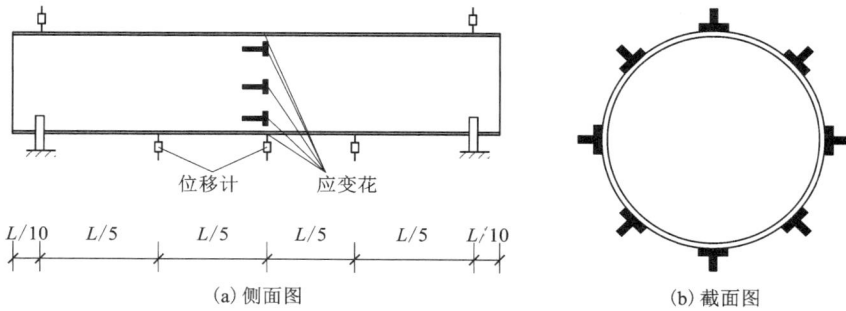

(a) 侧面图 　　　　　　　　　　　　　　　　(b) 截面图

图 5-7　纯弯试件测点布置图

5.1.4　加载制度及试验装置

试验中，考虑到在管棚注浆不饱满的情况下，实验刚性梁与试件之间为点接触，荷载集中在试件钢管顶部，与现场实际情况不符，因此设计了一种 U 形卡槽（图 5-8），放置于刚性梁与试件之间（图 5-9），使荷载均匀加载在试件上，与现场实际情况一致，加载装置如图 5-10 所示。

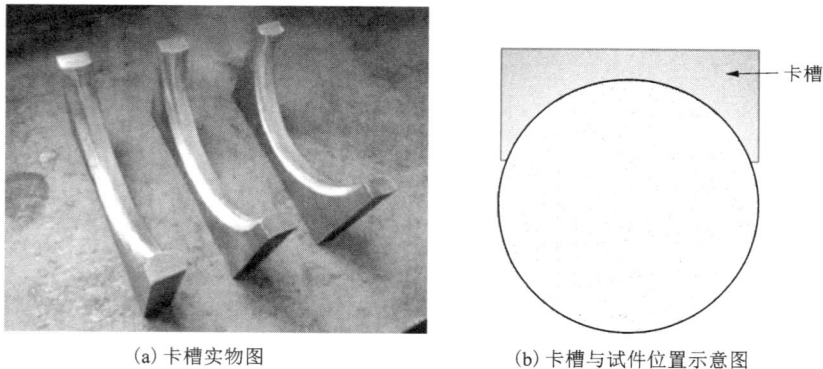

(a) 卡槽实物图 　　　　　　　　　(b) 卡槽与试件位置示意图

图 5-8　卡槽示意图

试验中所有的量测数据均采用 DH3815 数据采集仪进行采集记录，另取一块钢板作为补偿，并在其表面粘贴应变片，应变片接入应变采集箱的接法按照惠斯通 1/4 桥接入应变采集箱，传感器灵敏度设置为 2.06（mV/EU）；位移计按照白、红、蓝、黄的顺序分别接入应变采集箱，传感器灵敏度设置为 0.38（mV/EU），具体接法如图 5-11 所示。荷载值从压力传感器仪表人工读取。

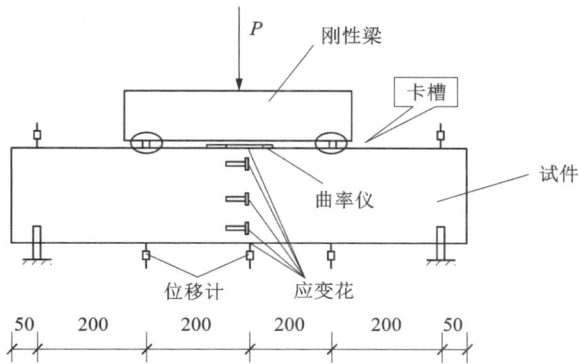

图 5-9　卡槽位置布置图

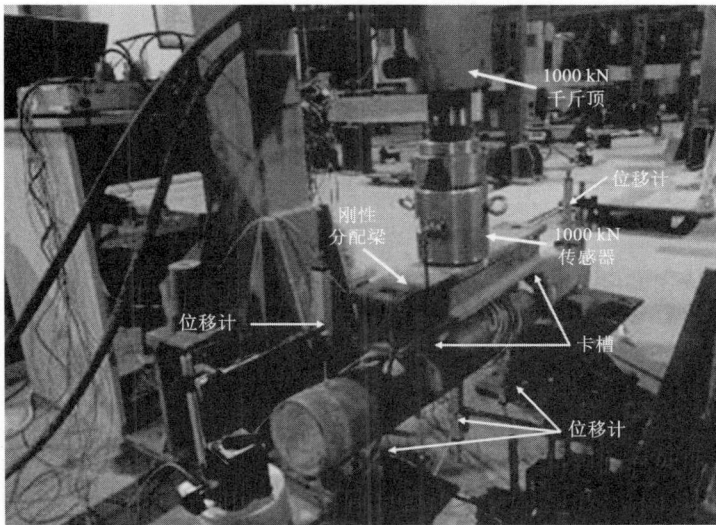

图 5-10　加载装置示意图

图 5-11　数据采集箱接法

5.1.5 试验结果分析

1. 试验现象

图 5-12 给出了部分纯弯试件最终破坏形态,可见管棚试件破坏形态与钢管混凝土破坏形态接近。注浆饱满情况下,试件外钢管表面基本未出现局部凸曲现象,曲线光滑,当管棚试件注浆饱满度不足时,试件与卡槽接触处出现凹槽,深度随饱满度降低而增大,且两端管口出现变形,由圆形向椭圆发展,管壁与水泥砂浆出现脱开。

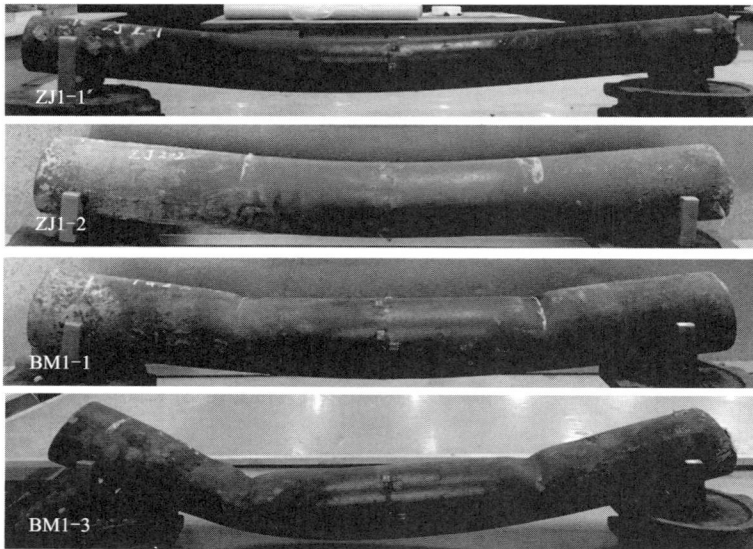

图 5-12　纯弯试验破坏形态

2. 弯矩-挠度(M-μ_m)关系曲线

图 5-13 和 5-14 分别为试验实测的不同直径、不同饱满度下的弯矩(M)-挠度(μ_m)关系曲线。

由图可以看出,所有曲线大致分为 3 个阶段,弹性段、弹塑性段,以及塑性段。在弹性段,弯矩与跨中挠度呈线性增加关系;在弹塑性段,弯矩增加较小,跨中挠度增加较大,弯矩-跨中挠度关系曲线斜率越来越小,直至进入塑性段;在塑性段，弯矩有略微减小，但跨中挠度仍继续增加。分析各图可以看出：

（1）由图 5-13 可知，在注浆饱满情况下，随着试件的直径增大，弹性阶段弯矩（M）-挠度（μ_m）关系曲线斜率随之增大，且极限弯矩呈跨越式增长，以 ZJ1-2（ϕ108 mm）与 ZJ1-3（ϕ159 mm）为例，ZJ1-3 管径是 ZJ1-2 的 1.47 倍，而极限弯矩达 1.58 倍。可见，直径对管棚试件的抗弯承载力有很大影响。

（2）由图 5-14 可知，当注浆不饱满时，随着饱满度降低，弹性阶段弯矩（M）-挠度（μ_m）关系曲线斜率明显减小，极限弯矩也随之降低。

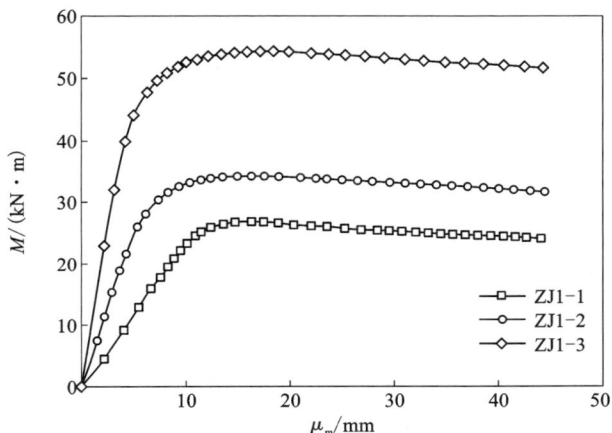

图 5-13　不同直径下管棚弯矩-挠度曲线

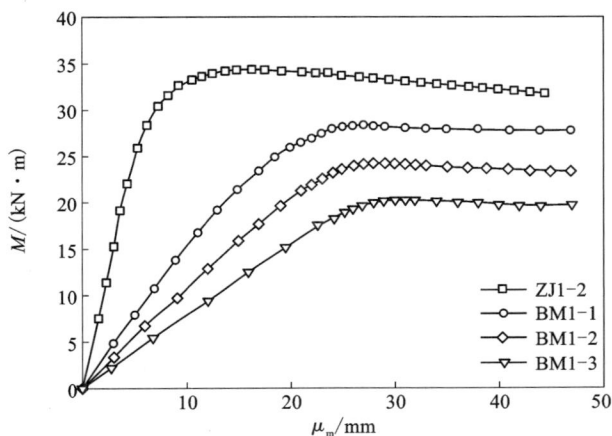

图 5-14　不同饱满度下管棚弯矩-挠度曲线

3. 管棚极限承载力分析

考虑到管棚在实际工程中以抗弯变形为主,结合试验结果,取各试件纯弯试验中的极限值进行对比分析,变化情况如图 5-15 和 5-16 所示。

由图可知,管棚直径大小对管棚的抗弯性能有很大的影响,在注浆饱满度相同的情况下,增大管径可使管棚的抗弯性能有明显提高。在试件长细比相同的情况下(本试件为 8),当管棚出现注浆不饱满时,试件的抗弯性能会大幅度下降,根据图 5-16,当注浆饱满度为 90% 时,管棚试件的极限弯矩下降幅度达到 20.6%;当注浆饱满度为 80% 时,管棚试件的极限弯矩下降幅度达 29.4%;当注浆饱满度为 50% 时,极限弯矩下降 41.2%,呈非线性。

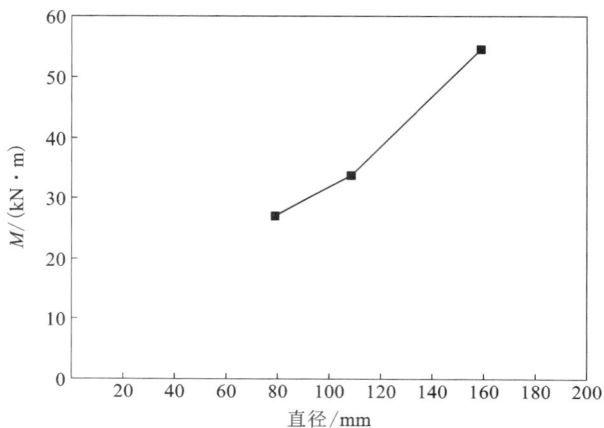

图 5-15　不同直径管棚弯矩极限值变化曲线(饱满度 100%)

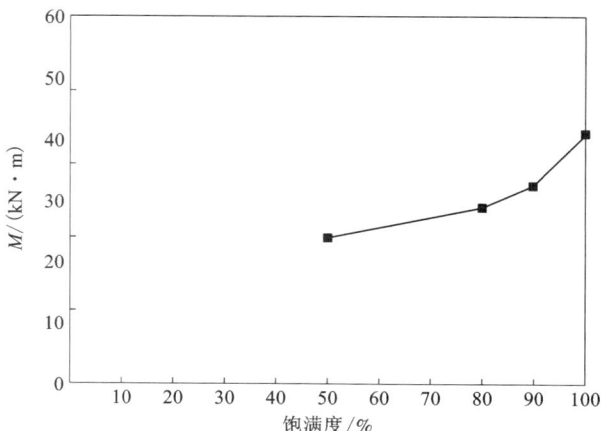

图 5-16　不同饱满度下管棚弯矩极限值变化曲线(φ108 mm)

5.2　注浆饱满度对管棚承载影响的精细化数值研究

5.2.1　数值模型建立

进一步采用 ABAQUS 有限元软件进行精细化建模计算,研究注浆不饱满度对注浆管棚承载性能的影响。图 5-17 为注浆管棚模型,由水泥砂浆填充。为更贴合试验,钢管应力-应变曲线采用二次塑流模型[96],弹性模量为 206 GPa;水泥砂浆则采用黏弹性模型[97],弹性模量为 36 GPa。

将钢管、水泥砂浆、钢筋和套管分开考虑,均用实体单元模拟,网格类型为三维实体单元(C3D8R)。考虑钢管与水泥砂浆间的黏结作用,包括切向和法向两种行为:法向行为使用硬接触模拟,且允许接触后分离;切向行为使用罚函数模拟,摩擦系数设置为 0.6[98]。管棚注浆不饱满度参数设置见表 5-3。

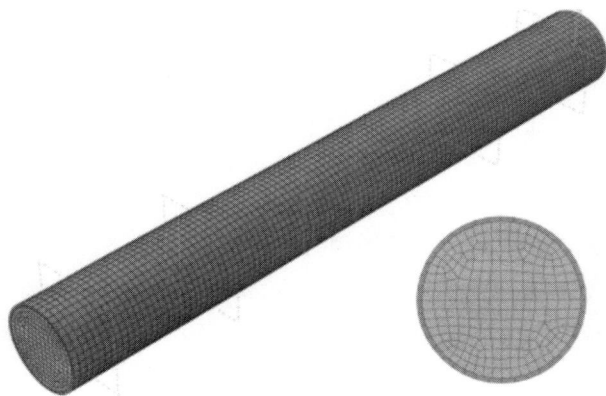

图 5-17　注浆管棚模型图

表 5-3　管棚注浆不饱满度参数设置表

管棚类型	水泥砂浆注浆不饱满度(X)
注浆管棚	0%、1%、2%、3%、4%、5%、10%、15%、20%、25%、30%、35%、40%、45%、50%、100%

模型边界条件:模型两端各 50 mm 处施加支座约束,一端约束其 X、Y、Z 方

向的位移，另一端约束其 Y、Z 方向的位移，同时在左、右两侧的四分点处施加位移荷载，如图 5-18 所示。

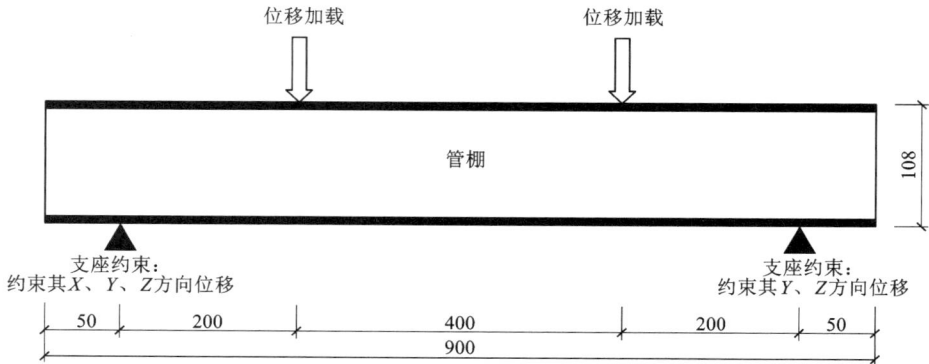

位移加载　位移加载

管棚

108

支座约束：
约束其 X、Y、Z 方向位移

支座约束：
约束其 Y、Z 方向位移

50　200　400　200　50
900

图 5-18　管棚加载示意图(单位：mm)

5.2.2　数值试验对比分析

图 5-19 为注浆管棚试验(数值)极限承载力系数-注浆饱满度 $MI-X$ 的关系曲线图。由图可知，注浆管棚的极限承载力系数均随注浆不饱满度上升而下降，其下降速率呈现逐渐减缓的趋势。注浆饱满时管棚极限承载力达到峰值，随着注浆不饱满度增大，管棚极限承载力也随之降低，具体表现为：注浆不饱满度为 2% 时，注浆管棚的极限承载力较注浆饱满时下降 4.6%；注浆不饱满度升至 25% 时，其极限承载力较注浆饱满时下降 35.3%；而无注浆时，三类管棚极限承载力仅为注浆饱满时的 58.4%，下降了 41.6%。且由图 5-19 可知，数值 $MI-X$ 曲线与试验所得吻合较好，验证了本书数值模型的适用性和合理性。

图 5-20 为本书管棚与文献[99]钢管混凝土的极限承载力系数-注浆不饱满度 $MI-X$ 曲线对比图。文献[99]的数值结果表明：钢管混凝土在注浆不饱满度为 2.7%、4.4%、6%、7.5% 时，其极限承载力分别为注浆饱满时的 92.5%、89.9%、89.4%、86.8%。由图 5-20 可知，文献[99]的数据拟合曲线与本书的 $MI-X$ 曲线相比非常接近，较为吻合，侧面验证了本书数值模型具有较高的可行性。

综上，注浆管棚极限承载力随注浆不饱满度上升而下降，下降速率先快后慢，当注浆不饱满度仅为 2% 时，其极限承载力较注浆饱满时下降幅度较小，下降 4.6%；而当注浆不饱满度升至 25% 时，其极限承载力较注浆饱满时大幅下降，其下降幅度为 35.3%，此时管棚极限承载力与无注浆时非常接近。

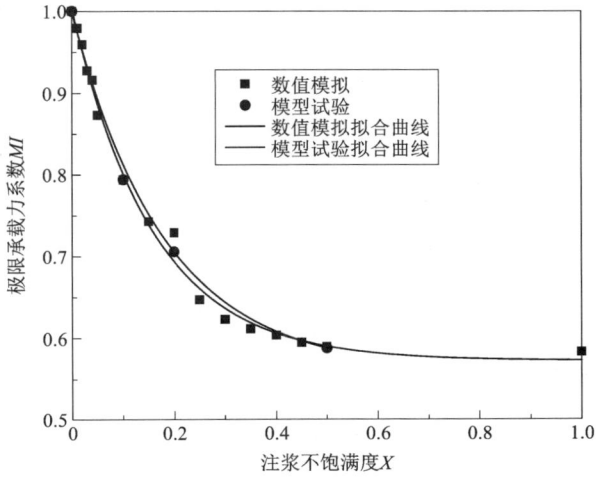

**图 5-19　注浆管棚试验 (数值) 极限承载力
系数-注浆饱满度的关系曲线**

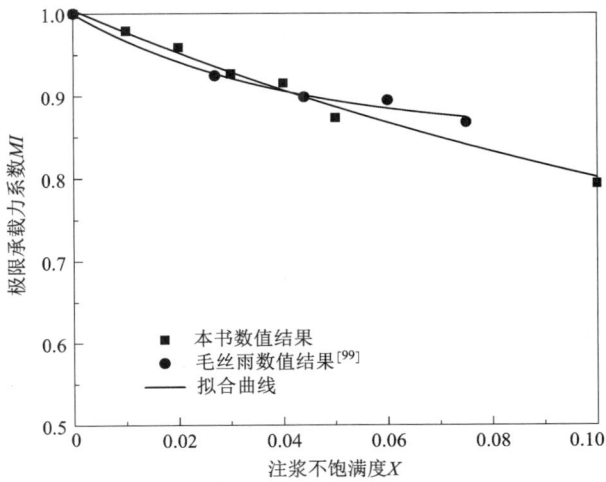

图 5-20　极限承载力系数-注浆饱满度曲线对比图

5.3　注浆饱满度对加强管棚承载影响试验研究

5.3.1　试件制作

1. 加筋不同饱满度试件

选取 4 根 ϕ12 mm 钢筋制作成直径为 76 mm 的钢筋笼,以固定环固定(图 5-21),共制作 2 套,再取对应编号直径为 108 mm 的钢管 2 根。将制作成的钢筋笼放入钢管中(图 5-21),与 5.1 节试件制作方式相同,分别制作成两组饱满度为 100%、90%加筋管棚试件。

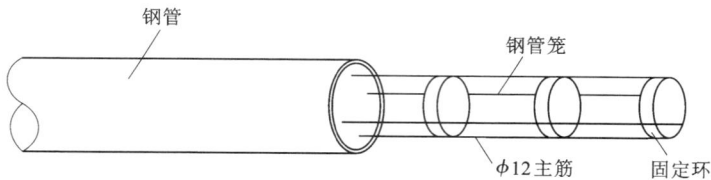

图 5-21　内置钢筋笼骨架示意图(简图)

2. 套管不同饱满度试件

选取对应编号直径分别为 76 mm、108 mm 钢管各 2 根。按 5.1 节试件制作方法,分别制作成两组饱满度为 100%、90%套管管棚试件(图 5-22)。

图 5-22　套管试件示意图(简图)

试验中测点布置、加载制度设置及试验装置均同 5.1 节。

5.3.2 试验结果分析

(1)弯矩-挠度(M-μ_m)关系曲线分析

图 5-23 和 5-24 分别为试验实测的不同直径试件、不同饱满度及不同填充材质下的弯矩-挠度关系曲线,由图可以看出,所有曲线大致分为 3 个阶段:弹性段、弹塑性段,以及塑性段。在弹性段弯矩与跨中挠度呈线性增加关系;在弹塑性段,弯矩增加较小,跨中挠度增加较大,弯矩-跨中挠度关系曲线斜率越来越小,直至进入塑性段;在塑性段,弯矩有略微减小,但跨中挠度仍继续增加。分析各图可以看出:

①由图 5-23 可知,当管内加入 4 根 ϕ12 mm 钢筋或 ϕ76 mm 钢管后,极限弯矩明显增大。

②由图 5-24 可知,当注浆饱满度为 90%时,管棚试件在纯弯作用下,由于管内存在填充不饱满部分,管棚弹性阶段斜率较小。当不饱满部分变形完全而接触到填充部分时,弯矩-跨中挠度关系曲线斜率增大,套管作用下斜率最大,加筋次之,仅填充砂浆最小。

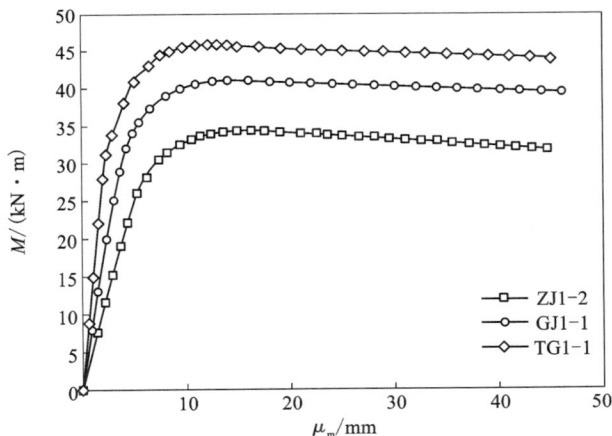

图 5-23 不同填充下管棚弯矩-挠度曲线(饱满度 100%)

(2)管棚极限承载力分析

考虑到管棚在实际工程中以抗弯变形为主,结合试验结果,取各试件纯弯试验中的极限值进行对比分析,变化情况如图 5-25 和图 5-26 所示。

由图 5-25、图 5-26 可知,在试件相同直径下,管棚试件内部放入 4 根钢筋

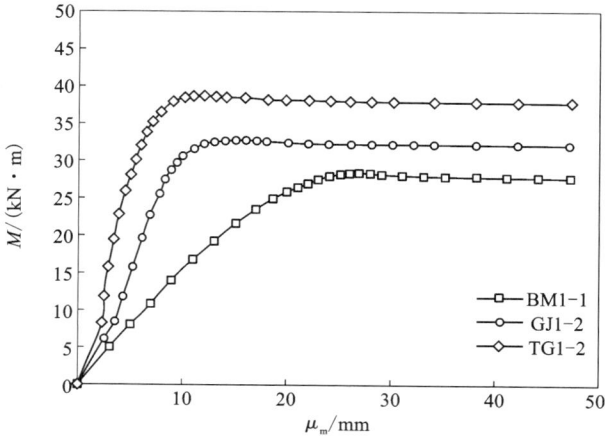

图 5-24 不同填充下管棚弯矩-挠度曲线（饱满度 90%）

与管内套管可使管棚抗弯性能提升效果明显，与仅注满砂浆试件（饱满度 100%）相比，管内插入钢筋与套管试件抗弯性能提高 20.5%、35%。

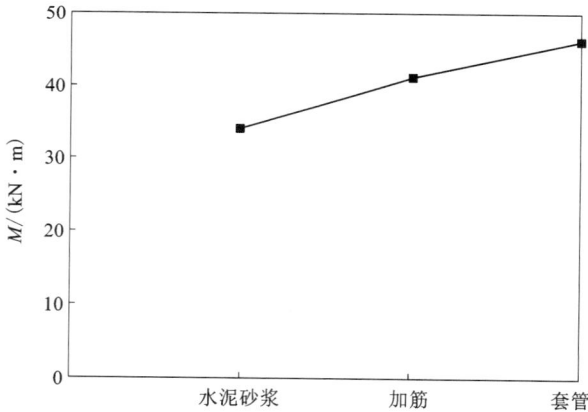

图 5-25 不同填充材质下管棚弯矩极限值变化曲线
（饱满度 100%，直径 108 mm）

当饱满度为 90% 时，试件相同直径下，管棚试件内部放入 4 根钢筋与管内套管管棚抗弯承载力均小于注浆饱满情况。且对比注浆饱满度为 90% 时，仅填充砂浆、管内加筋、套管三种措施，与仅填充砂浆相比，管内加筋、套管抗弯性能分别

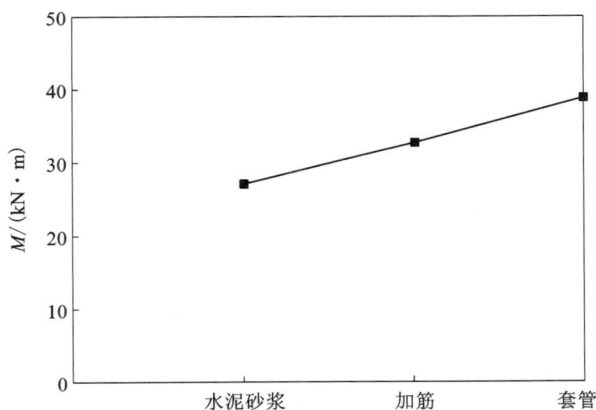

图 5-26　不同填充材质下管棚弯矩极限值变化曲线
（饱满度 90%，直径 108 mm）

提高 13.9%、14.3%，均小于注浆饱满度为 100% 情况。可见，管内加筋或套管措施对管棚抗弯性能提升效果受管内注浆饱满程度影响。

5.4　注浆饱满度对加强管棚承载影响的精细化数值研究

5.4.1　数值模型建立

进一步采用 ABAQUS 有限元软件进行精细化建模计算，研究注浆不饱满度管内加钢筋束、管内加套管两种工况下管棚承载性能的影响。图 5-27(a) 为加钢筋束管棚模型，由水泥砂浆、4ϕ12 mm 钢筋束填充；图 5-27(b) 为加套管管棚模型，由水泥砂浆、ϕ76 mm 钢管填充。

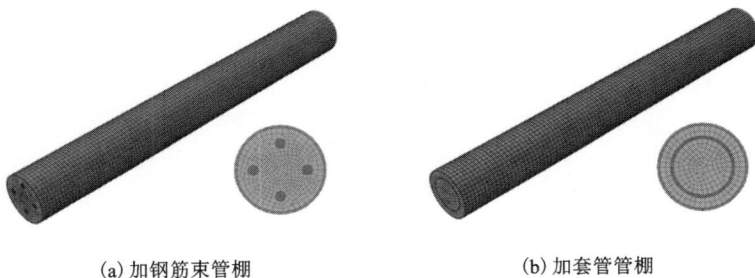

(a) 加钢筋束管棚　　　　　　　　　　　(b) 加套管管棚

图 5-27　加强管棚模型图

125

钢管水泥砂浆的本构、数值工况参数、钢管与水泥砂浆间的接触设置、模型边界条件均同 5.2 节。

5.4.2 数值计算结果分析

基于上述精细化数值模型的建立，对不同注浆不饱满度的加钢筋束管棚、加套管管棚进行数值结果分析，可分别得出二者的极限承载力系数和脱开率的规律曲线。

1.管棚极限承载力分析

（1）极限承载力系数

为更好地定量分析注浆不饱满度对管棚极限弯矩的影响，将管棚在注浆不饱满时与注浆饱满时极限弯矩的比值定义为管棚极限承载力系数 MI。

三类管棚的 $MI-X$（极限承载力系数–注浆不饱满度）关系曲线如图 5-28 所示，由图可知三类管棚的极限承载力系数均随注浆不饱满度上升而下降，其下降速率呈现逐渐减缓的趋势。注浆饱满时三类管棚极限承载力均达到峰值，随着注浆不饱满度增大，管棚极限承载力也随之降低，具体表现为：当注浆不饱满度仅为 2% 时，其极限承载力较注浆饱满时下降幅度较小，分别下降 4.6%、5.2%、4.8%；而当注浆不饱满度升至 25% 时，其极限承载力较注浆饱满时大幅下降，分别下降 35.3%、40.4%、37.1%，此时管棚极限承载力与无注浆时非常接近。

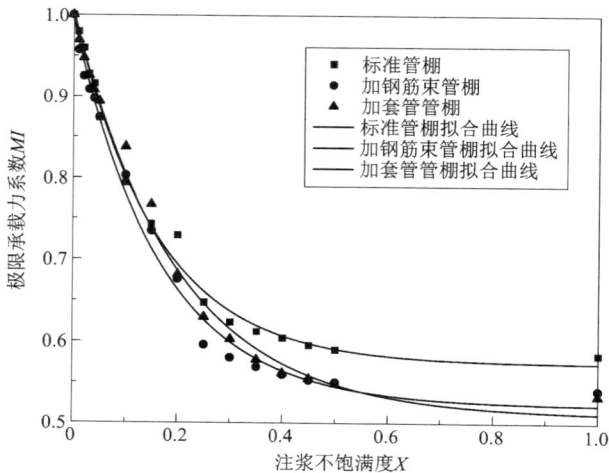

图 5-28　管棚极限承载力系数–注浆不饱满度曲线

（2）管棚极限弯矩分析

图 5-29 为管棚 M-X（极限弯矩-注浆不饱满度）曲线图，图 5-30 为相同注浆不饱满度时管棚内加筋（钢筋束、套管）对其极限弯矩的影响图。由图 5-29 和图 5-30 可知管棚内加筋对其极限弯矩有一定的提升，加筋种类不同，其提升值有所差别，但均在注浆饱满时效果最好，在注浆不饱满度为 10% 左右急剧下降，注浆不饱满度升至 20% 左右趋于平缓，具体表现为：注浆不饱满度为 0%～10% 时，管棚内加钢筋束、加套管对其极限弯矩的提升值范围分别为 2.35～3.02 kN·m、7.15～7.76 kN·m。注浆不饱满度由 10% 提升至 20% 时，极限弯矩提升值分别由 2.35 kN·m、7.15 kN·m 降至 1.08 kN·m、4.43 kN·m，降幅达 55.9%、39%，而无注浆时，其提升值分别为 0.86 kN·m、3.25 kN·m。

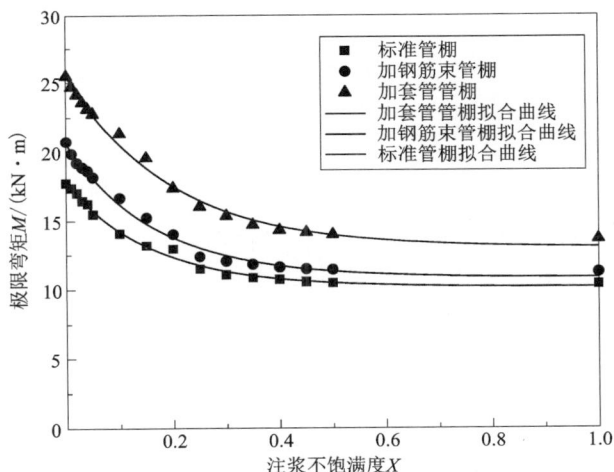

图 5-29　管棚极限弯矩-注浆不饱满度曲线

经计算，注浆不饱满度为 0%～100% 时，管棚内加钢筋束、加套管对其极限弯矩的提升值范围分别为 0.86～3.02 kN·m、3.25～7.76 kN·m，呈非线性提升，对应的提升率分别为 7.7%～18.3%、31.4%～51.6%，这表明注浆不饱满时，管棚内加套管对极限弯矩的提升效果远大于加钢筋束。

2. 管棚脱开率分析

将相同荷载作用下，管棚跨中截面钢管管壁与水泥砂浆环向脱开长度与初始接触长度之比定义为脱开率 TI。

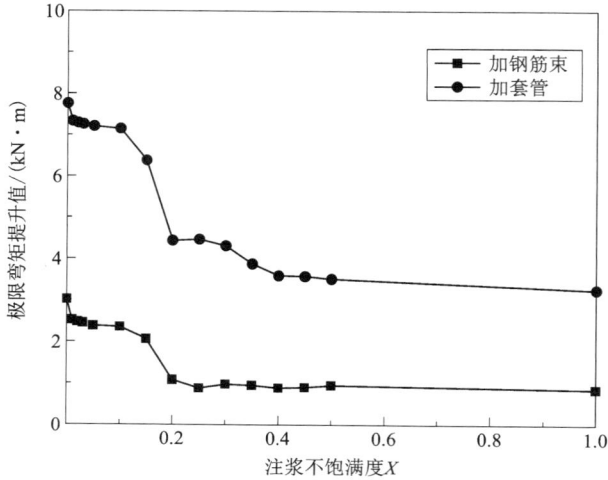

图 5-30　管棚内加筋对其极限弯矩的影响图

三类管棚的 $TI-X$（脱开率-注浆不饱满度）关系曲线如图 5-31 所示。由图 5-31 可知，管棚注浆不饱满度为 2% 时，对应的脱开率均在 2% 左右；注浆不饱满度为 5% 时，注浆、加钢筋束、加套管管棚的脱开率分别为 35.1%、25.6%、16.9%；注浆不饱满度为 30% 时，三类管棚的脱开率分别为 73.3%、71.8%、58.7%；注浆不饱满度上升至 50% 时，三类管棚的脱开率分别上升至 78.3%、

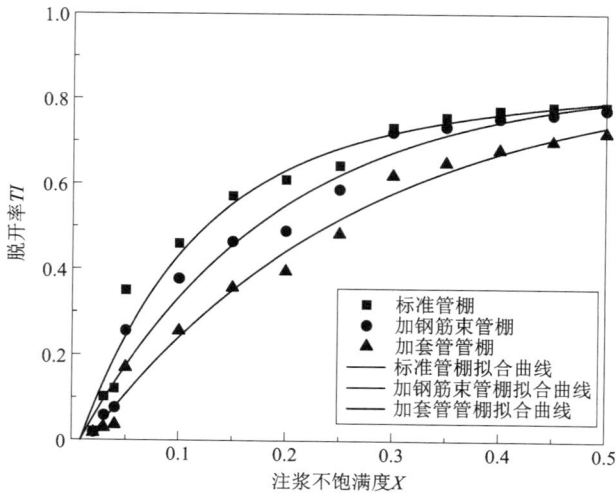

图 5-31　管棚脱开率-注浆饱满度关系曲线

76.4%、69.5%。这表明三类管棚的脱开率均随注浆不饱满度上升而增大，当注浆不饱满度小于 2% 时，增长较为缓慢；当注浆不饱满度为 2%～30% 时，脱开率快速发展；而当注浆不饱满度大于 30% 时，脱开率增长趋于平缓。由图 5-31 可知，在相同注浆不饱满度下，管棚内加钢筋束、加套管均可有效降低其脱开率，且后者的脱开率更小，其脱开率分别为注浆管棚的 62.8%～97.9%、29.1%～91.9%。

3. 三类管棚挠度曲线分析

图 5-32(a)～图 5-32(c)分别为注浆饱满时注浆、加钢筋束、加套管管棚在加载过程中挠度沿构件长度方向的分布情况，图中横坐标均为构件各点距左端支座的距离，即有效长度 L_0，纵坐标均为构件加载过程中不同位置处的挠度 u_m；实线为数值计算所得的 u_m-L_0 曲线，虚线为正弦半波曲线，可见三种管棚的挠度曲线与正弦半波曲线均吻合较好。

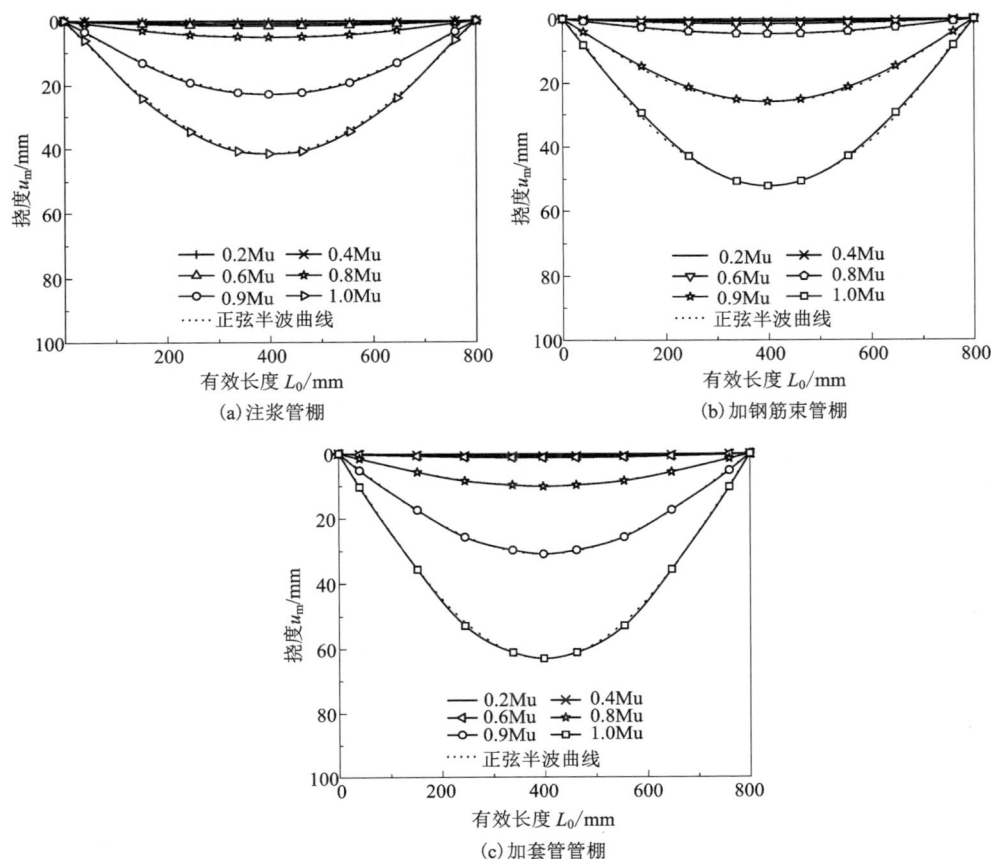

(a)注浆管棚

(b)加钢筋束管棚

(c)加套管管棚

图 5-32　三类管棚挠度曲线

5.4.3 数值试验对比分析

为进一步论证数值计算结果的正确性，将计算结果与上一阶段模型试验进行对比。三类管棚试件(模型)极限弯矩的变化曲线如图 5-33 所示，横坐标为不同管棚类型，纵坐标为注浆饱满时三类管棚试件(模型)较注浆管棚极限弯矩的提升率。试验结果表明：加钢筋束、加套管管棚试件极限弯矩较注浆管棚试件分别提高 20.5%、35%，对比试验与数值极限弯矩曲线可看出二者吻合度较高，出现些许偏差可能是由钢管瑕疵等导致试验结果略有误差，且试验时为防止损坏仪器，试验比数值模拟时的最大挠度变形更小。

综上所述，注浆饱满时管棚内加钢筋束、加套管可分别提升其 17.6%、44.4% 的极限承载力，注浆不饱满时可分别提升其 7.7%~18.3%、31.4%~51.6%的极限承载力。管棚内加套管对其极限承载力的提升效果远高于加钢筋束，且前者大大增强了管棚的延性。

三类管棚的脱开率均随注浆不饱满度上升而增大，当注浆不饱满度小于 2% 时，增长较为缓慢；当注浆不饱满度为 2%~30%时，脱开率快速发展；而当注浆不饱满度大于 30%时，脱开率增长平缓。在相同注浆不饱满下，管棚内加钢筋束、加套管可有效降低其脱开率且后者效果更好，注浆不饱满度为 0%~50%时，其脱开率分别为注浆管棚的 62.8%~97.9%、29.1%~91.9%。

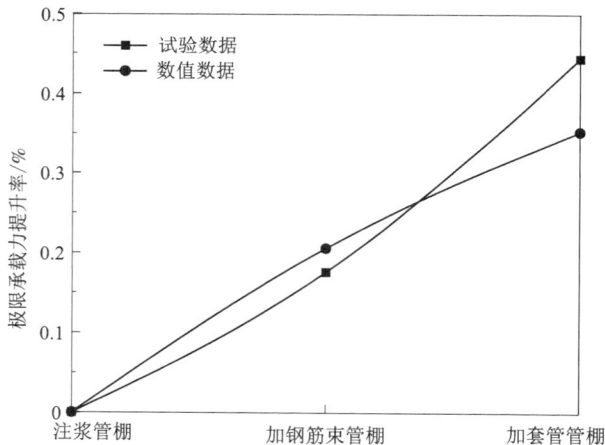

图 5-33　管棚试件(模型)极限弯矩变化曲线

5.5　本章小结

本章针对实际工程中管棚常出现的注浆不饱满缺陷以及极端地层中采用的管内加筋、套管措施对管棚承载性能提升程度不明确问题，设计室内试验对管棚试件的承载特性进行初步分析，并进一步采用精细化数值手段分析其对管棚承载特性及预支护效果的影响，其结果较为吻合，所得结论如下：

①注浆、加钢筋束、加套管管棚极限承载力均随注浆不饱满度上升而下降，下降速率先快后慢，当注浆不饱满度仅为 2% 时，其极限承载力较注浆饱满时下降幅度较小，分别下降 4.6%、5.2%、4.8%；而当注浆不饱满度升至 25% 时，其极限承载力较注浆饱满时大幅下降，分别下降 35.3%、40.4%、37.1%，此时管棚极限承载力与无注浆时非常接近。

②注浆饱满时，管棚内加钢筋束、加套管可分别提高其 17.6%、44.4% 的极限承载力；注浆不饱满时，可分别提升其 7.7%~18.3%、31.4%~51.6% 的极限承载力。在同等用钢量下，管棚内加套管对其极限承载力的提升效果远高于加钢筋束，且前者大大增强了管棚的延性。

③三类管棚的脱开率均随注浆不饱满度上升而增大，在注浆不饱满度小于 2% 时，增长较为缓慢；在注浆不饱满度为 2%~30% 时，脱开率快速发展；而当注浆不饱满度大于 30% 时，脱开率增长平缓。在相同注浆不饱满下，管棚内加钢筋束、加套管可有效降低其脱开率且后者效果更好，注浆不饱满度为 0%~50% 时，其脱开率分别为注浆管棚的 62.8%~97.9%、29.1%~91.9%。

第 6 章

富水砂层隧道水平旋喷
预支护效果分析

本章以富水砂层隧道的水平旋喷拱棚作为研究对象，采用模型试验与数值模拟相结合的研究手段，对水平旋喷拱棚在其桩间咬合厚度、隧道施工过程、不同静水位、地层渗透系数及隧道埋深影响下水平旋喷拱棚的挠度、轴力、弯矩、地表沉降、地层孔压、水平旋喷拱棚与周围土层地层接触压力等展开了一系列的研究。

6.1 基于流固耦合作用下水平旋喷拱棚模型试验研究

6.1.1 相似关系及材料参数

1. 相似关系

为保证对水平旋喷拱棚力学特性研究的准确性，本章采用石膏、硅藻土、水三种材料按不同配比进行相似材料的强度配比试验[100]，选取最为合适材料的配比作为水平旋喷拱棚的试验浇筑材料。

由弹性力学模型相关参数计算得出[101, 102]，浇筑水平旋喷拱棚的材料需与以下参数相近：弹性模量、容重、泊松比，即 $E=0.137$ GPa，$\gamma=5.5$ kN/m³，$\mu=0.25$；模拟隧道衬砌的铁板厚度为 0.5 mm；材料配比方案为水、石膏、硅藻土配比为 3.2：1：0.4。

模型试验中，以江门隧道下穿泄洪道超浅覆工程的隧道及水平旋喷桩几何尺寸为依托，确定水平旋喷拱棚几何尺寸，该工程泄洪道段隧道开挖轮廓：高为 11.6 m，宽为 11.9 m，开挖面积约为 120 m²，隧道埋深仅有 3 m，属于超浅覆大断面隧道。因此，选用水平旋喷拱棚作为预支护手段，水平旋喷拱棚桩径为 50 cm，孔深为 25 m，横向间距为 0.35 m，其布置方式如图 6-1 所示，桩体总计 66 根。按几何相似常数 25 对水平旋喷拱棚进行相应比例缩尺模型试验，探究桩间咬合厚度对水平旋

喷拱棚力学特性的影响,试验针对不同咬合厚度设计三种缩尺模型,其截面形状如
图 6-2 所示,水平旋喷拱棚实际尺寸及缩尺后尺寸见表 6-1。

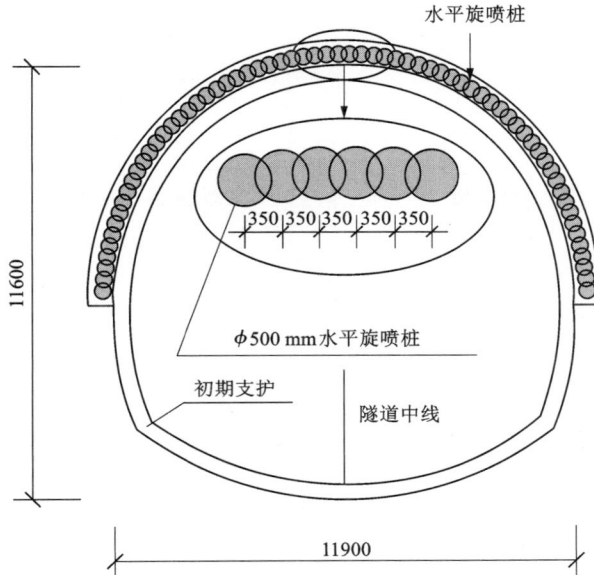

图 6-1　水平旋喷拱棚及隧道断面图(单位:mm)

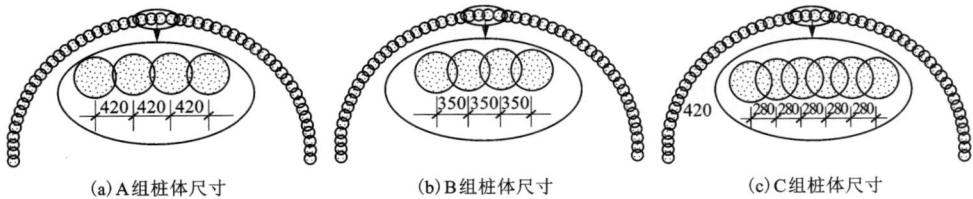

(a)A组桩体尺寸　　　　　(b)B组桩体尺寸　　　　　(c)C组桩体尺寸

图 6-2　模型试验桩体横截面设计尺寸图(单位:mm)

表 6-1　水平旋喷拱棚尺寸参数

名称	组号	原型尺寸参数			缩尺模型尺寸参数		
		桩长/m	桩径/cm	中心距/cm	桩长/m	桩径/cm	中心距/cm
水平旋喷拱棚	A	25	50	42	1	2	1.68
	B			35			1.4
	C			28			1.12

图 6-3(a)为经 3D 打印技术按设计尺寸打印制成的光敏树脂水平旋喷拱棚模板,按桩间不同咬合尺寸分为 A、B、C 三组,光敏树脂材料固化后属于脆性材料,考虑到后期浇筑过程中的不确定因素、重复使用以及脱模的难易程度可能导致模板破坏,故打印时将每组模板分成 16 块,共 48 块。浇筑前根据设计尺寸及试验需求对模板进行拼接和预处理,如图 6-3(b)所示。每组模板分为前、后两部分,每部分预留 4 条缝以方便后期脱模。

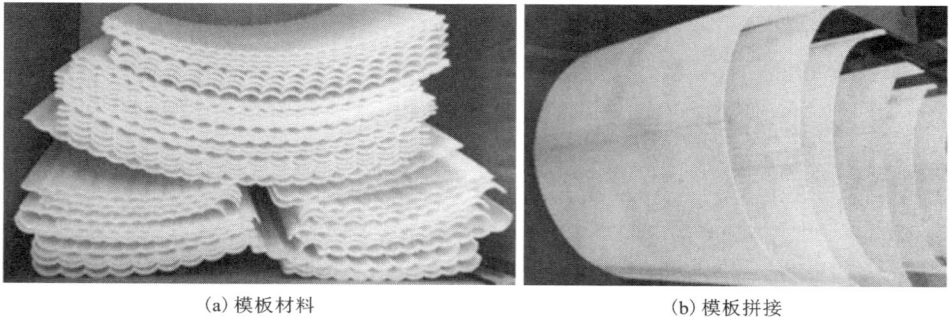

(a)模板材料   (b)模板拼接

图 6-3   模板浇筑

2. 模型试验参数

(1)试验用砂

本次模型试验采用赣江河砂作为试验土体,如图 6-4 所示。为保证砂土的均匀及试验的准确性。试验前采用 5 mm 砂筛对河砂进行筛分,去除砂土中的杂物及直径较大颗粒,并对试验土体进行颗粒级配试验、直剪试验、固结试验、渗透试验及含水率试验等基础土工试验,以测定试验用砂的物理力学参数[103],见表 6-2。

图 6-4   试验土体

表 6-2　试验土体物理力学参数

参数	内摩擦角 $\varphi/(°)$	重度 γ $/(kN \cdot m^{-3})$	孔隙比 e	压缩模量 $/MPa$	含水率 $\omega/\%$	黏聚力 c $/(kN \cdot m^{-2})$	渗透系数 $/(m \cdot d^{-1})$	比重
数值	33.5	17.8	0.542	30.3	10.41	2.1	5.4	2.67

（2）水平旋喷拱棚

由于试验的局限性，每组水平旋喷拱棚分两次浇筑，待所有浇筑的水平旋喷拱棚风干后，通过预留铁丝和环氧树脂结构胶将咬合厚度相同的两片拱棚连接。连接前，先对连接面进行打磨和清洁处理，确保连接处严丝合缝，如图 6-5 所示。试验前用防水喷漆、乳胶漆对水平旋喷拱棚进行的防渗水进行交替处理：选取之前剩余石膏试块进行防渗水试验，在试块表面交替使用乳胶漆及防水喷漆做防水处理；待防水层风干后，将试块放入水中浸泡 24 h，取出并将其振碎，以查看其内部的干燥程度以确认防渗水处理效果。

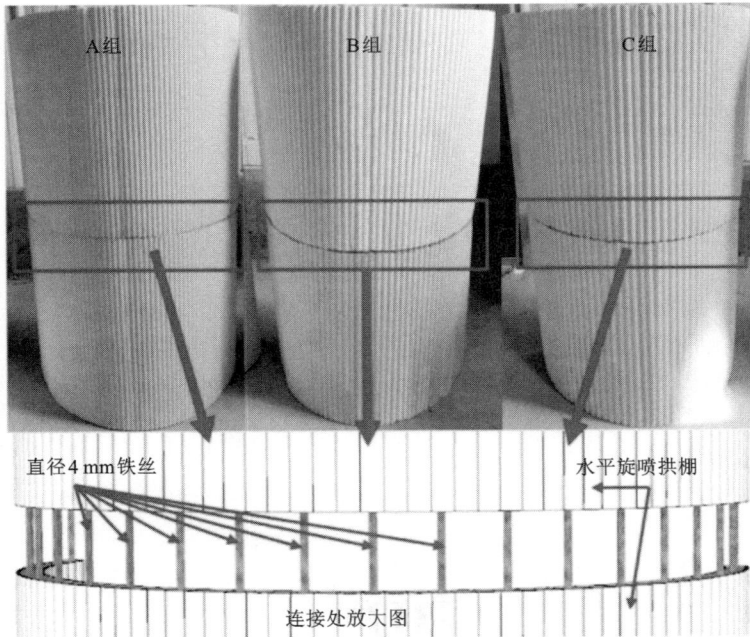

图 6-5　水平旋喷拱棚实物图

以防水喷漆作为第一防水层，再均匀的涂刷乳胶漆，依次反复。其中使用防水喷漆反复处理三次，乳胶漆处理两次。试件经过防水喷漆及乳胶漆处理后，可在水中进行试验。

6.1.2　试验方案设计

1.试验工况设计

基于浇筑形成的三种类型(三种不同咬合厚度)水平旋喷拱棚，探究在隧道开挖过程中及不同静水位下拱棚的力学特性及变形规律，共9种工况，见表6-3。对每组水平旋喷拱棚分别进行隧道开挖过程及多种不同水位工况的模拟。试验首先模拟隧道的开挖(无水条件下)，具体开挖步序见表6-4(按几何相似比缩尺所得)，并记录开挖过程中隧道结构的变形、位移。开挖完成后往模型箱中匀速注水，通过流量计控制进水速率以保证水位的上升速率相同，排除由进水速率引起的试验结果误差，其余两组结构的静水位试验同样应设置进水速率相同以减小试验误差。试验时，为较好地消除尺寸效应的影响，在填砂前对模型箱四周的玻璃涂抹润滑剂并使用薄膜隔离土体与玻璃，以减小相互摩擦。

表 6-3　模型试验工况表

结构名称	开挖方式	桩间咬合厚度/cm	水位位置	工况
水平旋喷拱棚	上下台阶法开挖	1.12	结构顶部	1
			结构顶部以上 6 cm	2
			结构顶部以上 12 cm(满水位)	3
		1.4	结构顶部	4
			结构顶部以上 6 cm	5
			结构顶部以上 12 cm(满水位)	6
		1.68	结构顶部	7
			结构顶部以上 6 cm	8
			结构顶部以上 12 cm(满水位)	9

表 6-4 模型试验隧道开挖步序

开挖步序		开挖进尺/cm													
		1	2	3	4	5	6	7	8	9	10	11	12	13	14
上下台阶法开挖	上台阶	24	28	32	36	40	44	48	52	56	60	64	68	72	72
	下台阶	0	4	8	12	16	20	24	28	32	36	40	44	48	72

2. 量测方案

针对不同位置的桩体布置数据监测点，本次试验对水平旋喷拱棚的纵向及横向均布置监测点，如图 6-6、图 6-7 所示。

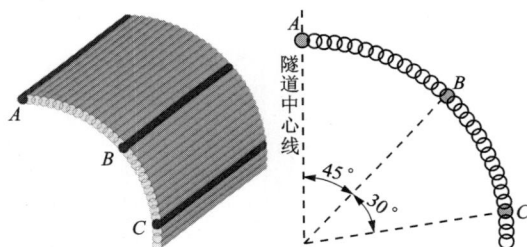

(a) 桩体纵向数据监测元件位置示意图

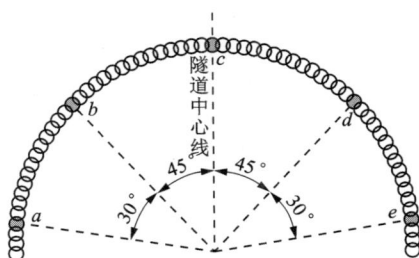

(b) 桩体横向数据监测元件布置示意图

图 6-6 桩体监测元件布置示意图

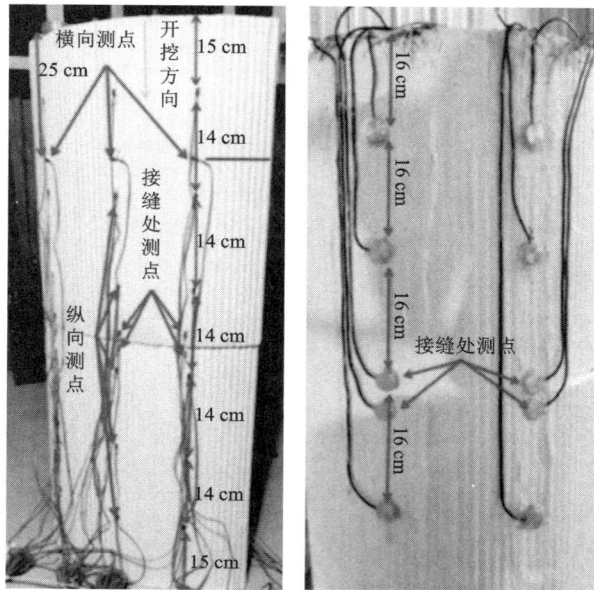

(a) 应变片测点布置实拍图

(b) 土压力盒测点布置实拍图

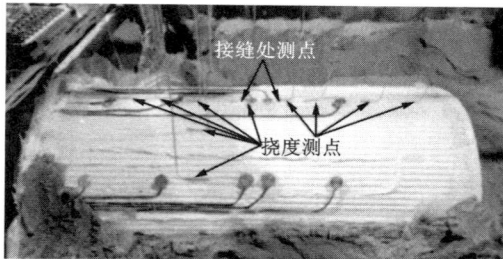

(c) 挠度测点布置实拍图

(d) 百分表及孔压计测点布置实拍图

图 6-7　测点布置图

6.1.3　水平旋喷拱棚受力特性的模型试验结果分析

基于模型试验的完成，本节将对试验中所设置的各工况下的试验结果进行处理分析，分析内容包括各工况下地表沉降、水平旋喷拱棚挠度、地层接触压力、轴力及弯矩变化规律。

试验共三组水平旋喷拱棚，每组试验分为两大步骤进行，第一大步骤为隧道开挖，按上下台阶法进行隧道开挖，并记录隧道开挖过程中地表沉降、桩体挠度、土压力盒数据及应变片数据（试验中数据记录均在其受力及变形稳定状态下完成），以分析隧道开挖过程中水平旋喷拱棚的动态响应。完成后进行第二大步骤，通过进水系统按一定速率向模型箱中注水，此工况设置三种不同水位，分别为：低水位（水位与水平旋喷拱棚顶部平齐）、中水位（水位超出水平旋喷拱棚顶部6 cm）和高水位（水位超出水平旋喷拱棚顶部12 cm）。试验中通过孔压计示数判断模型箱中模拟的地下水状态，当孔压稳定时，说明模型箱中地下水处于稳定状态，可排除水的渗流力对水平旋喷拱棚的挠度及力学特性的影响，此时方可进行数据采集与记录，以探究不同静水位对水平旋喷拱棚力学特性的影响。

下文中，地表沉降为负值；纵向（水平旋喷拱棚长度方向）轴力正值为受压状态，负值为受拉状态；横向轴力正值为受拉状态，负值为受压状态；弯矩以水平旋喷拱棚内侧（背土面）受压、外侧（迎土面）受拉为正，内侧受拉、外侧受压为负。由于模型试验中所得数据的数值较小，无法清晰地表示地表沉降和水平旋喷拱棚的挠度及受力规律，故下文中将试验数据均按相似常数还原后进行比较分析。

1. 隧道开挖及静水位工况下地表沉降分析

为探究桩间咬合厚度对地表沉降的影响，设置三组不同咬合厚度的水平旋喷拱棚，每次试验时于相同位置设置五个地表沉降监测点，以隧道中心线为对称轴向两侧均匀分布。

图 6-8 所示为三组水平旋喷拱棚在隧道开挖过程中地表沉降曲线图，从图中可以看出隧道开挖对拱顶处地表沉降影响较大，距离隧道中心线越远，影响则越小，且距离隧道中心线最远处两点沉降最小。这说明拱顶处的地表沉降在各开挖阶段表现为 C 组<B 组<A 组，随隧道开挖进尺的增加，其对隧道洞口附近的地层沉降影响也逐渐减小；并且桩间咬合厚度越大，隧道开挖对地表沉降的横向影响范围也越小。

2. 隧道开挖及静水位工况下水平旋喷拱棚挠度分析

（1）水平旋喷拱棚各工况下纵向挠度分析

纵向挠度监测点布置于每组水平旋喷拱棚的桩体 A 上，图 6-9 为三组水平旋喷拱棚在各工况下的纵向挠度曲线图。由图可知，增加桩间咬合厚度可有效减小水平旋喷拱棚的纵向挠度值，在 B 组水平旋喷拱棚的支护下，掌子面附近区域挠度值显著减小，支护效果明显；且在开挖过程中，其纵向扰动区域明显减小。因

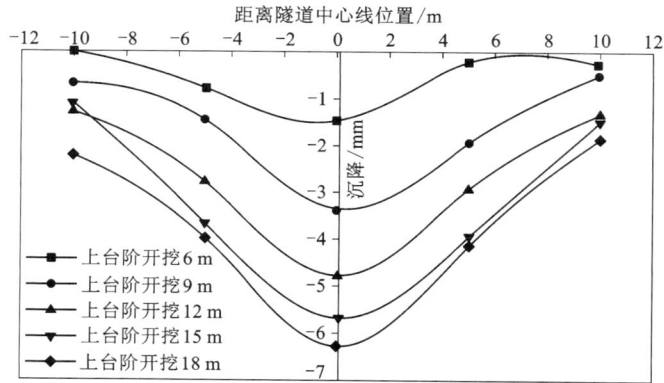

(a) A组水平旋喷拱棚

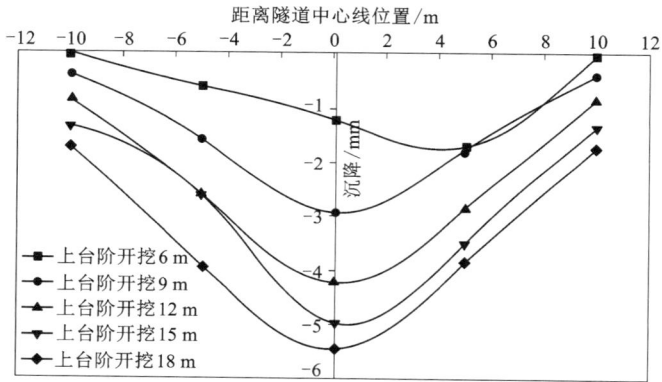

(b) B组水平旋喷拱棚

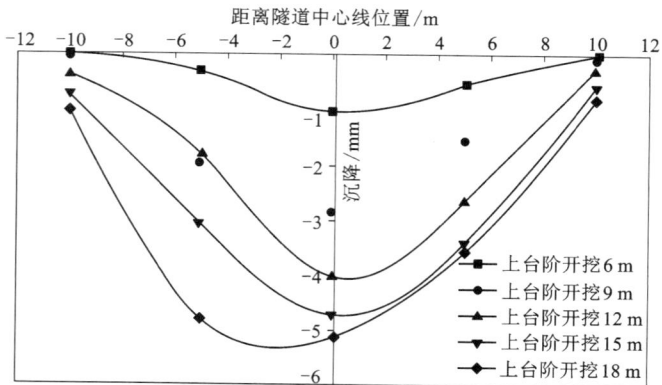

(c) C组水平旋喷拱棚

图 6-8 隧道开挖工况下地表沉降曲线图

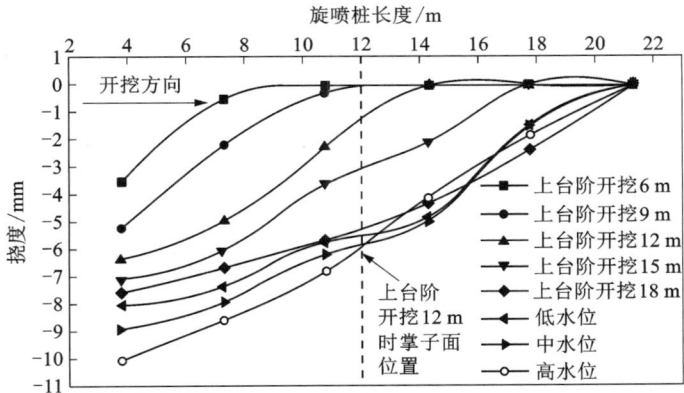

(a) A 组水平旋喷拱棚

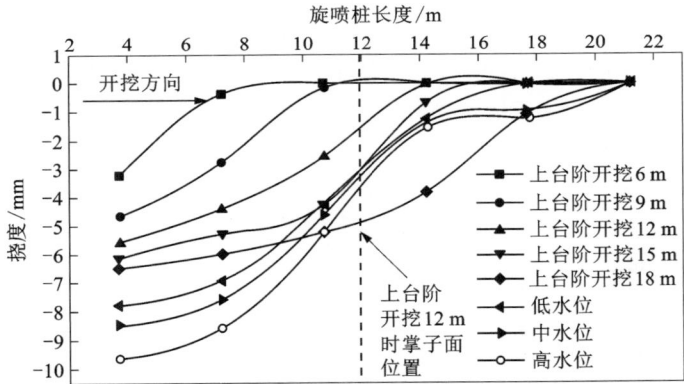

(b) B 组水平旋喷拱棚

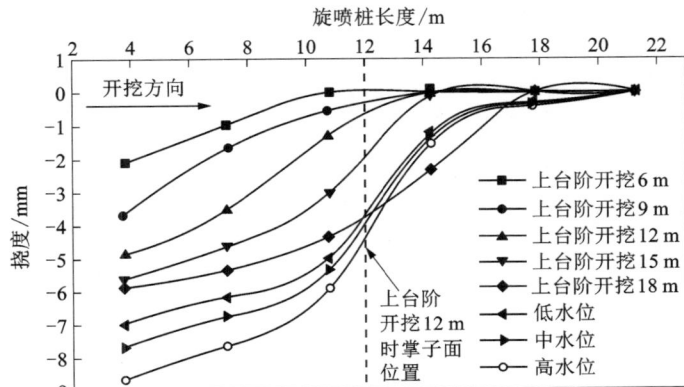

(c) C 组水平旋喷拱棚

图 6-9　隧道开挖及静水位工况下水平旋喷拱棚纵向挠度曲线图

此,增加桩间咬合厚度可降低桩体纵向挠度变化,同时还能减小开挖施工的纵向扰动范围。因此,在饱和地层中,桩间咬合厚度较大的水平旋喷拱棚可以更有效地提高隧道施工的安全性。

除此之外,当隧道开挖进尺超过 1.2 倍隧道高度时,距离隧道洞口 14 m 附近的水平旋喷拱棚挠度变化幅度相对较大,受地下水的影响也较大,挠度出现反复增减现象。这说明此时应做好相应的防护措施,防止水平旋喷拱棚因疲劳损伤导致破坏,从而引起工程事故。

(2)水平旋喷拱棚各工况下横向挠度分析

图 6-10 为横向挠度曲线图,挠度增幅排序为 C 组<B 组<A 组。由图可知,增加桩间咬合厚度可有效减小其横向挠度值,且桩间咬合厚度较大,水平旋喷拱棚的横向挠度值减小得也越明显。高水位工况下,当桩体中心距相对 A 组水平旋喷拱棚减小 16.7%时(即桩间咬合厚度增加,B 组水平旋喷拱棚),桩体挠度最大值减小 13.2%;中心距减小 33.3%时(C 组水平旋喷拱棚),桩体挠度最大值减小 24.5%。由此可见,桩间咬合厚度增加时,拱棚的抗变形能力有了明显的提高。

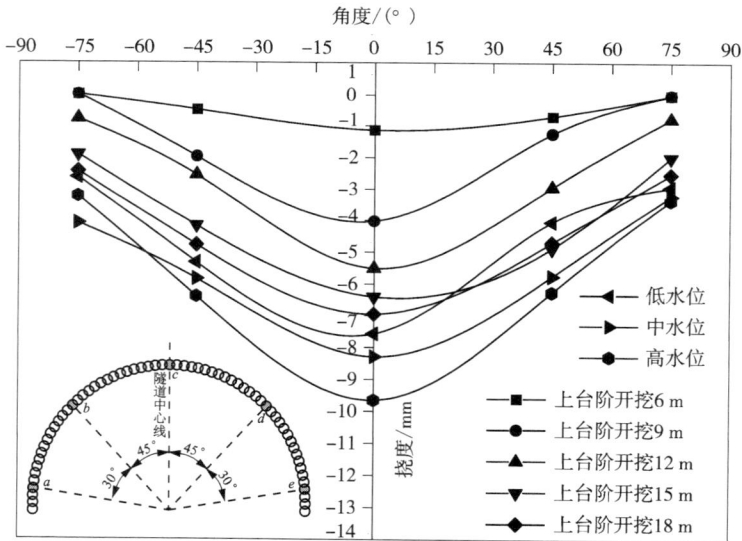

(a)A组水平旋喷拱棚

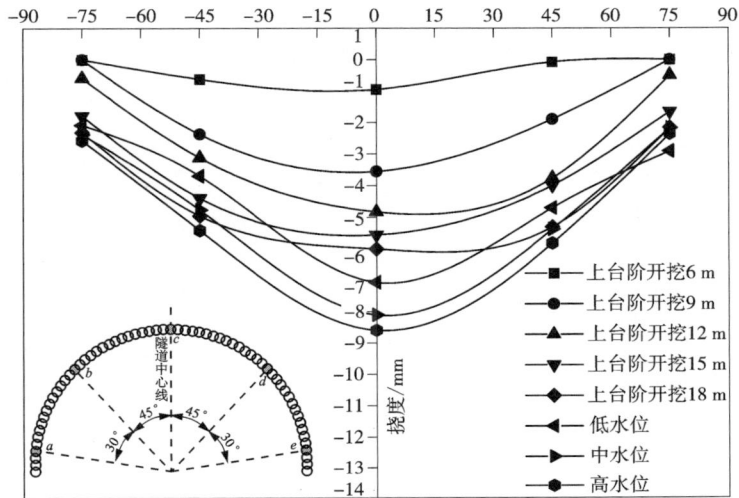

(b) B组水平旋喷拱棚

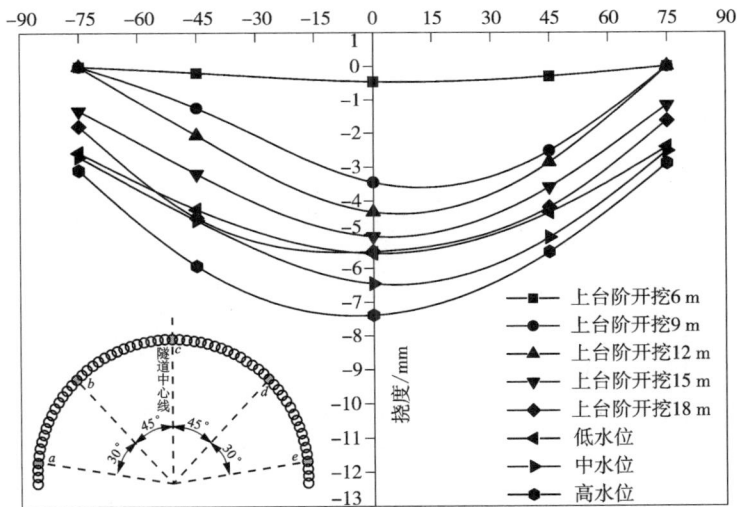

(c) C组水平旋喷拱棚

图 6-10　隧道开挖及静水位工况下水平旋喷拱棚横向挠度曲线图

3. 隧道开挖及静水位工况下水平旋喷拱棚地层接触压力分析

　　试验中通过振动压实器在每层土层填筑后进行振动压实，以保证在模拟隧道开挖前，相同水平位置上的土压力盒监测数据近似相等，以准确模拟工程中隧道在施工过程中水平旋喷拱棚受地层压力的变化规律。

143

（1）A 组水平旋喷拱棚工况下地层接触压力分析

图 6-11 为 A 组水平旋喷拱棚工况下地层接触压力曲线图，该工况下水平旋喷拱棚桩体中心距为 420 mm（即桩间咬合厚度最小）。由图 6-11（a）可知，当隧道上台阶开挖进尺为 6 m 时，距离隧道洞口 4~8 m 处地层接触压力减小，相对 12~16 m 区域的地层接触压力减小 11%，地层接触压力最小值位于距洞口 4 m 处，为 39.7 kPa；上台阶开挖进尺为 9 m 时，地层接触压力发生显著变化，呈上凸单驼峰曲线，相对上台阶开挖进尺为 6 m 时，距离隧道洞口 4 m 处地层接触压力骤减 66.7%，距离洞口 16 m 处减小 22%；上台阶开挖进尺为 12 m 时，地层接触压力曲线呈斜 S 形，相比前两种工况，距离隧道洞口 7 m 处地层接触压力骤减，减幅为 73.3%；上台阶开挖进尺为 18 m 时，距离洞口超过 5 m 处范围内均小于 9 m 时的地层接触压力。

由此可见，上台阶开挖进尺在 9 m 附近时，地层接触压力存在显著变化，超过 12 m 时，地层接触压力有所降低。即当隧道开挖进尺在 0.75 倍隧道高度附近时，对地层的扰动影响最大，应及时施作初衬，避免出现安全问题。

图 6-11（b）所示为桩体 B 处地层接触压力曲线图，由图可知，与桩体 A 对应步序相比，桩体 B 处地层接触压力较小，且在各开挖步序下，桩体 B 处地层接触压力受影响程度亦较小。上台阶开挖进尺为 9 m 时，桩体 B 距离隧道洞口 4 m 处地层接触压力相对 6 m 时减小 57.1%。上台阶开挖进尺为 12 m 时，距离隧道洞口 8 m 处地层接触压力相对上一步减小 36.8%。

因此，桩心距为 420 mm 时，桩体 B 处地层接触压力相对桩体 A 处平均变化幅度减小 49.05%；当开挖进尺在 0.75 倍隧道高度附近时，水平旋喷拱棚与地层接触效果受扰动影响程度较大。桩体 A、B 在低水位、中水位、高水位工况下地层接触压力相对隧道上台阶开挖进尺 18 m 工况平均增长幅度分别为 16.45%、26.67%、43.4% 及 19.72%、30.42%、41.64%。

（2）B 组水平旋喷拱棚工况下地层接触压力分析

图 6-12 所示为 B 组水平旋喷拱棚工况下地层接触压力曲线图，该工况下水平旋喷拱棚桩心距为 350 mm。由图 6-12（a）可知，隧道开挖各工况下，地层接触压力变化趋势与 A 组水平旋喷拱棚近似相同，但其变化幅度相对较小。距离洞口 8 m 处地层接触压力相对上台阶开挖进尺为 6 m 时减小 23.4%，与 A 组工况该步序下地层接触压力变化相反，其余开挖步序变化趋势与之相同。该工况下，隧道开挖进尺在 1.01 倍隧道高度附近时，对地层接触压力影响最大。

各静水位工况下，地层接触压力变化趋势及变化幅度与 A 组水平旋喷拱棚近似相等，无明显差异。低水位、中水位、高水位工况下地层接触压力相对隧道上台阶开挖进尺 18 m 工况平均增长幅度分别为 14.87%、26.96%、37.59%。

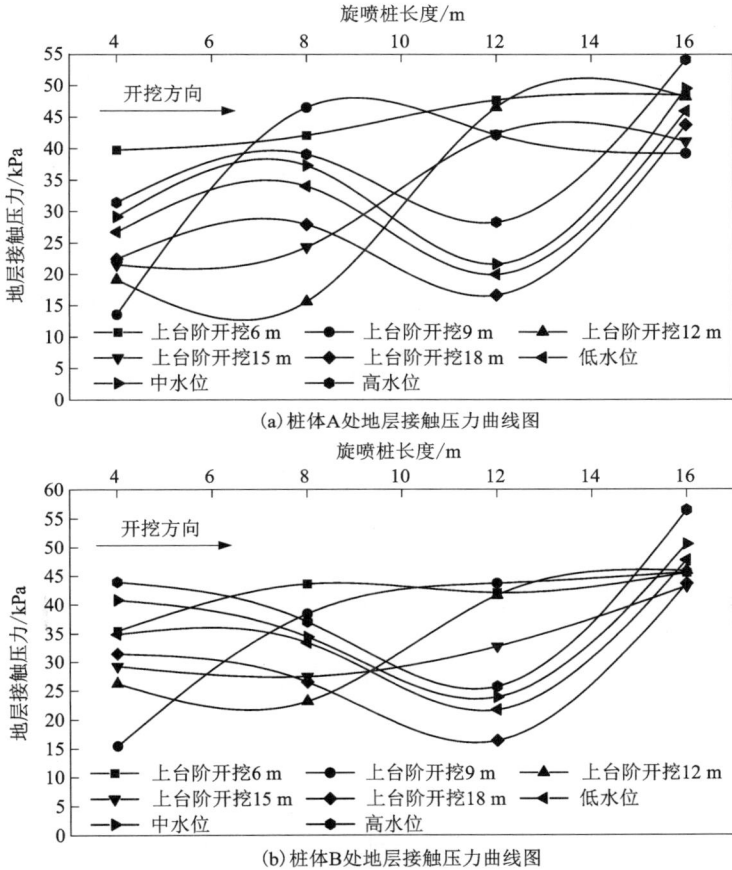

旋喷桩长度/m

(a) 桩体 A 处地层接触压力曲线图

旋喷桩长度/m

(b) 桩体 B 处地层接触压力曲线图

图 6-11　A 组水平旋喷拱棚工况下地层接触压力曲线图

图 6-12(b) 所示为桩体 B 处地层接触压力曲线图，由图可知，除隧道上台阶开挖进尺为 6 m 外，其余各开挖步序下，地层接触压力均为隧道洞口处小，邻近掌子面处较大。当隧道上台阶开挖进尺为 6 m 时，桩体 B 处地层接触压力分布相对均匀，相比初始状态整体减小。隧道开挖进尺在 1.01 倍隧道高度附近时，地层接触压力变化较大，距离洞口 8 m 处压力变化最大，为 37.5%。其余步序下的变化趋势与 A 组水平旋喷拱棚相同，但变化幅度相对较小。

各静水位工况下，地层接触压力分布趋势与隧道上台阶开挖进尺为 18 m 时近似相同。低水位、中水位、高水位工况下地层接触压力相对隧道上台阶开挖进尺 18 m 工况平均增长幅度分别为 19.19%、29.03%、37.83%。

旋喷桩长度/m

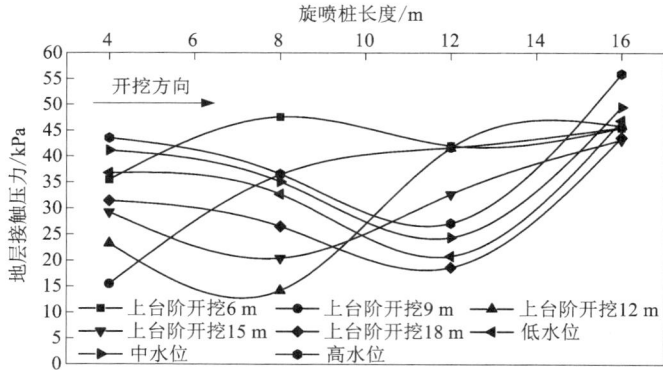

(a) 桩体A处地层接触压力曲线图

旋喷桩长度/m

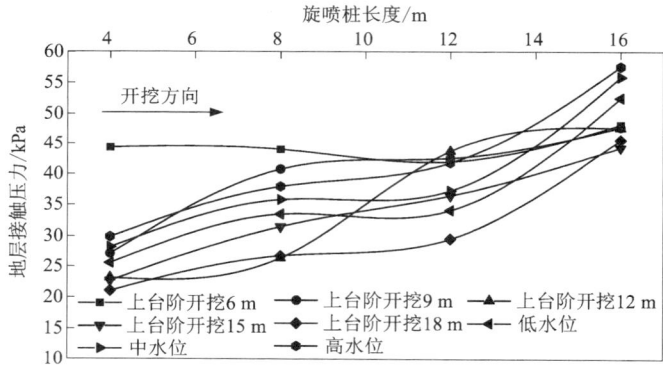

(b) 桩体B处地层接触压力曲线图

图 6-12 B 组水平旋喷拱棚工况下地层接触压力曲线图

（3）C 组水平旋喷拱棚工况下地层接触压力分析

图 6-13 为 C 组水平旋喷拱棚工况下地层接触压力曲线图，该工况下水平旋喷拱棚桩心距为 280 mm。由图 6-13（a）可知，当隧道上台阶开挖进尺为 6 m 时，桩体 A 地层接触压力分布均匀，各测点处数值无明显差异，相对前两组工况支护效果更为稳定。当隧道上台阶开挖进尺为 9 m 时，距离隧道洞口 10 m 范围内地层接触压力变化明显，其中距离洞口 8 m 处变化最大，相对上台阶开挖进尺为 6 m 时减小 17.3%。隧道开挖进尺在 1.01 倍隧道高度附近时，地层接触压力分布规律变化最大。

各静水位工况下，桩体 A 处地层接触压力曲线同样与上台阶开挖进尺为 18 m 时变化趋势一致，低水位、中水位、高水位工况下地层接触压力相对隧道上台阶开挖进尺 18 m 工况平均增长幅度分别为 16.36%、24.77%、34.24%。

图 6-13(b)所示为桩体 B 处地层接触压力曲线图,由图可知,桩体 B 处地层接触压力相对桩体 A 处整体较大,隧道各开挖步序下,距离隧道洞口 16 m 位置处地层接触压力近似相等,说明隧道开挖对此区域的地层接触压力影响较小。隧道开挖进尺在 1.01 倍隧道高度附近时,对桩体 B 处地层接触压力影响最大。

各静水位工况下,地层接触压力分布趋势同样与隧道上台阶开挖进尺为 18 m 时近似相同。低水位、中水位、高水位工况下地层接触压力相对隧道上台阶开挖进尺 18 m 工况平均增长幅度分别为 20.38%、30.69%、38.24%。

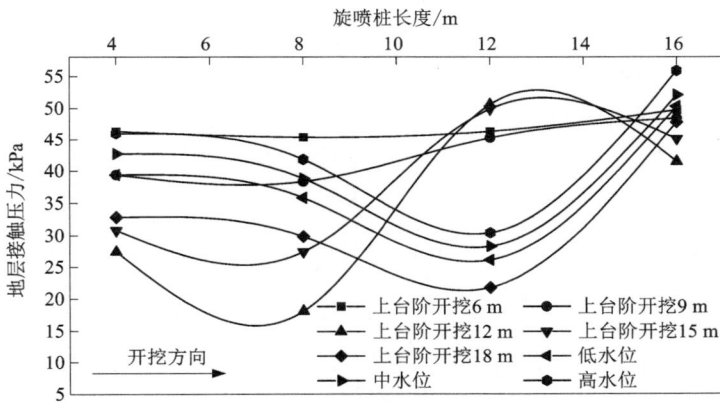

(a)桩体A处地层接触压力曲线图

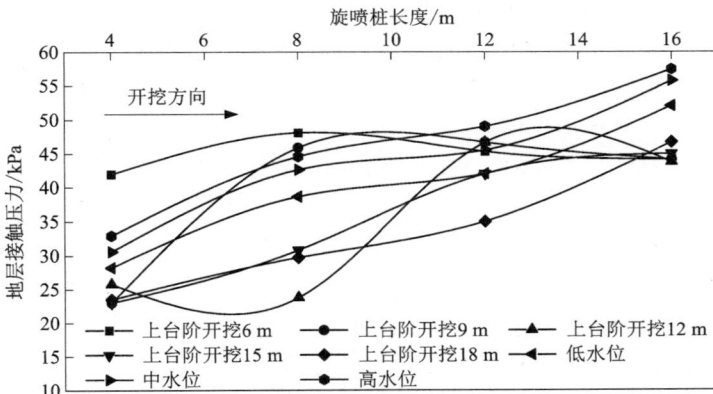

(b)桩体B处地层接触压力曲线图

图 6-13　C 组水平旋喷拱棚工况下地层接触压力曲线图

综上所述:A、B、C 三组水平旋喷拱棚在隧道开挖及各静水位工况下,地层接触压力均随隧道各开挖步序及水位工况发生变化,但变化趋势不同。A 组水平旋喷拱棚工况中,当隧道开挖进尺在0.75倍隧道高度附近时,对地层的扰动影响最大。而在B、C两组水平旋喷拱棚工况下,当隧道开挖进尺在1.01倍隧道高度附近时,对地层接触压力影响最大。明显可看出,桩间咬合厚度增加使地层的受影响区域沿隧道开挖方向后移,可见支护效果明显增加。但当桩心距小于350 mm时(即桩间咬合厚度继续增加),在水平旋喷拱棚支护下,地层沿隧道开挖方向受扰动区域将不再变化。

低水位、中水位、高水位工况下,A组水平旋喷拱棚桩体A处地层接触压力相对上台阶开挖进尺为18 m时,增长幅度分别为16.45%、26.67%、43.4%,桩体B增长幅度分别为19.72%、30.42%、41.64%;B组水平旋喷拱棚桩体A处地层接触压力增长幅度分别为14.87%、26.46%、37.59%,桩体B处地层接触压力分别为19.19%、29.03%、37.83%;C组水平旋喷拱棚桩体A处地层接触压力增长幅度分别为16.36%、24.77%、34.24%,桩体B处地层接触压力分别为20.38%、30.69%、38.24%。由此可知,各组工况下地层接触压力受扰动程度排序为A组>B组>C组。

4. 隧道开挖及静水位工况下水平旋喷拱棚轴力分析

试验中通过应变片采集三组水平旋喷拱棚工况下桩体A、B、C以及横向轴力,分析三组工况下水平旋喷拱棚轴力变化规律,探究桩间咬合厚度对水平旋喷拱棚轴力的影响。

(1)A组水平旋喷拱棚工况下轴力分析

图6-14为A组水平旋喷拱棚工况下轴力曲线图。图6-14(a)为拱顶处桩体A在各工况下纵向轴力变化规律曲线,由图可知,轴力分布规律与隧道上台阶开挖进尺为18 m时分布规律相同,但高水位工况下,轴力达到最大值-145 kN,为受拉状态。静水位工况下受拉区域为水平旋喷拱棚长度方向7~22 m。低水位、中水位、高水位工况下轴力相对隧道上台阶开挖进尺18 m工况平均增长幅度分别为17.71%、19.46%、21.86%。

图6-14(b)、图6-14(c)为桩体B、C在各工况下纵向轴力变化规律曲线,由图可知,各静水位工况下,轴力分布规律与桩体A相同,轴力最大值位于高水位工况时距离隧道洞口18 m附近,为受拉状态,最大值分别为-112 kN、-114 kN。

图6-14(d)为横向轴力曲线图,由图可知,横向轴力值远大于水平旋喷拱棚的纵向轴力值,且均为受压状态,上台阶开挖进尺为6 m、9 m、12 m时,其各开挖步序下轴力最大值位于-45°及45°位置处,拱顶处所受轴力最小。当隧道上台阶开挖进尺为15~18 m时,轴力最大值位于-75°及75°位置处,此时拱顶处所受轴力依然最小。各静水位工况对水平旋喷拱棚轴力值影响较小,轴力最大值位于

高水位工况下-75°位置处，为-495 kN。

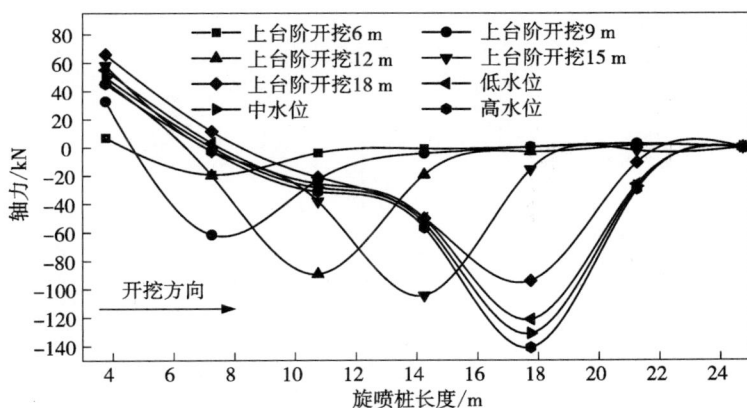

(a) 桩体A处纵向轴力曲线图

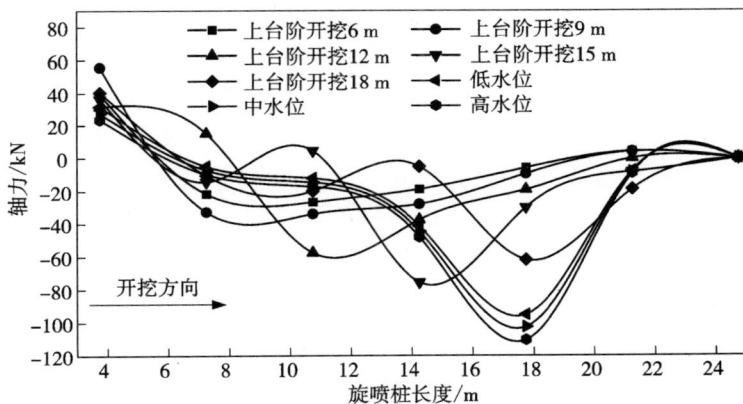

(b) 桩体B处纵向轴力曲线图

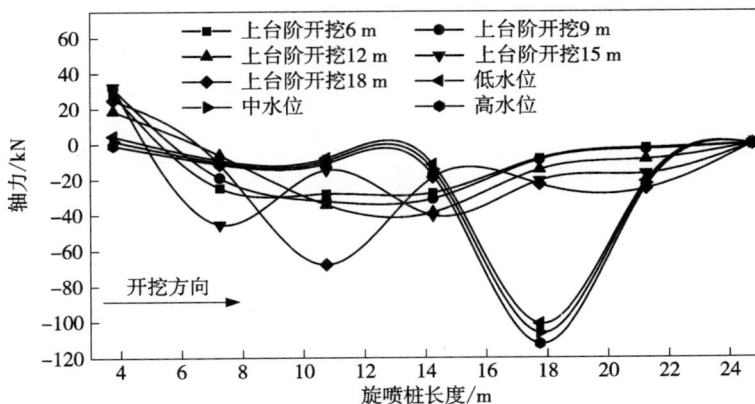

(c) 桩体C处纵向轴力曲线图

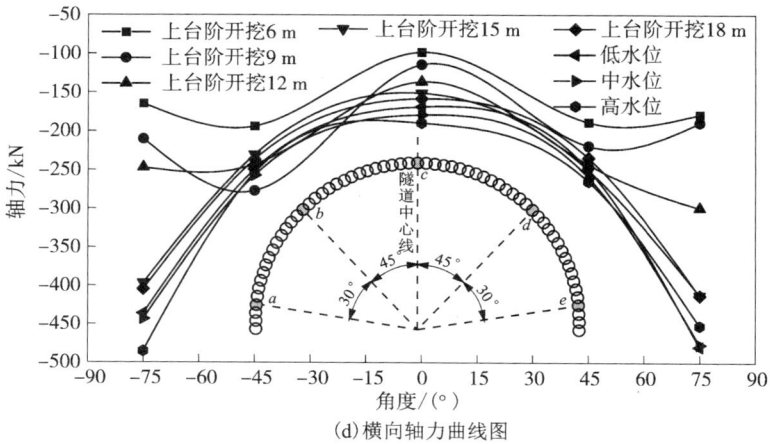

(d)横向轴力曲线图

图 6-14　A 组水平旋喷拱棚工况下轴力曲线图

（2）B 组水平旋喷拱棚工况下轴力分析

图 6-15 为 B 组水平旋喷拱棚工况下轴力曲线图。由图可知，B 组水平旋喷拱棚的桩体 A、B、C 处纵向轴力及横向轴力变化趋势与 A 组水平旋喷拱棚各工况下变化趋势相同，但轴力值大小不同，且受拉及受压区域有所变化。

以上台阶开挖进尺为 6 m 时为例，桩体 A 受拉区域为 6~9 m，受压区域为 0~6 m，其余区域轴力均为零。隧道开挖工况下，各测点轴力值均在 -100~62 kN 浮动。各静水位工况下，轴力最大值位于掌子面附近，为受拉状态，为 -158 kN。低水位、中水位、高水位工况下轴力相对隧道上台阶开挖进尺 18 m 工况平均增长幅度分别为 19.14%、22.78%、26.57%。

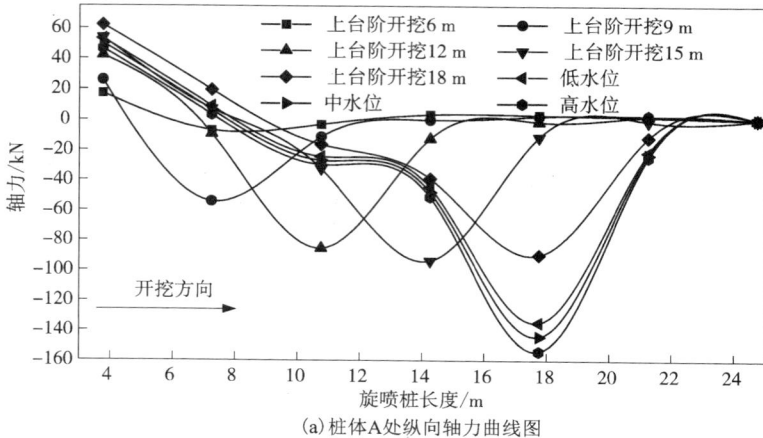

(a)桩体A处纵向轴力曲线图

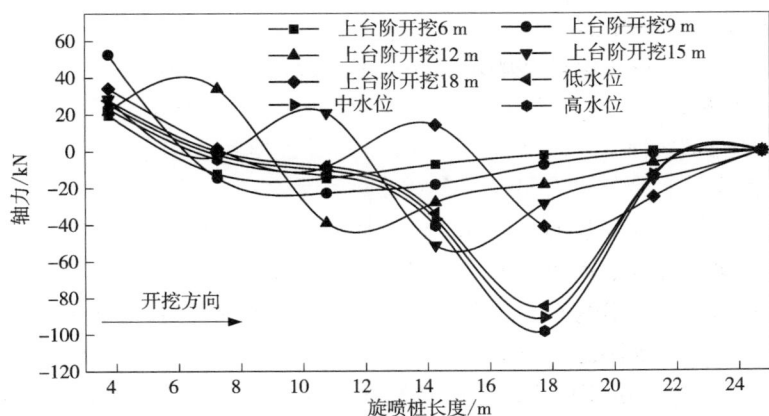

(b)桩体B处纵向轴力曲线图

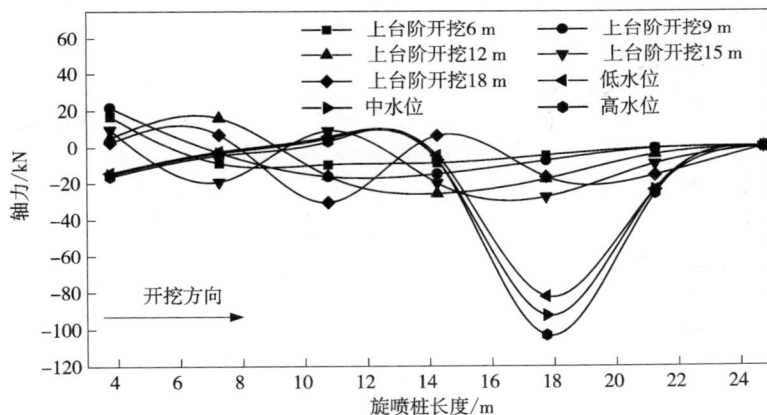

(c)桩体C处纵向轴力曲线图

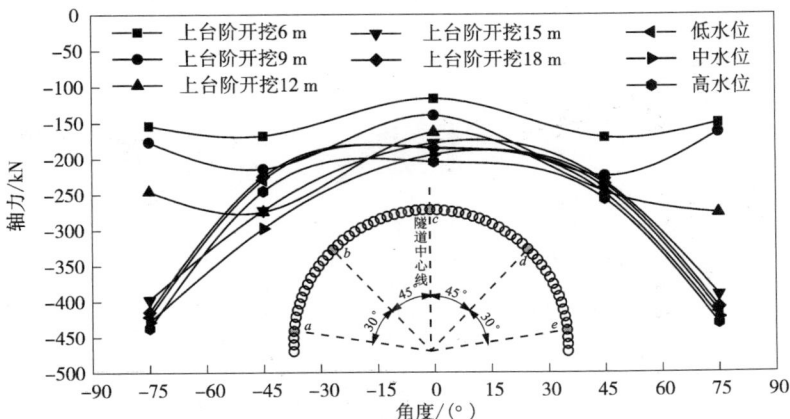

(d)横向轴力曲线图

图 6-15　B 组水平旋喷拱棚工况下轴力曲线图

（3）C组水平旋喷拱棚工况下轴力分析

图6-16为C组水平旋喷拱棚工况下轴力曲线图。图6-16(a)、图4-9(b)、图4-9(c)为桩体A、B、C在各工况下纵向轴力变化规律曲线。由图可知，C组水平旋喷拱棚的桩体A、B、C及横向轴力变化趋势与A组各工况下的变化趋势仍相同，但各桩体的受拉及受压区域出现明显变化，三个桩体的受压区域前两种工况明显增大，受拉区域明显减小，且隧道开挖工况下轴力值发生较大改变。

相对前两组工况，该组工况下桩体B、C主要以受压为主，有利于水平旋喷拱棚自身的安全性及稳定性，且各静水位工况下，水平旋喷拱棚所受纵向轴力明显增大，位于掌子面附近。桩体A低水位、中水位、高水位工况下轴力相对隧道上台阶开挖进尺18 m工况平均增长幅度分别为19.14%、22.78%、26.57%。

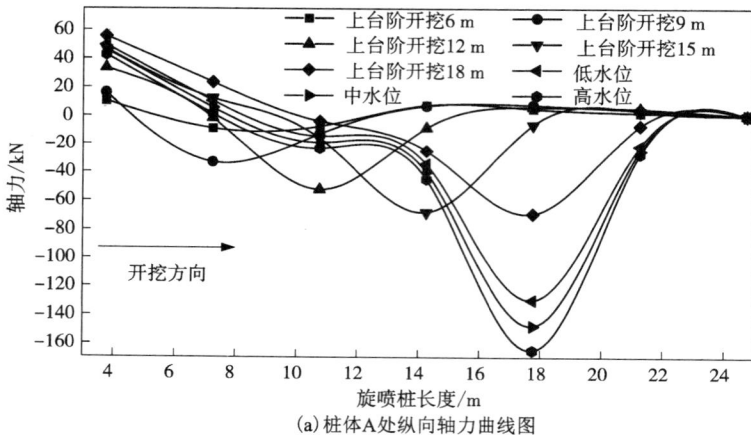

(a)桩体A处纵向轴力曲线图

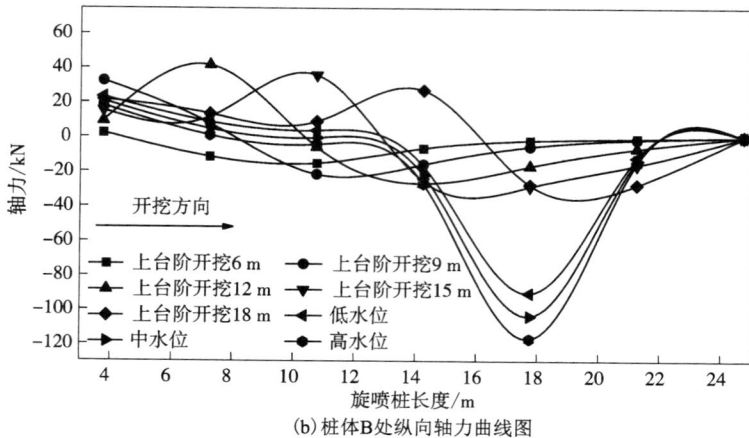

(b)桩体B处纵向轴力曲线图

(c) 桩体C处纵向轴力曲线图

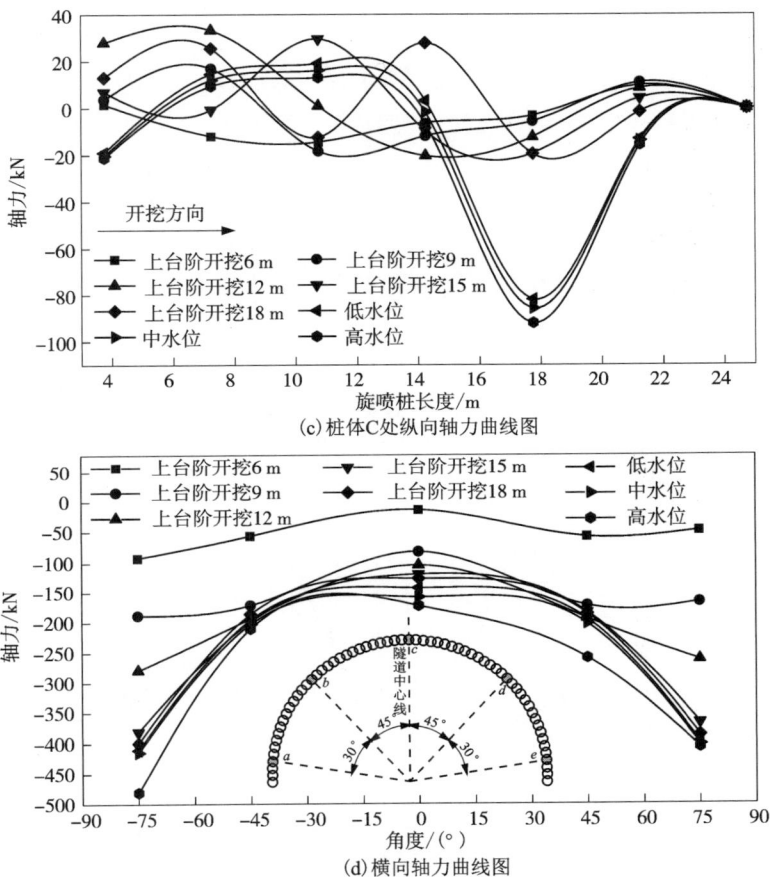

(d) 横向轴力曲线图

图 6-16　C 组水平旋喷拱棚工况下轴力曲线图

图 6-16(d) 为横向轴力曲线图，横向轴力在隧道上台阶开挖进尺为 6 m 时，轴力变化相对较小，为受压状态，最大值为 -98 kN。上台阶开挖进尺为 9 m 时轴力变化较大，最大值为 -198 kN。其余步序的横向轴力均在上台阶开挖进尺为 9 m 时基础上增加，拱顶处轴力增加不明显，-75° 及 75° 位置处轴力变化较大，最大值为高水位工况下 -75° 位置处。

5. 隧道开挖及静水位工况下水平旋喷拱棚弯矩分析

(1) A 组水平旋喷拱棚工况下弯矩分析

图 6-17 为 A 组水平旋喷拱棚工况下弯矩曲线图。图 6-17(a)、图 6-17(b)、

153

图 6-17（c）、图 6-17（d）分别为桩体 A、B、C 处纵向弯矩曲线图及横向弯矩曲线图。由图可知，桩体 A 在隧道开挖及各静水位工况下所受弯矩值较小，最大值为 3.8 kN·m，且在高水位工况水平旋喷拱棚长度方向 18 m 附近，即掌子面附近，此时该位置处水平旋喷拱棚外侧受拉（迎土面），内侧受压（背土面）。

桩体 B 所受弯矩在 -2.2~2.2 kN·m 浮动，其变化规律与桩体 A 大致相同，但在各静水位工况下出现突变，突变位置位于水平旋喷拱棚长度方向 4 m 附近，此时水平旋喷拱棚出现反向受弯。低水位工况下位于水平旋喷拱棚长度方向 14 m 附近与其余两种静水位工况弯矩出现较大差异，该位置处弯矩与隧道上台阶开挖进尺 18 m 工况近似相同。

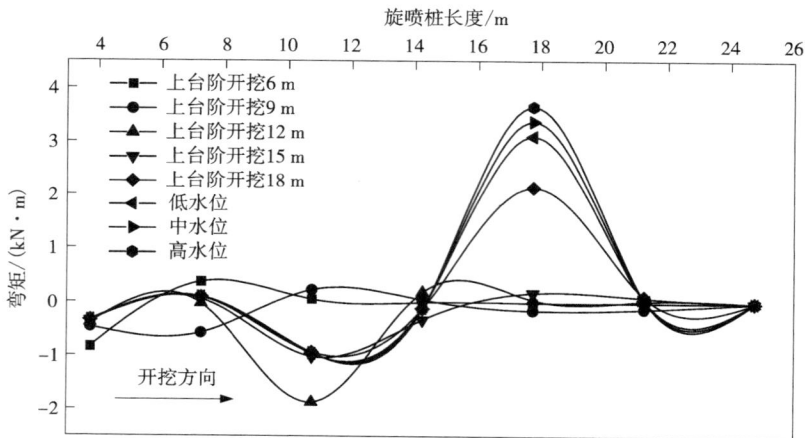

(a) 桩体A处纵向弯矩曲线图

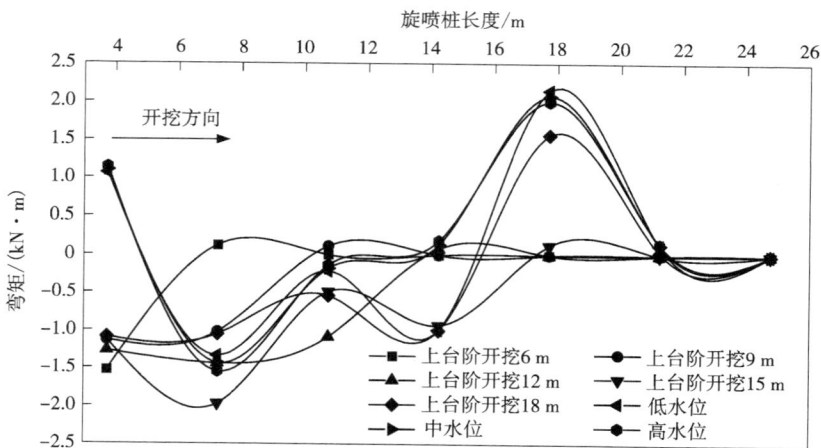

(b) 桩体B处纵向弯矩曲线图

旋喷桩长度/m

(c) 桩体 C 处纵向弯矩曲线图

角度/(°)

(d) 横向弯矩曲线图

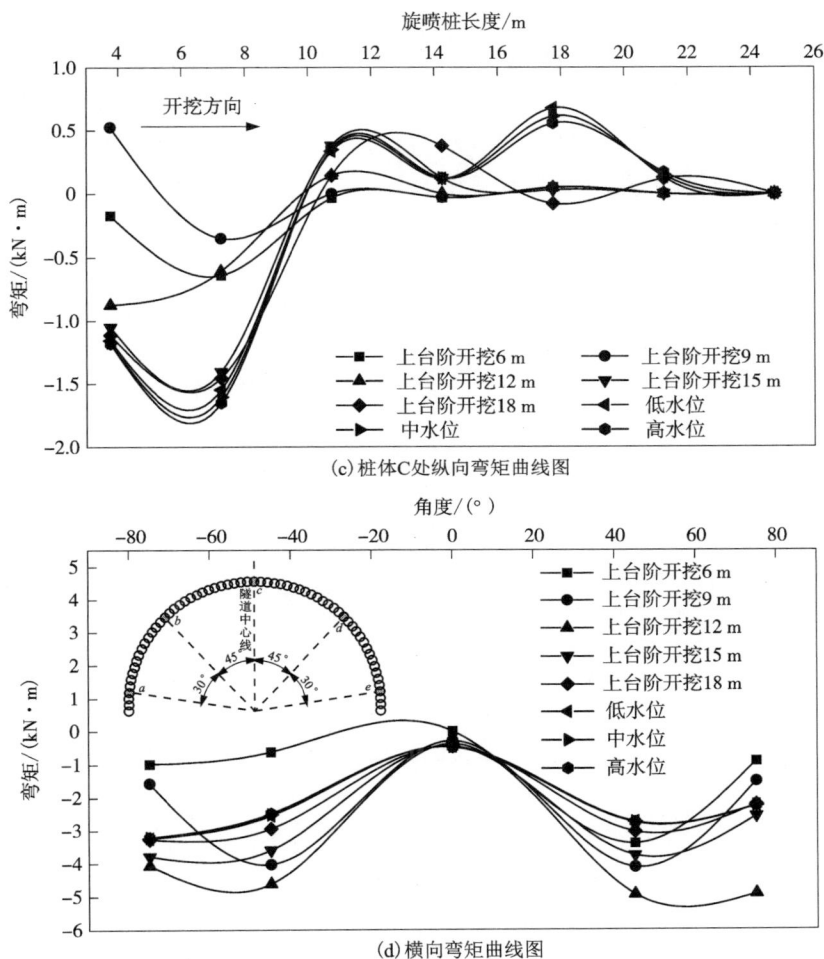

图 6-17　A 组水平旋喷拱棚工况下弯矩曲线图

桩体 C 所受弯矩在-0.8～0.5 kN·m 浮动。各静水位工况下弯矩值随水位高度增加而增加，且成倍增长，弯矩分布规律与上台阶开挖进尺 18 m 时近似相同。由此可见，静水位工况不会引起弯矩分布规律的变化。

图 6-17(d) 为横向弯矩曲线图。由图可见，横向弯矩分布均为内侧受拉、外侧受压。各试验步序下，拱顶处弯矩值最小，且该位置弯矩受隧道开挖进尺及静水位工况影响较小，几乎无变化。隧道上台阶开挖进尺为 12 m 时，横向弯矩值达到最大，最大值位于-45°及 45°位置处，为-5.3 kN·m。各静水位工况下，弯矩值随水位高度增加成倍减小。

（2）B 组水平旋喷拱棚工况下弯矩分析

图 6-18 为 B 组水平旋喷拱棚工况下弯矩曲线图。由图可知，隧道开挖工况下，桩体 A 处弯矩值在 -1.8~1.9 kN·m 浮动，各静水位工况下弯矩分布规律与上台阶开挖进尺为 18 m 时分布规律相同，在水平旋喷拱棚长度方向上 8~14 m 成倍减小，超过 14 m 时弯矩不随水位变化。

桩体 B 处弯矩在 -1.1~1.2 kN·m 浮动，当长度方向超出 13 m 时，弯矩先减小后反向增加后再减小，直至为零，此时水平旋喷拱棚表现为内侧受压、外侧受拉。各静水位工况下弯矩分布规律与上台阶开挖进尺 18 m 工况近似相同，低水位工况下弯矩为负值的区域较大。

桩体 C 处弯矩在 -0.8~1.8 kN·m 浮动，当上台阶开挖进尺为 18 m 时，沿拱棚长度方向 7~15 m 范围内弯矩值显著增大，最大值为 1.5 kN·m，增幅为275%。各静水位工况下弯矩值与桩体 A、B 相同，但数值相对较小。

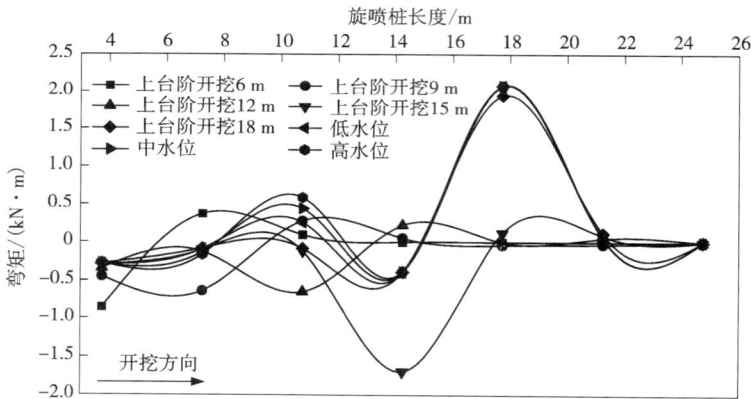

(a) 桩体 A 处纵向弯矩曲线图

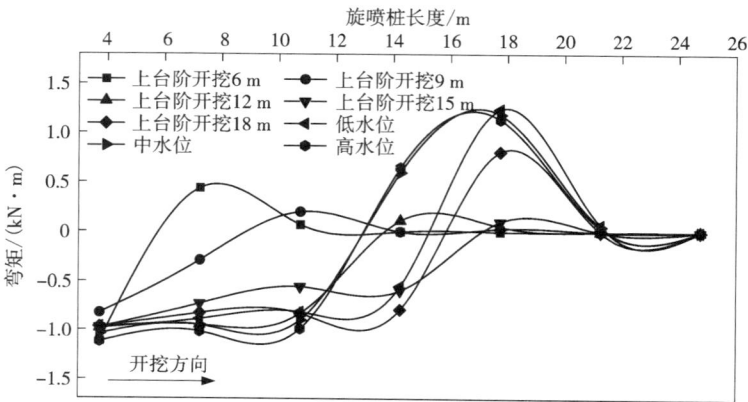

(b) 桩体 B 处纵向弯矩曲线图

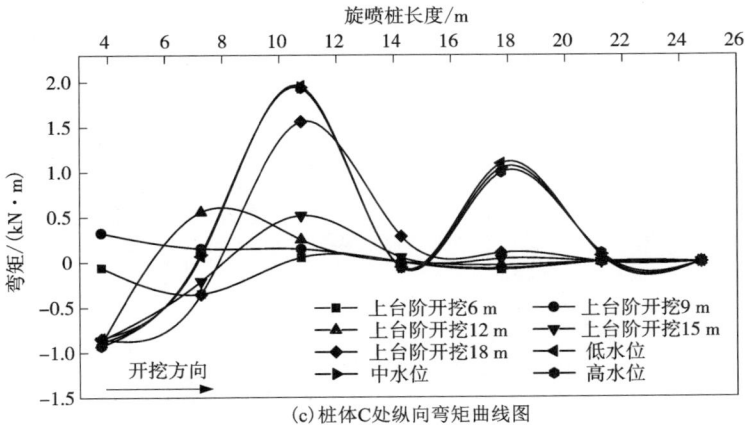

(c) 桩体C处纵向弯矩曲线图

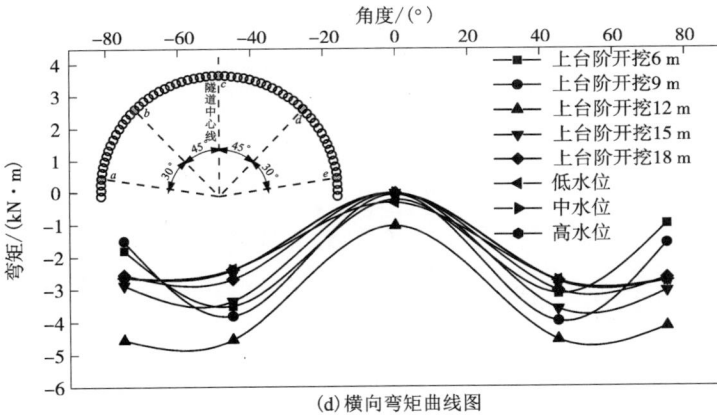

(d) 横向弯矩曲线图

图 6-18　B 组水平旋喷拱棚工况下弯矩曲线图

图 6-18(d) 所示为横向弯矩曲线图。由图可知，横向弯矩分布均为内侧受拉、外侧受压。各试验步序下，拱顶处弯矩值最小，且该位置弯矩受隧道开挖进尺及静水位工况影响较小，几乎无变化。隧道上台阶开挖进尺为 12 m 时，横向弯矩值达到最大，最大值位于 $-45°$ 及 $45°$ 位置处，为 -4.8 kN·m。各静水位工况下，弯矩值随水位高度增加成倍减小。

(3) C 组水平旋喷拱棚工况下弯矩分析

图 6-19 为 C 组水平旋喷拱棚工况下弯矩曲线图。图 6-19(a)、图 6-19(b)、图 6-19(c)、图 6-19(d) 分别为桩体 A、B、C 处纵向弯矩曲线图及横向弯矩曲线图。由图可知，C 组水平旋喷拱棚工况下弯矩分布及变化规律与 A 组相同，但数值有一定差异。整体上，C 组试验中桩体纵向弯矩值浮动范围均小于 A 组试验工况，但横向弯矩值浮动范围大于 A 组试验工况。

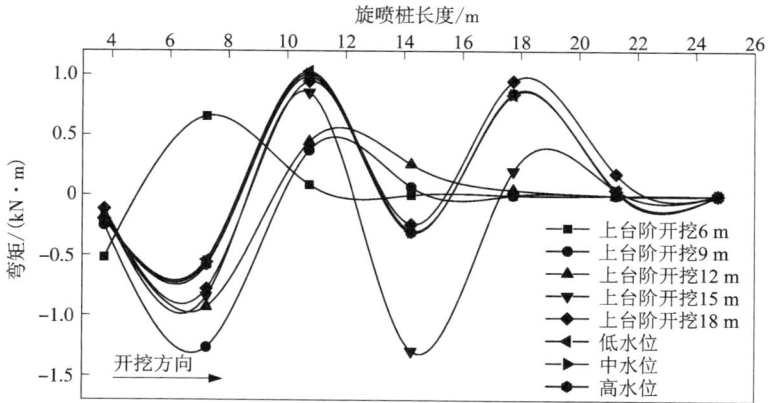

(a)桩体A处纵向弯矩曲线图

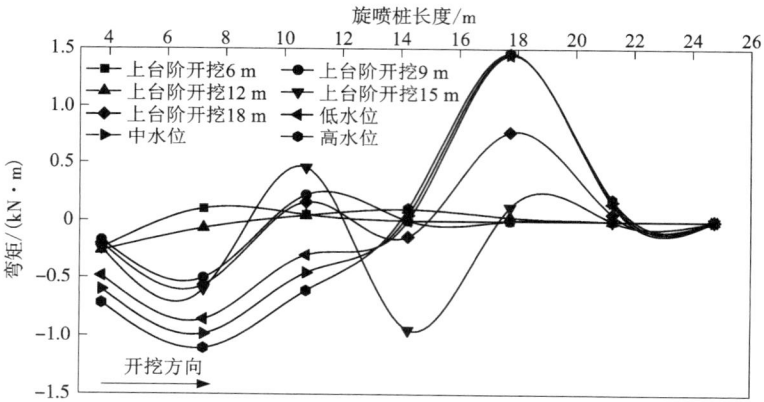

(b)桩体B处纵向弯矩曲线图

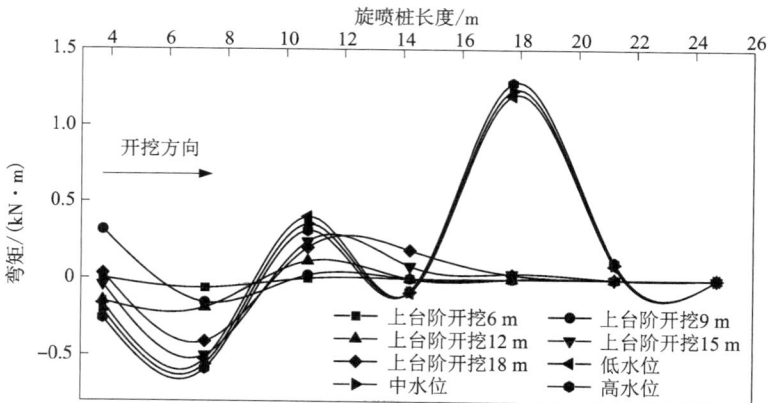

(c)桩体C处纵向弯矩曲线图

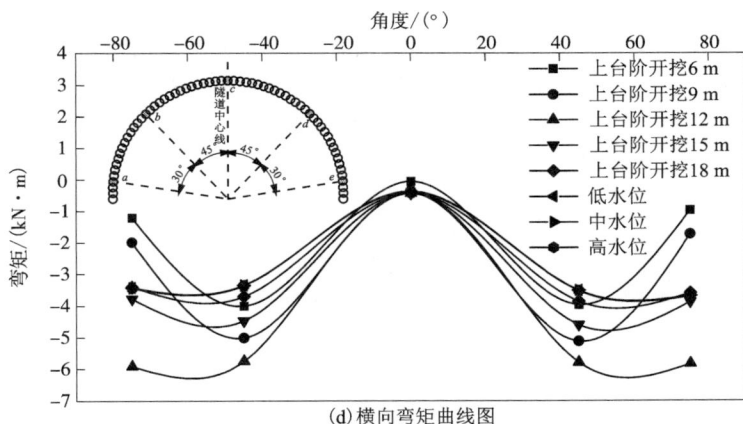

(d) 横向弯矩曲线图

图 6-19　C 组水平旋喷拱棚工况下弯矩曲线图

具体表现为桩体 A 处弯矩值在 $-1.4\sim0.9$ kN·m 范围内浮动；桩体 B 处弯矩值在 $-1.2\sim1.5$ kN·m 浮动；桩体 C 处弯矩值在 $-0.6\sim1.3$ kN·m 浮动；横向弯矩值在 $-6.2\sim-0.2$ kN·m 浮动。

综上，本节通过对 A、B、C 三组水平旋喷拱棚在隧道开挖及静水位工况下的地层沉降、各桩体挠度、地层接触压力、轴力、弯矩进行了详细的阐述与分析，得出桩间咬合厚度的大小在隧道施工过程中以及各水位工况下的影响，主要归纳如下：

①桩心距较小的水平旋喷拱棚可有效减小地表沉降，同时可减小隧道开挖时对周围地层的扰动程度，其支护效果表现为 A 组<B 组<C 组。

②桩心距较小的 C 组水平旋喷拱棚工况下纵向轴力值及弯矩值相对 A 组和 B 组水平旋喷拱棚工况减小，但桩体受轴向压力区域增大。三组工况下，横向轴力均为负值，即横向受压力；弯矩均为负值，即水平旋喷拱棚内侧受拉、外侧受压。

③A 组水平旋喷拱棚工况中，当隧道开挖进尺在 0.75 倍隧道高度附近时，对地层接触压力影响最大。而在 B、C 两组水平旋喷拱棚工况下，当隧道开挖进尺在 1.01 倍隧道高度附近时影响最大。分析得出：桩间咬合厚度增加使地层的受影响区域沿隧道开挖方向前移。当桩心距小于 350 mm 时（即桩间咬合厚度继续增加），在水平旋喷拱棚支护下，地层沿隧道开挖方向受扰动区域将不再变化。

④当隧道开挖进尺超出 1.2 倍的隧道高度时，距离隧道洞口 14 m 附近的水平旋喷拱棚挠度变化幅度相对较大，受地下水的影响也较大，挠度出现反复增减现象。此时应做好相应的防护措施，防止水平旋喷拱棚因疲劳损伤导致破坏，从

而引起工程事故。

⑤各水位工况下地层接触压力受扰动程度排序为 A 组>B 组>C 组。桩间咬合厚度较大的水平旋喷拱棚在隧道开挖过程中及水位工况发生的挠曲变形较小，对地层扰动程度较小。各组工况下拱顶处桩体的地层接触压力排序为 A 组<B 组<C 组，受扰动程度为 A 组>B 组>C 组。

6.2　基于流固耦合作用下水平旋喷拱棚力学特性的数值分析

书中 6.1 节主要采用模型试验研究了水平旋喷拱棚在不同隧道开挖进尺、不同地下水位条件下，其桩间咬合厚度对水平旋喷拱棚力学特性及变形的影响，并探究了在超前预支护作用下水平旋喷拱棚的桩间咬合厚度与地表沉降之间的关系。但由于模型试验的局限性，无法完成大量复杂工况的模拟与研究，故本章在模型试验的基础上，采用有限元软件进行数值模拟以深入探究更多复杂工况下水平旋喷拱棚的力学特性、变形特性及其对地表沉降的影响。

本章采用 PLAXIS 3D 软件以江门隧道下穿泄洪道工程为依托，建立三维有限元模型，隧道尺寸如本书图 6-1 所示。基于以上模型考虑在流固耦合作用下探究地层渗透系数、不同地下水位及隧道埋深对水平旋喷拱棚力学及变形特性、地表沉降及掌子面位移的影响。

6.2.1　有限元模型建立

1. 模型合理性验证及参数选取

基于模型试验中水平旋喷拱棚原型尺寸参数及材料参数，采用 PLAXIS 3D 软件建立三维有限元模型，隧道尺寸为宽×高 = 11.9 m×11.6 m。水平旋喷拱棚桩径为 50 cm，桩体中心距为 350 cm，共设置 66 根水平旋喷桩，即模型试验中 B 组水平旋喷拱棚工况。为消除模型边界效应，取模型尺寸长×宽×高($X \times Y \times Z$) = 120 m×50 m×80 m，横向尺寸为隧道宽度的 10 倍，隧道下部设置土层深度为拱底向下 55 m，约为隧道高度 5 倍，有限元模型如图 6-20 所示。采用上下台阶法模拟隧道开挖进程。

土体选用 HS-small 小应变土体硬化本构模型以保证数值模拟结果准确，水平旋喷拱棚及初衬采用弹性本构模拟，同时设置其为不透水材料。由于在数值模拟中若直接采用水平旋喷拱棚与土层共节点的方式进行计算分析，将导致桩体与土层发生协同变形，致使土层沉降、桩体挠度及受力情况与实际情况相差较大，从而影响数据分析，故本次研究考虑桩土接触效应。

为解决此问题，需通过 PLAXIS 3D 软件中所提供的界面单元模拟桩土接触效果。界面单元属性与周围土体的模型参数有关，同时依赖于周围土体所采用的材料模型。当土体的"材料模型"为线弹性模型、莫尔-库仑模型、土体硬化模型、小应变土体硬化模型、软土模型、软土蠕变模型、节理岩体模型及霍克-布朗模型时，则界面单元的强度折减系数 R_{inter} 为主要的界面参数[104]。

针对界面单元 R_{inter} 参数的选取问题，建立与模型试验原型尺寸相等的三维有限元模型，土体、初衬及水平旋喷拱棚物理力学参数均通过相似关系对应至模型试验原型参数。根据单一变量法原则，分别计算当界面单元参数 R_{inter} 为 0.85、0.80、0.75、0.70、0.65、0.60、0.55、0.50、0.45、0.40 时的隧道开挖工况。完成后，提取数值模拟中隧道上台阶开挖进尺为 9 m 时隧道拱顶处桩体挠度及轴力值与模型试验相应步序对比分析，对比结果如图 6-21、图 6-22 所示。

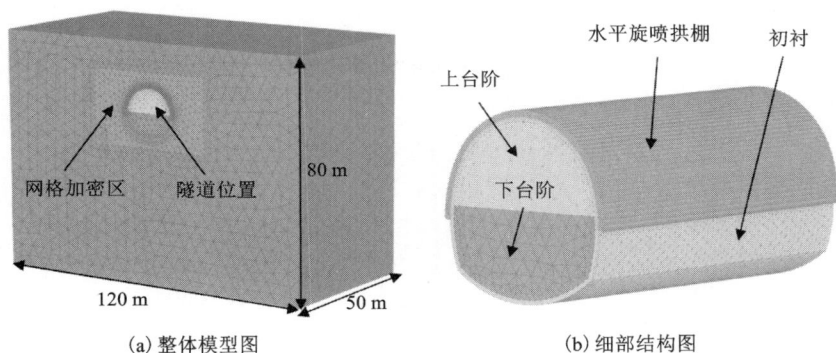

(a) 整体模型图　　　　　　　　(b) 细部结构图

图 6-20　有限元模型图

由图可知：当界面单元参数 R_{inter} 为 0.55 时，由数值计算得出的挠度及轴力值均在试验还原值上下浮动，且分布规律基本一致，两者相对较为吻合。由于模型试验进行过程中可能出现无法避免的误差影响，导致两种方式得出的挠度及轴力值出现差异，但相差较小，可忽略不计。

本节主要针对模型试验进行扩展分析，由于模型试验在操作过程中较为复杂、相对困难，故三组工况中隧道开挖均在无水的条件下进行，仅在后期试验完成后在模型箱中注入预先设置的地下水位。但在数值模拟中应考虑该因素，基于工程的实际情况，数值模型在进行各工况计算时，介质始终为饱和状态，且应保持水位不变。初衬及水平旋喷拱棚物理力学参数均为模型试验原型参数，见表 6-5。

旋喷桩长度/m

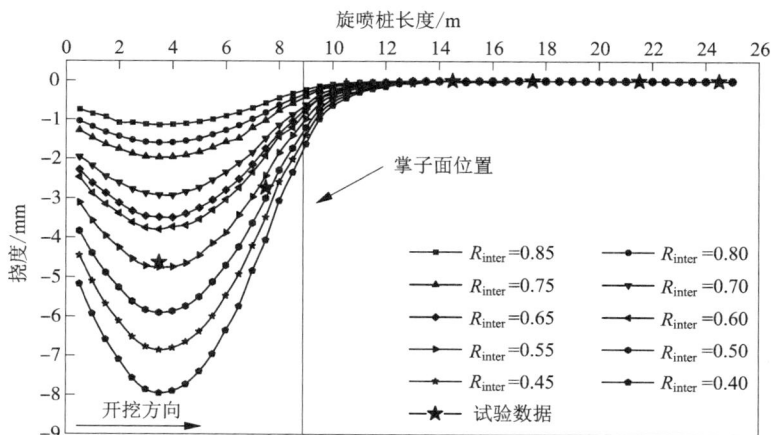

图6-21 数值模拟及模型试验拱顶水平旋喷桩挠度值对比图

旋喷桩长度/m

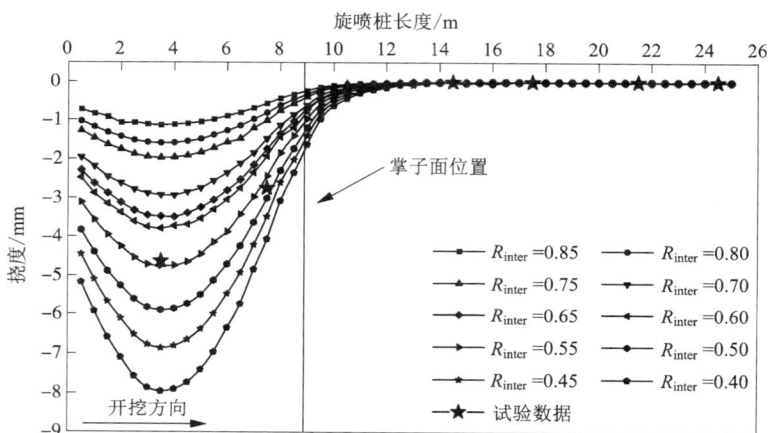

图6-22 数值模拟及模型试验拱顶水平旋喷桩轴力值对比图

表6-5 物理力学参数

土层名称	弹性模量/GPa	压缩模量/GPa	泊松比/υ	渗透系数/(m·d^{-1})	黏聚力c/kPa	内摩擦角φ/(°)	饱和重度/(kN·m^{-3})	天然重度/(kN·m^{-3})
砂土	0.035	0.0303	0.3	5.4	15	33.5	18.2	17.8
水平旋喷拱棚	12	—	0.25	—	—	—	—	19
衬砌	28	—	0.17	—	—	—	—	25

2. 工况拟定

在模型试验的基础上扩展分析地层渗透系数、不同地下水位及隧道埋深对水平旋喷拱棚力学特性、地层孔压[105]、地表沉降及掌子面位移的影响，共设置16 种工况，见表 6-6。

模拟隧道开挖方式与模型试验相同，为上下台阶法开挖，见表 6-7。执行隧道开挖命令前，先进行地应力平衡计算，完成后施作水平旋喷拱棚。以上步骤均计算平衡后执行隧道开挖命令，设置上台阶每次开挖时应力释放 30%，计算平衡后施作初衬，此时应力释放 70%，再次计算平衡。下台阶开挖时应力释放 100%，计算平衡后施作初衬，以上所有步骤设置完成时间均为 2 天，以此模拟隧道施工过程[106]。

表 6-6　数值工况设置表

工况	地层渗透系数 /(m·d⁻¹)	地下水水位 (以拱顶处水位为 0 m)/m	隧道埋深 /m
工况一	54		
工况二	5.4	3	13
工况三	0.54		
工况四	0.054	3	13
工况五	0.0054		
工况六		0	
工况七		1	
工况八	5.4	2	13
工况九		3	
工况十		4	
工况十一		5	
工况十二			5
工况十三			7
工况十四	5.4	3	9
工况十五			11
工况十六			13

表 6-7　隧道开挖

开挖步序		开挖进尺/m											
		1	2	3	4	5	6	7	8	9	10	11	12
上下台阶法开挖	上台阶	4	6	8	10	12	14	16	18	20	22	24	24
	下台阶	0	2	4	6	8	10	12	14	16	18	20	24

6.2.2　水平旋喷拱棚及掌子面受不同地下水位影响分析

由表 6-8 可知，与地层各渗透系数工况类似，各地下水位工况下模型也并非可完全按设置步骤计算完成。当地下水较高时，数值模型中隧道可完成的开挖步骤相对较少；相反，则可完成计算步骤相对较多。下文中，轴力正值为受压状态，负值为受拉状态；地表沉降为负值。

地下水位于拱顶以上 0 m 及 1 m 时，模型所有步骤可全部计算完成。由此可见，此工况下，隧道施工未引起隧道内部结构破坏、掌子面失稳等现象。当水位位于拱顶以上 2 m 时，隧道上台阶可开挖至 22 m，掌子面前方水平旋喷拱棚剩余长度为 3 m；水位位于拱顶以上 3 m 时，上台阶可开挖至 16 m，掌子面前方水平旋喷拱棚剩余长度为 9 m；水位位于拱顶以上 4 m 时，上台阶可开挖至 14 m，掌子面前方水平旋喷拱棚剩余长度为 11 m；水位位于拱顶以上 5 m 时，上台阶可开挖至 12 m，掌子面前方水平旋喷拱棚剩余长度为 13 m。

综上所述，地下水位高度对隧道可允许的开挖进尺有较大影响，地下水位越高，隧道可开挖进尺相对越浅；相反则开挖进尺越深。因此，在实际工程中，应根据现场的实际地质条件对隧道内部采取相应的保护措施，例如注浆、打锚杆等。

表 6-8　各工况计算终止步骤汇总表

工况	地下水水位 （以拱顶处水位为 0 m）/m	计算终止步骤
工况六	0	上台阶开挖 24 m
工况七	1	上台阶开挖 24 m
工况八	2	上台阶开挖 22 m
工况九	3	上台阶开挖 16 m
工况十	4	上台阶开挖 14 m
工况十一	5	上台阶开挖 12 m

1. 地层孔压受地下水位的影响分析

各水位工况下隧道上台阶开挖进尺为 10 m 时的地层孔压如图 6-23 所示。各工况下，隧道上台阶开挖面处均存在正孔压区域，该区域范围随水位的升高而减小。由图可知：地下水位越高，则隧道开挖面前方土体处于饱和状态的区域越大，地下水渗流量越大。此时开挖面由地下水流动时形成的渗流力导致掌子面失稳的可能性越大；水位越高，隧道上部孔压受影响区域相对较大，对地层扰动范围相对较大。即相同地层条件下，水位越高越容易导致地层横隧道方向沉降范围扩大。

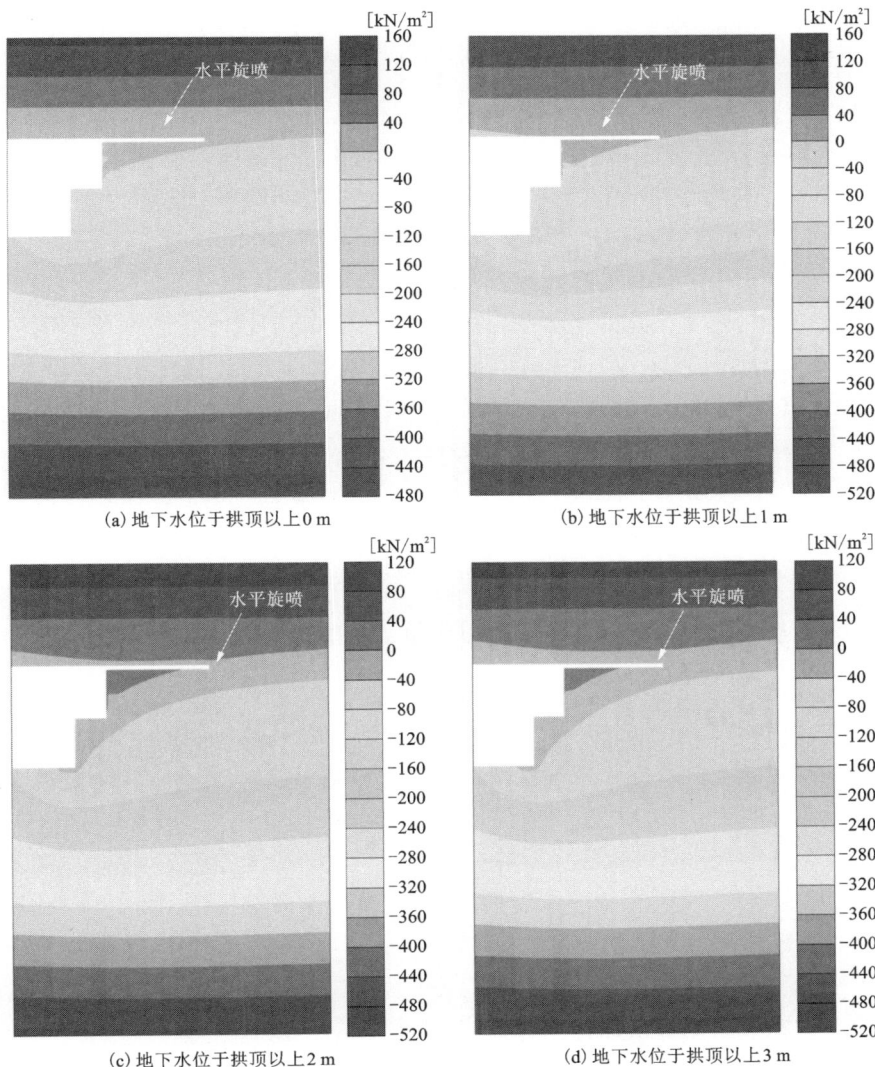

(a) 地下水位于拱顶以上 0 m

(b) 地下水位于拱顶以上 1 m

(c) 地下水位于拱顶以上 2 m

(d) 地下水位于拱顶以上 3 m

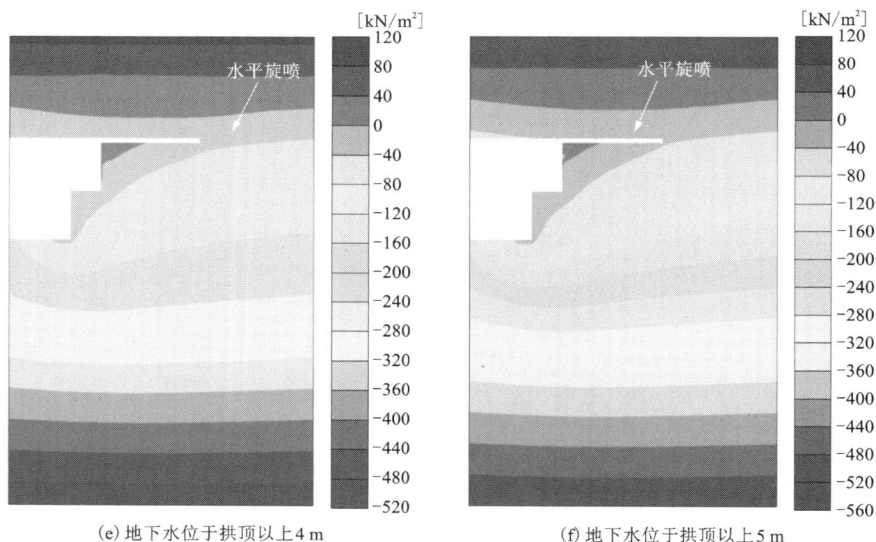

(e) 地下水位于拱顶以上 4 m   (f) 地下水位于拱顶以上 5 m

图 6-23 地下水位影响下地层孔压变化云图

由云图分析可知：隧道底部土体孔压随水位升高而增加，且与掌子面处孔压相差较大。因此，隧道底部地下水可能会形成竖向渗流路径（地下水由下而上流出），导致其底部出现管涌、流砂等现象，需在隧道下台阶开挖完成后及时施作衬砌，以防止地下水渗流对其底部产生破坏或其他不利影响。

综上所述，当地层水位较高时，应同时关注隧道底部及掌子面稳定情况；相同地层条件下，水位较高时，隧道开挖对地层扰动范围越大；隧道每阶段开挖完成后，应及时施作衬砌，必要时对掌子面及隧道底部也需采取相应止水措施。

2. 水平旋喷拱棚挠度及轴力受地下水位的影响分析

图 6-24 所示为不同水位工况下隧道上台阶开挖进尺为 10 m 时拱顶处桩体挠度曲线图。由图可知：不同水位工况下，拱顶处桩体挠度整体分布规律一致，挠度大小随地下水位的升高而增加，桩体最大挠度均位于掌子面后方附近，并向两侧逐渐减小。当水位高度超出拱顶 3 m 时，对桩体纵向挠度影响范围相对增大，即影响范围向掌子面前方延伸。

当水位位于拱顶处时，桩体挠度最大值出现在掌子面附近，为 14.65 mm。通过计算，当地下水位于拱顶以上 1 m、2 m、3 m、4 m、5 m 时，挠度最大值相对于水位位于拱顶时分别增加 6.41%、13.78%、24.51%、35.83%、47.65%。这说明桩体最大挠度随水位升高整体呈线性增长趋势。

旋喷桩长度/m

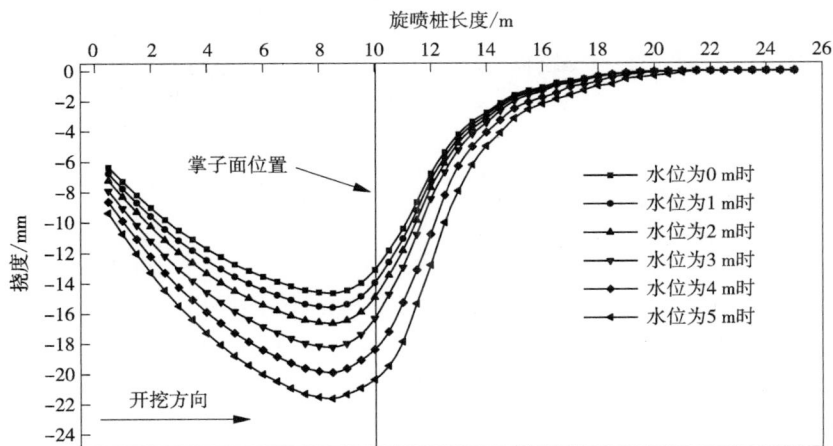

图 6-24　地下水位影响下拱顶水平旋喷桩挠度曲线图

　　由此可知：地下水的水位对隧道拱顶处水平旋喷桩挠度影响较大。为保证隧道施工安全，对于高水位地区，可通过增加桩径、桩间咬合厚度或在施作水平旋喷拱棚时提高注入浆液的强度、增加水平旋喷拱棚的纵向长度，同时对掌子面进行防渗水处理。

旋喷桩长度/m

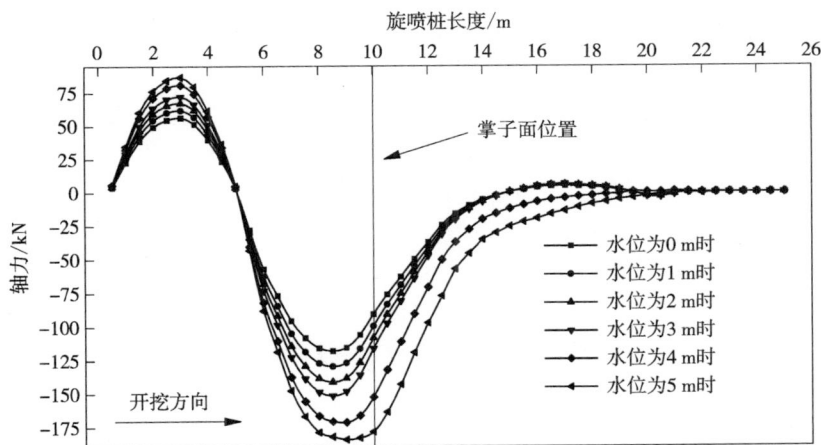

图 6-25　地下水位影响下拱顶水平旋喷桩轴力曲线图

　　由图 6-25 可知，拱顶处水平旋喷桩在不同水位工况下的轴力变化规律不完全相同。当水位较低时（拱顶以上 0~3 m 时），拱顶处水平旋喷桩轴力随着水位的升高而增加，其分布规律不变，最大轴力均位于掌子面后方附近，且此时桩体的受拉及受压区范围相同。当水位较高时(拱顶以上大于 3 m),水位变化将导致轴力分布规律发生改变,轴力曲线整体向掌子面前方推移,桩体受拉区域随水位的升高而增大,即受拉区域向掌子面前方推移。相同位置处轴力值随水位升高而增加,轴力最大位置更靠近掌子面。

3. 地表沉降及掌子面位移受地下水位的影响分析

图 6-26 为各水位工况下隧道上台阶开挖进尺为 10 m 时,距离隧道洞口 5 m 位置处的地表沉降曲线图。由图可知:地下水位不同对隧道在开挖过程中的地表沉降有较大影响。隧道开挖进尺相同时,地表沉降随水位的升高而增大,最大沉降均位于拱顶正上方地表处,并由隧道中线起向两侧减小;且地表沉降受影响范围沿隧道横向增加,尤其是当水位高于拱顶以上 3 m 时影响愈加明显。当地下水位于拱顶以上 1 m、2 m、3 m、4 m、5 m 时,地表沉降最大值与拱顶水位为 0 m 工况相比,增幅分别为 8.18%、16.75%、28.87%、41.94%、52.17%。

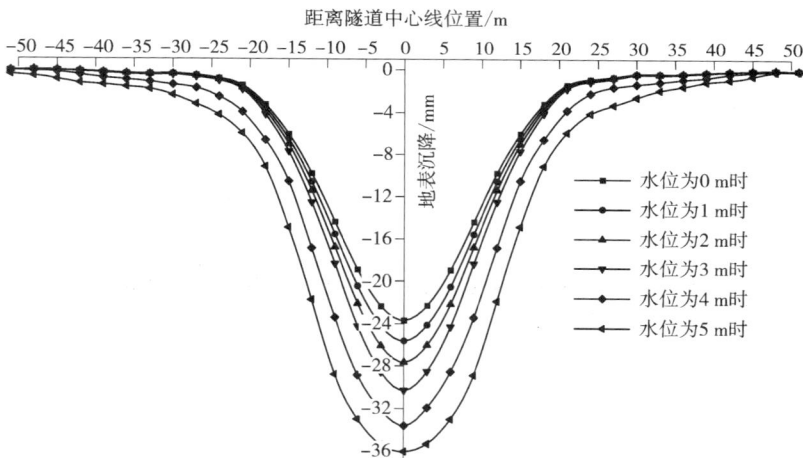

图 6-26 地下水位影响下地表沉降曲线图

由于隧道在开挖过程中会导致地层产生水头差,导致地下水在地层中渗流。因此位于地下水位以下的地层因受地下水流动作用,受影响程度相对较高,位于地下水以上地层受影响程度相对较低。故当水位较高时,地层受影响范围相对较大。因此在实际工程中,当水头高度较高时,进行隧道开挖施工应注意及时做好排水措施,有效控制地表沉降。

图 6-27 为不同水位工况下隧道上台阶开挖进尺为 10 m 时掌子面水位方向位

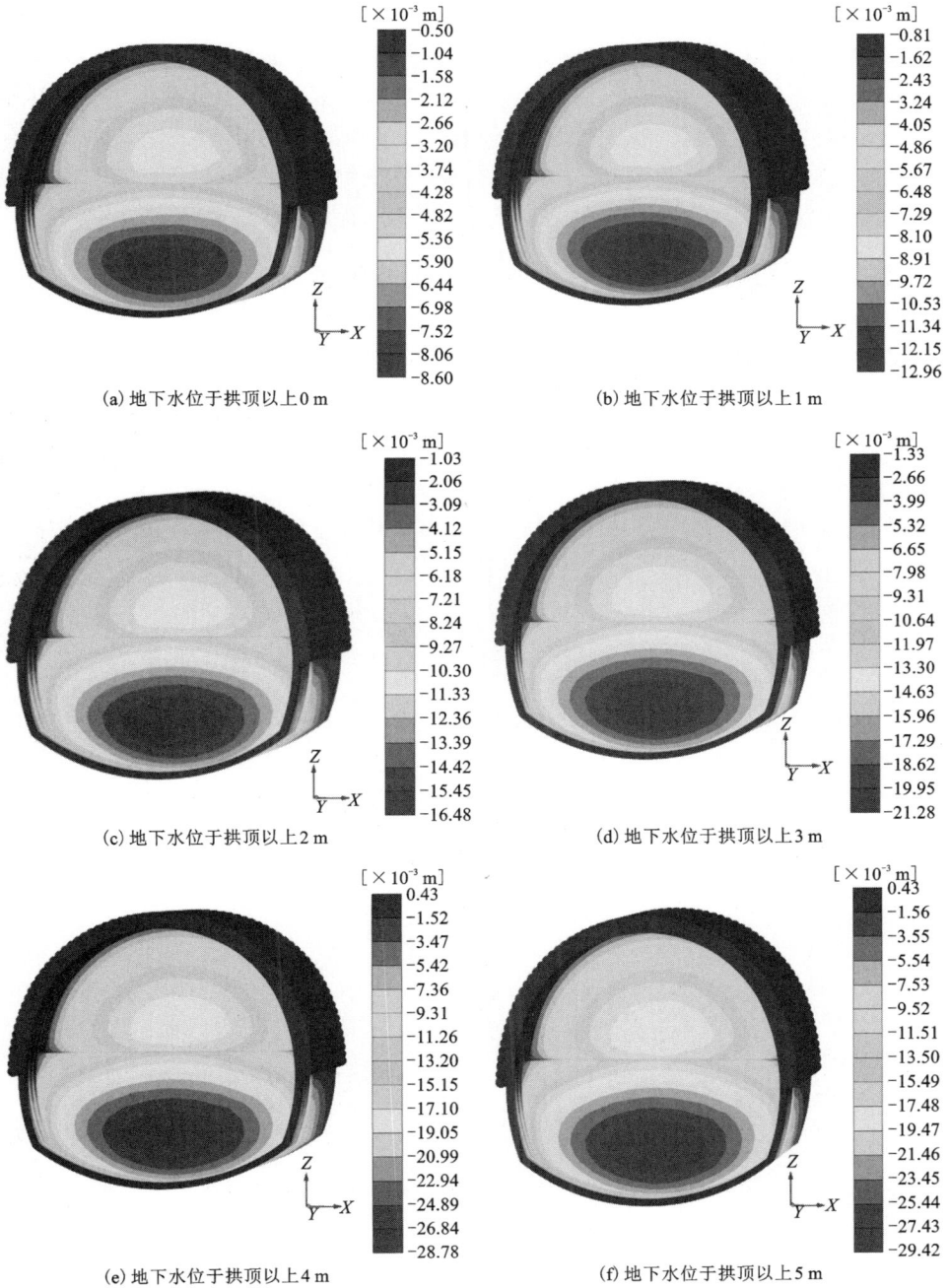

(a) 地下水位于拱顶以上 0 m

(b) 地下水位于拱顶以上 1 m

(c) 地下水位于拱顶以上 2 m

(d) 地下水位于拱顶以上 3 m

(e) 地下水位于拱顶以上 4 m

(f) 地下水位于拱顶以上 5 m

图 6-27　地下水位影响下掌子面位移云图

移云图，由图可知，掌子面处最大位移均位于下台阶开挖面处。当地下水位于拱顶以上 0 m、1 m、2 m、3 m、4 m、5 m 时，掌子面最大位移分别为 8.6 mm、12.9 mm、16.48 mm、21.28 mm、28.78 mm、29.42 mm。与拱顶水位为 0 m 工况相比，计算出其他工况的掌子面最大位移增幅分别为 50%、92%、147%、235%、242%。这说明明随水位线的升高，掌子面位移的增大速率先提升后减缓，且从图中可看出掌子面产生最大位移区域随水位升高而增大。

6.2.3 水平旋喷拱棚及地表沉降受隧道埋深的影响分析

1. 水平旋喷拱棚挠度及轴力受隧道埋深的影响分析

隧道不同埋深对水平旋喷拱棚桩体挠度及轴力有较大影响，如图 6-28、图 6-29 所示。拱顶处水平旋喷拱棚桩体挠度及轴力随埋深的增加而增大，但分布规律不变，最大值均出现在掌子面后方附近。当隧道埋深为 5 m 时，挠度及轴力最大值分别为 12.61 mm、-87.43 kN（受拉状态）；通过计算，埋深继续增加 2 m、4 m、6 m、8 m 时，其挠度最大值分别增长 12.69%、21.98%、36.66%、44.76%，轴力最大值分别增长 15.02%、36.71%、52.07%、73.25%。由此可见，挠度及轴力随隧道埋深增加整体呈规律性变化。

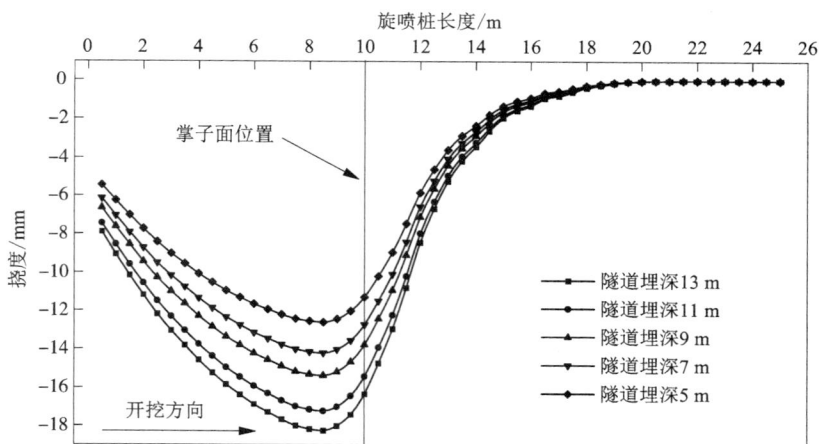

图 6-28 隧道埋深影响下拱顶水平旋喷桩挠度曲线图

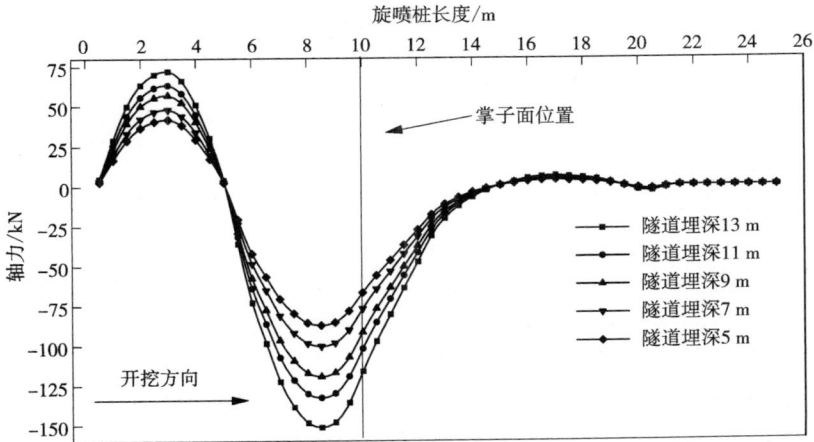

图 6-29　隧道埋深影响下拱顶水平旋喷桩轴力曲线图

2. 地表沉降受隧道埋深的影响分析

图 6-30 为不同隧道埋深工况下，隧道上台阶开挖进尺为 10 m 时，距离隧道洞口 5 m 位置处的地表沉降曲线图。由图可知：地表沉降值随隧道埋深的增加而增大，沉降最大值位于拱顶正上方地表处，并向隧道中线两侧减小，与地下水位对地表沉降的影响规律类似。

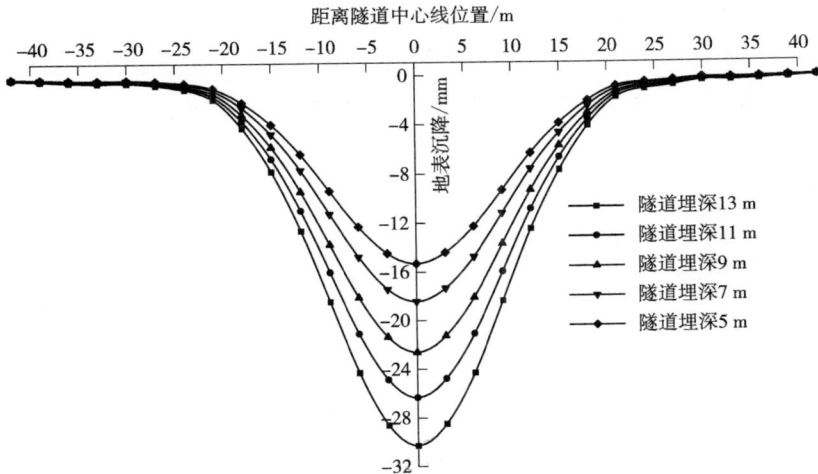

图 6-30　隧道埋深影响下地表沉降曲线图

当隧道埋深为 5 m 时,最大沉降值为 15.32 mm。通过计算,隧道埋深分别继续增加 2 m、4 m、6 m、8 m 时,地表沉降最大值分别增长 20.23%、47.45%、71.73%、97.7%。结果表明随隧道埋深增加,地表沉降整体呈线性增长趋势。

6.3　本章小结

本章首先结合模型试验数据对数值模型进行合理性验证,再深入扩展分析地层渗透系数、不同地下水位、隧道埋深对水平旋喷拱棚受力变形、地层孔压、地表沉降及掌子面位移的影响,结论如下。

①通过模型试验及数值模拟对比验证得出:考虑桩土接触效应时,桩土之间界面单元参数 R_{inter} 的最优取值为 0.55。

②三种因素对隧道施工的不利影响程度为:地层渗透系数>地下水高度>隧道埋深。

③在水平旋喷拱棚预支护下,开挖过程中其上部地下水渗流路径发生改变,地下水沿拱棚上表面向四周渗流,避免对临空面产生直接渗流影响。

④水位升高,上台阶开挖面前方正孔压区域减小,隧道底部土体孔压增加,且与掌子面处孔压相差较大;拱顶水平旋喷桩最大挠度及轴力整体呈线性增长,受影响范围向掌子面前方推进;掌子面水平位移及地表沉降也随之增大,最大沉降均位于拱顶正上方地表处,且地表沉降敏感区域增加。

⑤隧道埋深增加,地表沉降及拱顶处桩体的挠度、轴力大小整体呈线性变化,但分布规律不变。挠度及轴力最大值均出现在掌子面附近,沉降最大值位于拱顶正上方地表处,与地下水位对地表沉降的影响规律类似。

第 7 章 结论与展望

7.1 主要结论

在长管棚现场测试与数值计算的基础上，提出考虑初支综合延滞效应、掌子面前方岩土体变基床系数、围岩应力释放时空效应等因素的改进弹性地基梁模型，以石头岗隧道为例对改进的 Winkler 弹性地基梁模型进行求解，计算结果与现场测试、数值模拟结果基本吻合，说明改进模型的有效性，可供隧道预支护（加固）设计参考。

根据实际受力工况，将水平旋喷拱棚简化成壳体结构，建立了基于 Pasternak 弹性地基上的水平旋喷拱棚壳体力学模型，通过微分控制方程的求解，获得了拱棚壳体的挠度、内力、地基反力解析解；并以二郎山、Birgl 隧道为算例，与同行学者相关理论模型对比分析，本书方法计算结果介于弹性地基梁模型与壳体加固圈简化模型之间，本书方法考虑了岩土体的剪切变形作用，克服了单参数地基的不连续性缺陷，理论上结果可更加接近真实受力状态。

依托石头岗隧道工程的现场测试及数值分析，管棚预支护受力纵向可按掌子面前方受拉段、掌子面后方受压段、靠近洞口受拉段分为Ⅰ、Ⅱ、Ⅲ区。Ⅰ区呈凸起分布，峰值位于掌子面前方一定距离处；Ⅱ区为凹形分布，峰值位置滞后掌子面一定距离；Ⅲ区自洞口向内呈逐渐减小趋势，峰值位于洞口处。各区间长度除Ⅰ区维持基本不变外，Ⅱ、Ⅲ区长度随掌子面掘进而增长。

在纵向上，水平旋喷桩挠度影响可分为三个区，即临空影响区、开挖扰动区、前方稳定区；横向上，拱顶处旋喷桩挠度变形最大，向拱脚方向逐渐减小；空间上，起到调整压力分布作用，一定程度上使内部围岩处于免压状态；水平旋喷拱棚在开挖面附近变形最大，前方影响范围约 2~3 倍开挖进尺；柱壳体满足承压特性，在拱顶处最危险，容易发生剪切破坏，设计和施工中应重点关注；不同参数对旋喷拱棚结构体受力影响程度不同，总体表现为初始挠度>开挖进尺>桩径>埋深>开挖高度。

注浆、加钢筋束、加套管管棚极限承载力均随注浆不饱满度上升而下降。管棚注浆不饱满时，管棚受荷后其管壁易与水泥砂浆脱开，且二者的脱开率随注浆不饱满度的上升而增长。但管内加钢筋束、套管可有效降低其脱开率并提升管棚的抗弯承载力，且后者的效果更好。

基于流固耦合作用下，采用模型试验及数值模拟手段探究不同桩间咬合厚度及静水位对水平旋喷拱棚的影响机理，结果表明：桩心距增大，其地层接触压力的受扰动程度随之上升，而水平旋喷拱棚支护效果亦降低；地层渗透系数、地下水高度及隧道埋深对水平旋喷拱棚的施工不利影响程度递减。

7.2 主要创新点

提出考虑支护综合延滞效应、掌子面前方岩体的变基床系数及围岩荷载释放时空效应等因素的注浆管棚改进模型，并通过依托工程的简化求解与现场测试、数值计算结果进行比较，验证了改进模型的有效性。

建立了基于 Pasternak 弹性地基理论的水平旋喷拱棚壳体力学模型，该模型考虑了岩土体的剪切变形作用和加固区整体性的影响，克服了单参数地基的不连续性缺陷，其理论结果可更加接近真实受力状态。通过微分控制方程的求解，获得了拱棚壳体的挠度、内力、地基反力解析解。

基于实际工程中管棚常出现的注浆不饱满缺陷以及极端地层中采用的管内加筋、套管措施对管棚承载性能提升不明确问题。设计不同注浆饱满度管棚的试验工况，探究注浆饱满度及管内加筋种类对管棚承载性能的影响，并结合精细化数值分析提出了工程上可接受的注浆不饱满度标准。

以富水软弱隧道工程为依托，建立精细化的流固耦合数值模型，对水平旋喷预支护机理进行深入研究，量化各开挖及地层参数对水平旋喷预支护效果的影响，并通过模型试验加以论证。

7.3 进一步研究展望

解析求解方面，尽管对注浆拱棚预支护结构的弹性地基梁模型进行了一定程度的改进，但仍存在结构–荷载模型、弹性假定的缺陷及改进后双参数模型的求解困难，对初支综合延滞效应等因素的简化也值得进一步研究；水平旋喷拱棚壳体力学模型将前方未开挖区域的变基床系数 k 和地基剪切模量 G_p 视为常量，而实际工程中，当开挖面水平约束不足时，前方未开挖区参数多表现为变量，在今后研究中，可将开挖面前方地基系数变化特性纳入壳体力学模型中考虑。

数值分析方面，对数值模型的边界条件、岩体参数及接触属性进行了一定程度的简化，数值模拟的精细化程度有待进一步提升。

模型试验方面，对试验模型、参数及工况进行简化处理，未能考虑水平旋喷的成桩缺陷及渗漏水等情况对地层加固效果、地层孔压及其自身受力特性的影响，且模型试验中试件制作过程及试验设备问题导致部分试验对象存在一定的不足，工况设置较少，后续可进一步细化试验工况，设置多组对照试验，结合已有结论，对所得规律或作用效果做出具体评定。

参 考 文 献

［1］ Peila A D. A theoretical study of reinforcement influence on the stability of a tunnel face
［J］. Geotechnical and Geological Engineering, 1994, 12(3): 145-168.

［2］ Peila D, Oreste P, Pelizza S, et al. Study on the influence of sub-horizontal fiber-glass
pipes on the stability of a tunnel face. Proceedings of International conference on North
American Tunn-elling 1996(1): Vol 1, 425-432.

［3］ 赵勇. 隧道软弱围岩变形机制与控制技术研究[D]. 北京: 北京交通大学, 2012.

［4］ 《公路隧道设计规范 第一册 土建工程》(JTG 3370.1—2018)[S]. 北京: 人民交通出
版社, 2018.

［5］ 耿大新, 闵世超, 石钰锋, 等. 管内加筋或套管对管棚力学特性影响的研究[J]. 地
下空间与工程学报, 2019, 15(S2): 625-632.

［6］ 曹成威, 石钰锋, 詹涛, 等. 考虑动态施工超长管棚预支护力学特性及参数影响分
析[J]. 中国安全生产科学技术, 2022, 18(6): 98-104.

［7］ Shi Y F, Yang J S, Wang S Y. Sub-horizontal reinforcement of weathered granite before
tunneling beneath a spillway [J]. International Journal of Rock Mechanics and Mining,
2014, 72: 283-293.

［8］ Shi Y F, Fu J Y, Yang J S, et al. Performance Evaluation of Long Pipe Roof for Tunneling
below Existing Highway Based on Field Tests and Numerical Analysis: Case Study
［J］. International Journal of Geomechanics, 2017, 17(9): 1-12.

［9］ Shi Y F, Hu M H, Chen X S, et al. Refined numerical study of the effect of grouting
fullness of pipe sheds on their load-bearing performance [J]. 2022.

［10］ 石钰锋, 蔡理平, 阳军生, 等. 富水软弱地层隧道水平旋喷与大管棚预支护研究及应
用[J]. 岩土工程学报, 2015, 37(zk2): 101-106.

［11］ 耿大新, 石钰锋, 阳军生, 等. 浅覆大断面隧道长大管棚超前支护受力研究[J]. 华
中科技大学学报(自然科学版), 2016, 44(6): 98-103.

[12] 石钰锋,张涛,曹成威,等. 基于双参数地基的隧道预支护拱棚壳体力学模型[J]. 工程科学与技术:1-13.

[13] 石钰锋,雷金山,阳军生,等. 富水软弱地层隧道复合加固机理及参数研究[J]. 铁道科学与工程学报,2015,12(3):596-599.

[14] 石钰锋,郭杰森,耿大新,等. 注浆饱满度对隧道管棚力学特性影响的实验研究[J]. 铁道科学与工程学报,2019,16(7):1735-1742.

[15] 程小彬. 地下工程管棚支护有限元分析[D]. 西安:西北工业大学,2007.

[16] 武建伟,宋卫东. 浅埋暗挖管棚超前预支护的受力分析[J]. 岩土工程技术,2007,21(3):116-121.

[17] 王海波,徐明,宋二祥. 超前支护的均一化横观各向同性弹性模型[J]. 华南理工大学学报(自然科学版),2009,37(12):127-131.

[18] 贾金青,王海涛,涂兵雄,等. 管棚力学行为的解析分析与现场测试[J]. 岩土力学,2010,31(6):1858-1864.

[19] 王海涛,贾金青,郁胜. 隧道管棚预支护的力学行为及参数优化[J]. 中国公路学报,2010,23(4):78-83.

[20] 莫林辉,傅鹤林,李凯. 隧道支护管棚作用的力学模型[J]. 公路工程,2015,40(01):239-244.

[21] 李喆. 管棚预支护对隧道掌子面稳定性影响的研究[D]. 重庆:重庆大学,2015.

[22] 刘凡. 浅埋偏压连拱隧道管棚作用机理与支护参数优化研究[D]. 重庆:重庆交通大学,2016.

[23] 王道远,袁金秀,李俊,等. 考虑施工特性的浅埋软弱洞口段管棚变形量预测及工程应用[J]. 岩石力学与工程学报,2017,36(03):716-724.

[24] 张明聚,林毅,黄明琦,等. 厦门翔安隧道洞口段管棚设计与施工[J]. 北京工业大学学报,2007,33(10):1056-1059.

[25] 张印涛,陶连金,张飞劲,等. 矿山法开挖近距离下穿越既有线隧道的三维数值模拟[J]. 北京工业大学学报,2007,33(12):1273-1277.

[26] 高健,张义同. 实施超前注浆管棚支护的隧道开挖面稳定分析[J]. 天津大学学报,2009,42(8):666-2570.

[27] 郭衍敬,房倩,李兵. 浅埋暗挖地铁车站管棚的数值模拟及其加固效果分析[J]. 北京工业大学学报,2010,36(1):526-531.

[28] Kotake N,Ymamoto Y,Oka K,et al. Design for umbrella method based on numerical analyses and field measurements. Tunneling and Ground Conditions (ed M. E. Abdel Salam). Balkema,1994,501-508.

［29］ Tan W L, Ranjit P G. Numerical analysis of pipe roof reinforcement in soft ground tunnelling［C］. ASCE Engineering Mechanics Conference Session Schedule.

［30］ Aksoy C O, Onargan T. The role of umbrella arch and face bolt as deformation preventing support system in preventing building damages［J］. Tunnelling and Underground Space Tech-nology, 2010, 25(5), 553-559.

［31］ 董敏. 既有公路下大断面隧道施工围岩稳定性研究［D］. 长沙：中南大学, 2010.

［32］ 陈浩, 姜景山, 姚海波. 崇文门车站过既有线管棚施工及变形分析［J］. 隧道建设, 2006, 26(1)：78-80.

［33］ 苟德明, 阳军生, 张戈. 浅埋暗挖隧道管棚变形监测及受力机制分析［J］. 岩石力学与工程学报, 2007, 26(6)：1258-1264.

［34］ 郑俊杰, 章荣军, 杨庆年. 浅埋隧道变基床系数下管棚的力学机制分析［J］. 岩土工程学报, 2009, 31(8)：1165-1171.

［35］ 李健, 谭忠盛, 喻渝, 等. 浅埋下穿高速公路黄土隧道管棚变形监测及受力机制分析［J］. 岩石力学与工程学报, 2011, 30(s1)：3002-3008.

［36］ Hisatake M, Ohno S. Effects of pipe roof supports and the excavation method on the displa-cements above a tunnel face［J］. Tunnelling and Underground Space Technology. 2008, 23(2), 120-127.

［37］ Jong H S, Yong K C, Oh Y K, et al. Model testing for pipe-reinforced tunnel heading in a granular soil［J］. Tunnelling and Underground Space Technology, 2008, 23(3), 241-250.

［38］ Juneja A, Hegde A, Lee F H. Centrifuge modeling of tunnel face reinforcement using fore-poling［J］. Tunnelling and underground Space technology, 2010, 25(4), 377-381.

［39］ 周顺华, 张先锋, 余才高. 南京地铁软流塑地层浅埋暗挖法施工技术的探讨［J］. 岩石力学与工程学报, 2005, 24(3)：526-531.

［40］ 周顺华. 软弱地层浅埋暗挖施工中管棚法的棚架原理［J］. 岩石力学与工程学报, 2005, 24(14)：2565-2570.

［41］ 孙星亮, 徐文明, 姚铁军. 国内外水平旋喷注浆加固技术应用发展概况［J］. 世界隧道, 2000, (6), 42-47.

［42］ Petrasic K. Jet Grout Stabilization of Steeply Excavated Soil Slope［C］//International Conference on Grouting & Ground Treatment. 2003.

［43］ 孙星亮, 王海珍. 水平旋喷固结体力学性能试验及分析［J］. 岩石力学与工程学报, 2003, 22(10)：1695-1698.

［44］ 周振强. 连拱隧道浅埋暗挖法施工对地面下沉控制与试验研究［J］. 市政技术,

2004, (6): 267-271.

[45] 吴波, 刘维宁, 高波, 等. 深圳地铁区间隧道富水地层非降水施工技术研究[J]. 土木工程学报, 2004, 37(4): 93-98.

[46] 侯刚. 干燥粉细砂地层水平旋喷固结体物理力学性能试验分析[J]. 铁道建筑, 2014, (1): 46-48.

[47] Christian P, Roman L, Yvonne S, et al. Thermochemomechanical Assessment of Ground Improvement by Jet Grouting in Tunneling[J]. Journal of Engineering Mechanics, 2003, 19 (8): 951-962.

[48] Christian P, Roman L, Lothar M, et al. Optimization of jet-grouted support in NATM tunnelling [J]. International Journal for Numerical and Analytical Methods in Geomechanics, 2004, 28: 781-796.

[49] Coulter S, Martin C D. Single fluid jet-grout strength and deformation properties[J]. Tunnelling and Underground Space Technology, 2006, 21: 690-695.

[50] Coulter S, Martin C D. Effect of jet-grout on surface settlements above the Aeschertunnel, Switzerland[J]. Tunnelling and Underground Space Technology, 2006, 21: 542-553.

[51] Nikbakhtan B, Osanloo M. Effect of grout pressure and grout flow on soil physical and mechanical properties in jet grouting operations [J]. International Journal of Rock Mechanics & Mining Sciences, 2009, 46: 498-505.

[52] Nikbakhtan B, Ahangarik K, Rahmani N. Estimation of jet grouting Parame-ters in Shahriar dam, Iran[J]. Mining Science and Technology, 2010, 20: 472-477.

[53] Heidari M, Tonon F. Ground reaction curve for tunnels with jet grouting umbrellas considering jet grouting hardening[J]. International Journal of Rock Mechanics & Mining Sciences, 2015, 76: 200-208.

[54] 吴波, 高波, 骆建军. 地铁区间隧道水平旋喷预加固效果数值模拟[J]. 西南交通大学学报, 2004, 39(5): 605-608.

[55] 石钰锋, 阳军生, 邵华平, 等. 超浅覆大断面暗挖隧道下穿富水河道施工风险分析及控制研究[J]. 岩土力学, 2012, 33(s2): 229-234.

[56] 周鑫. 厦深铁路梁山隧道 L7 深埋富水软弱带超前预加固体系支护机理分析[J]. 现代隧道技术, 2013, 50(4): 138-142.

[57] 赖金星, 汪珂, 郭春霞, 等. 水平旋喷组合结构中管棚受力特点数值分析[J]. 解放军理工大学学报, 2015, 16(5): 447-455.

[58] 肖广智, 游旭. 高压水平旋喷桩超前支护技术在铁路隧道工程中的应用[J]. 现代隧道技术, 2014, 51(2): 108-114.

[59] 周前，赵德刚. 水平旋喷桩在富水砂层浅埋暗挖隧道中的应用[J]. 山东大学学报（工学版），2014，44(4)：52-57.

[60] 李永东. 水平旋喷施工工法的理论与试验研究[D]. 北京：中国地质大学，2008.

[61] 黎中银. 水平高压旋喷工法在预加固工程中的应用研究[D]. 北京：中国地质大学，2009.

[62] 柳建国，张慧乐，张慧东，等. 水平旋喷拱棚新工艺与载荷试验研究[J]. 岩土工程学报，2011，33(6)：921-927.

[63] 张慧乐，柳建国，张慧东，等. 水平旋喷拱棚承载特性及破坏机理的有限元分析[J]. 工业建筑，2010，40(9)：66-69.

[64] 张慧乐，张慧东，王述红，等. 水平旋喷拱棚结构的承载特性及机理研究[J]. 土木工程学报，2012，45(8)：131-139.

[65] Christian P, Roman L, Lothar M, et al. Optimization of jet-grouted support in NATM tun-nelling [J]. International Journal for Numerical and Analytical Methods in Geomechanics, 2004, 28：781-796.

[66] Flora A, Lignola G P, Manfredi G. A semi-probabilistic approach to the design of jet grouted umbrellas in tunneling Ground Improvement (2007) 11, No. 4, 207-217.

[67] Lignola G P, Flora A G. Manfredi. Simple method for the design of jet grouted umbrellas in tunneling[J]. Journal of Geotechnical and Geoenviron-mental engineering, 2008, 134(12)：1778-1790.

[68] 宋卓华，董立朋，陶连金，等. 基于传递矩阵的平顶直墙地铁车站横向管棚受力变形计算方法研究[J]. 隧道建设（中英文），2020，40(12)：1733-1741.

[69] 邢厚俊，徐祯祥. 大管棚在超浅埋暗挖大跨度隧道工程中的应用[C]//第一届海峡两岸隧道与地下工程学术与技术研讨会论文集（下册）. 中国岩石力学与工程学会，1999.

[70] 常骉东. 管棚超前预支护机理研究[D]. 成都：西南交通大学，1999.

[71] 苟德明. 既有公路下连拱隧道管棚变形测试与作用机理研究[D]. 长沙：长沙理工大学，2007.

[72] Pasternak P L. On a new method of analysis of an elastic foundation by means of two foundation constants [J]. Gosudarstvennoe Izdatelstvo Literaturi po Stroitelstvu i Arkhitekture, Moscow, 1954.

[73] Selvadural APS 著. 土与基础相互作用弹性分析[M]. 范文田等，译. 北京：中国铁道出版社，1984：200-201.

[74] 丁祖德，付江，刘新峰，等. 考虑空间效应的岩堆体隧道管棚力学模型研究[J]. 铁

道学报, 2018, 40(07): 121-127.

[75] KERR A D. A study of a new foundation model [J]. Acta Mechanica 1/2, 1965: 135-147.

[76] 武康. 浅覆软弱围岩超前管棚预支护作用机理研究[D]. 石家庄: 石家庄铁道大学, 2016.

[77] Singh B, Viladkar M N, Samadhiya N K. A semi-empirical method for the design of support systems in underground openings[J]. Tunneling and Underground Space Technology, 1995, 10(3): 375-383.

[78] 雷小朋. 水平旋喷桩预支护作用机理及效果的研究[D]. 西安: 西安科技大学, 2009.

[79] 宋战平, 田小旭, 周冠南, 等. 隧道洞内管棚超前预支护力学行为的理论分析[J]. 中国公路学报, 2020, 33(04): 89-98.

[80] 常燕庭. 喷射混凝土早期材料性质对支护效果的影响[J]. 长江科学院院报, 1992, 9(3): 8-16.

[81] Ding Y, Kusterle W. ComParative study of steel fibre-reinforced concrete and steel mesh Reinforced concrete at early ages in Panel tests[J]. Cement and Concrete Research, 1999, 29(11): 1827-1834.

[82] 石钰锋. 浅覆软弱围岩隧道超前预支护作用机理及工程应用研究[D]. 长沙: 中南大学, 2014.

[83] 石钰锋, 阳军生, 杨峰, 等. 软弱围岩大断面隧道相向施工围岩稳定性分析与掌子面加固研究[J]. 公路交通科技, 2013, 30(4): 82-88.

[84] 郭磊. 浅埋暗挖水下隧道管棚作用机理及开挖的扰动效应研究[D]. 长沙: 中南大学, 2010.

[85] 徐芝纶. 弹性力学(第5版下册)[M]. 高等教育出版社, 2016

[86] 刘鸿文, 林建兴, 曹曼玲. 板壳理论[M]. 杭州: 浙江大学出版社, 1987.

[87] H. B. 科尔库诺夫. 弹性壳体计算的基本理论[M]. 高等教育出版社, 1966.

[88] OKE J, VLACHOPOULOS N, DIEDERICH M. Semi-analytical Model for Umbrella Arch Systems Employed in Squeezing Ground Conditions [J]. Tunnelling and Underground Space Technology, 2016, 56: 136-156.

[89] WANG H T, JIA J Q, KANG H G. Analytical approach and field monitoring for mechanical behaviors of pipe roof reinforcement[J]. Journal of Central South University of Technology, 2009, 16(5): 827-834.

[90] VOLKMANN G. Rock Mass-pipe Roof Support Interaction Measured by Chain Inclinometers

at the Birgl Tunnel [C]//NATAU O, FECKER E, PIMENTEL E. International Symposium on Geotechnical Measurements and Modeling. Karlsruhe: Balkema A A, 2003: 105-109.

[91] OKE J. Determination of Nomenclature, Mechanistic Behaviour, and Numerical Modelling Optimization of Umbrella Arch Systems [D]. Ontario: Queen's University, 2016.

[92] 余铎. 软岩隧道施工时空效应研究[D]. 西安: 长安大学, 2011.

[93] 孙书伟, 林航. FLAC3D 在岩土工程中的用[M]. 中国水利水电出版社, 2011.

[94] 可文海, 管凌霄, 刘东海, 等. 盾构隧道下穿管道施工引起的管-土相互作用研究[J]. 岩土力学, 2020, 41(01): 221-228+234.

[95] 张桓, 张子新. 盾构隧道开挖引起既有管线的竖向变形[J]. 同济大学学报(自然科学版), 2013, 41(08): 1172-1178.

[96] 庄苗. 基于 ABAQUS 的有限元分析和应用[M]. 北京: 清华大学出版社, 2009.

[97] 常留红, 陈建康. 单轴压缩下水泥砂浆本构关系的试验研究[J]. 水利学报, 2007 (02): 217-220.

[98] 刘明辉, 韩冰, 朵君泰. 界面缺陷对钢管混凝土受弯构件抗弯性能影响研究[J]. 土木工程学报, 2019, 52(06): 55-66.

[99] 张伟杰, 廖飞宇, 侯超, 等. 不同细骨料下不锈钢管混凝土构件受弯性能研究[J]. 工程力学, 2021, 38(10): 200-214.

[100] 魏度强. 地层空洞影响下地铁盾构隧道衬砌结构响应研究[D]. 南昌: 华东交通大学, 2021.

[101] 袁文忠. 相似理论与静力学模型试验[M]. 成都: 西南交通大学出版社, 1998.

[102] 肖杰. 相似材料模型试验原料选择及配比试验研究 [D]. 北京: 北京交通大学, 2013.

[103] 土工试验方法标准(GB/T 50123—2019)[S]. 北京: 中国计划出版社, 2019.

[104] 刘志祥, 张海清. PLAXIS 3D 基础教程[M]. 北京: 机械工业出版社, 2014.

[105] 李杨, 杨新安. 降雨入渗作用下溶洞区域隧道变形规律研究[J]. 华东交通大学学报, 2020, 37(6): 36-45.

[106] 王海涛. 隧道管棚预支护体系的力学机理与开挖面稳定性研究[D]. 大连: 大连理工大学, 2009.